Germanische Heldensagen

Germanische Heldensagen

Nach den Quellen neu erzählt von
Reiner Tetzner

Philipp Reclam jun. Stuttgart

Universal-Bibliothek Nr. 8751
Alle Rechte vorbehalten
© 1996 Philipp Reclam jun. GmbH & Co., Stuttgart
Umschlaggestaltung: Stefan Schmid, Stuttgart
Gesamtherstellung: Reclam, Ditzingen. Printed in Germany 1996
RECLAM und UNIVERSAL-BIBLIOTHEK sind eingetragene Marken
der Philipp Reclam jun. GmbH & Co., Stuttgart
ISBN 3-15-008751-1

Inhalt

Der Hort der Nibelungen 9

Kriemhild am Hofe zu Worms 9
Siegfrieds Herkunft 11
Siegfried kommt nach Worms 15
Kampf gegen die Sachsen 22
Siegfried besiegt den Drachen und gewinnt
    den Hort 29
Siegfried begegnet Kriemhild 37
Gunter wirbt um Brünhild 42
Brünhilds und Siegfrieds frühe Eide 46
Gunter gewinnt Brünhild im Kampfspiel 50
Siegfried fährt ins Nibelungenland 58
Siegfried reitet als Bote nach Worms 63
Gunter feiert mit Brünhild Hochzeit 66
Siegfried fährt mit Kriemhild in sein Reich 77
Gunter lädt Siegfried und Kriemhild nach
    Worms ein 80
Die Fahrt zum Fest 84
Brünhild und Kriemhild verfeinden sich 87
Siegfried wird verraten 94
Hagen durchbohrt Siegfried mit dem Speer 98
Totenklage und Begräbnis Siegfrieds 105
Brünhild wählt den Tod 111
Der Nibelungenhort wird nach Worms gebracht 115
Etzel läßt um Kriemhild werben 121
Kriemhild fährt zu König Etzel 130
Kriemhilds Empfang und Hochzeit 132
Die Burgunden werden eingeladen 136

Schwämmel und Wärbel überbringen die
Botschaft 139
Die Burgunden fahren zu den Hunnen 144
Der Kampf in Bayern 151
Empfang in Bechlaren 156
Ankunft bei den Hunnen 160
Kriemhild will Hagen töten lassen 164
Hagen und Volker halten Schildwache 170
Das Kampfspiel 172
Die burgundischen Knappen werden überfallen 178
Der Kampf im Saal 181
Die Toten werden aus dem Saal geworfen 186
Der Mordbrand 192
Rüdeger fällt 196
Der Kampf mit Dietrichs Recken 205
Dietrich greift ein 211
Gunters und Hagens Schicksal 215
Kriemhilds Ende 217

Wieland der Schmied 221

Dietrich von Bern 243
Hildebrant und Dietrich 244
Heime kommt zu Dietrich und fordert ihn
heraus 248
Witege auf dem Wege nach Bern 251
Dietrich und Witege im Zweikampf 259
Ecke und Fasolt 264
Dietleib 269
Zwergenkönig Laurin 277
Der Kampf gegen Herzog Rimstein 289

Der Ratgeber Sifka treibt Ermrichs Söhne in
    den Tod 291
Der Angriff auf die Harlungen 293
Ermrich vertreibt Dietrich von Bern 296
Dietrich bereitet eine Heerfahrt gegen
    Ermrich vor 300
Die Schlacht 307
Dietrich kehrt heim 315
Hildebrant und Hadubrant 319
Dietrich gewinnt sein Reich zurück 324

Anhang

Glossar 333
Literaturhinweise 340
Nachwort 343

Der Hort der Nibelungen

Erzählt wird aus alter Zeit von einem Königreich, das nicht untergehen würde, vom Kampf um einen Hort, dessen Besitz Macht über die Welt verleihen konnte, von einer Liebe, deren Verrat nur durch den Tod zu sühnen war, von Taten und Untaten.

Neben Dietrich von Bern gilt Siegfried als berühmtester Held. Als kunstfertigsten Schmied kennen wir Wieland. Große Königinnen waren Brünhild und Kriemhild. Fahrende Sänger dichteten Preislieder, verwoben sie mit Strophen über Taten anderer Großer. Manches wurde vergessen oder überdauerte nur bruchstückhaft in Handschriften. Auch bei dem späteren Lied über die Nibelungen bleibt vieles dunkel. Wir folgen dieser Quelle, kehren aber auch zu ältester Kunde zurück. So sehen wir tieferen Grund für den Tod der Helden und Königinnen, ohne ihr Schicksal je ganz aufzuhellen.

1

Kriemhild am Hofe zu Worms

Jenes große Königreich, von dem erzählt wird, hatten die Burgunden am Rhein gegründet. Von seiner Macht und seinem Ruhm sprechen wir noch heute. Drei junge Könige regierten in Worms. Aber ihre Schwester Kriemhild sollte noch berühmter werden. Wie keine andere Königstochter war sie über alle Maßen schön. Manche Mächtige des Reiches meinten, nun habe das Königsgeschlecht für ewig Bestand. Aber gerade ihre Schönheit sollte eine größere Gefahr werden als das stärkste feindliche Heer. Kriemhild war so reizvoll und anmutig, daß die kühnsten Helden sie zur Frau begehrten, sie war so schön, daß mancher junge Kämpfer für sie in den Tod gehen wollte.

Aber je heftiger die Freier sie begehrten, desto schroffer wehrte Kriemhild ab. Auch wegen eines Traumes, den sie keinen Tag vergaß:

Sie ziehe einen Falken auf, hatte sie geträumt, der sei stark, schön und wild, den liebte sie über alle Maßen. Da packten ihn vor ihren Augen zwei Adler mit ihren Klauen und zerfleischten ihn.

Tränenüberströmt hatte sie ihrer Mutter, Königin Ute, berichtet.

»Der Falke, den du zähmtest, ist ein edler Mann«, deutete die Königin den Traum, »sobald du ihn gefunden, wird er dir wieder entrissen.«

»Was redet Ihr von einem Mann, liebe Mutter, nun will ich erst recht keinen Helden lieben und so schön bleiben bis an meinen Tod.«

»Nun sei nicht voreilig«, entgegnete die Mutter, »Glück erfährst du nur durch die Liebe eines Mannes; neben ihm zu liegen macht dich noch schöner.«

Kriemhild bat die Mutter zu schweigen und verbannte die Liebe aus ihrem Sinn, wies kühnste Bewerber ab. Nach Jahren meinte sie endlich, keinem Mann mehr zu erliegen. Da kam jener Falke, den sie im Traum gesehen; der berühmteste aller Helden und von göttlicher Abstammung.

So begannen also Glück, Verrat und Tod, und niemand konnte sie aufhalten. So mächtig und glanzvoll das Königshaus auch war, so berühmt das Geschlecht der Burgunden, dem Kriemhild angehörte, so tapfer und weise ihre Brüder, die Könige Gunter, Gernot und der junge Giselher. Sie waren Helden von unmäßiger Kraft und Kühnheit, mit auserwählter Tatkraft und Freigebigkeit.

Den drei Königen und ihrer Mutter, Königin Ute – Vater Dankrat lebte nicht mehr – waren mächtige Herren untertan wie Hagen von Tronje und sein Bruder Dankwart. Auch Ortwin von Metz, die Markgrafen Gero und Eckewart und Volker von Alzey gehörten dazu. Rumold war der Küchenmeister, Sindold der Mundschenk und Hunold der Kämmerer. Dankwart war der Marschall und Ortwin der Truchseß der Könige. Den Glanz des Hofes vermehrten noch viele berühmte Männer, deren Namen nicht alle genannt werden können.

2

Siegfrieds Herkunft

Jener Held, der Kriemhilds Falke werden sollte, war der Sohn des mächtigen Königs Siegmund. Nach jüngeren Berichten herrschte er mit seiner Frau Sieglind in der stark befestigten Stadt Xanten am Rhein. Dort lud der König, als Siegfried waffenfähig war, bei einer Sonnenwende zum Fest der Schwertleite. Mit vierhundert Knappen wurde Siegfried wehrfähig und somit mündig.

Für das Fest hatten schöne Mädchen goldene Borten auf Gewänder genäht und sie mit blitzenden Edelsteinen besetzt. Fröhlicher Lärm der Kampfspiele verhallte nicht.

Speere splitterten, Schläge auf Schilde dröhnten in den Höfen. Anmutige Frauen bangten um die Kämpfer. Nach dem Wettstreit lagen zerschlagene Schildbuckel umher, Edelsteine glitzerten zerbrochen im Grase. Eine Zeitlang wagte keiner, diese Zeugen der glücklichen Tage zu berühren.

Sieben Tage ließen König Siegmund und Königin Sieglind tafeln und edle Weine ausschenken. Musik erklang. Gaukler waren bestellt. Nie war ein König freigebiger. Um des Sohnes willen wurden an die zahlreichen Gäste rotes Gold, Rosse, Ringe und Kleider verteilt. Die Geschenke stoben dem Königspaar aus den Händen, als bräche am folgenden Morgen dessen letzter Tag an.

Mächtige Fürsten im Reiche wünschten nun Siegfried als jungen König. Aber so lange seine Eltern lebten, wollte er die Krone nicht tragen. Nur wenn seinem Land feindliche Gewalt drohe, werde er seine Stärke nutzen. In ferne Länder wolle er ziehen und sein Schwert erproben.

Aus frühester Zeit wird über Siegfrieds Herkunft noch Bedeutenderes berichtet. Sein Großvater sei König Völsung, Siegfried gehöre also zum berühmten Königsgeschlecht der Völsungen. Und Sigi, der Vater dieses Königs Völsung, sei ein Sohn Odins gewesen, heißt es. Da dieser Sigi und seine Frau kinderlos blieben, wandten sie sich an Odin und dessen Frau Frigg. Daraufhin sandte Odin eine Walküre, die sich dem König in Krähengestalt näherte und einen Apfel auf seine Knie warf. Sigi gab seiner Frau davon zu essen. Bald wurde die Königin schwanger. Doch da fiel eine Krankheit sie an und drohte das Kind zu ersticken. Da wurde ihr der Bauch geöffnet in einer Art, die heute Kaiserschnitt genannt wird, und der Sohn gerettet. Der Knabe war groß und kräftig, wurde Völsung genannt und küßte seine Mutter, bevor sie starb.

Odin → Sigi → Völsung → Siegmund

Später, als Völsung, Siegfrieds Großvater, erwachsen und selber König war und schon seinen Sohn Siegmund hatte, ließ er eine prächtige Halle errichten, in deren Mitte eine riesige Eiche stand. Zu einem Festmahl lud er berühmte und mächtige Männer. In der Nähe der Eiche brannten große Feuer. Speisen und Met gab es reichlich. Da trat vor die fröhlich lärmenden Gäste ein hochgewachsener Mann mit weitem blauen Mantel und breitem Schlapphut. Auch an seiner Einäugigkeit erkannten alle Gott Odin. Die Männer verstummten. Nicht einmal das Schlucken aus den Trinkhörnern war mehr zu hören. Odin zog ein Schwert und stieß es so tief in den Stamm der Eiche, daß nur noch der Griff zu sehen war. Vor Staunen schien den Männern der Metrausch verflogen, da sagte der Einäugige:

»Wer das Schwert aus dem Stamm zieht, dem schenke ich es. Keine Waffe ist besser als diese.«

Nun versuchten nacheinander die stärksten Recken ihr Glück; aber keinem gelang, am Schwert auch nur zu rütteln. Und als der letzte aufgegeben hatte, trat Siegmund, der junge Sohn Völsungs, an die Eiche und zog das Schwert mit einer einzigen Bewegung aus dem Holz. Niemand hatte je eine so prächtige Waffe gesehen. So erhielt Siegfrieds Vater aus Odins Hand das berühmte Siegschwert.

Auch mit dessen Hilfe wurde König Siegmund der größte Held seiner Zeit. Er siegte in zahlreichen Schlachten und herrschte viele Jahre als mächtiger König. Als er dann alt war, kam es zu einer großen Schlacht gegen die Söhne jenes Herrschers, die seinen Vater, König Völsung, getötet hatten. Siegmund sei unempfindlich gegen Gift, hieß es, sowohl von außen auf der Haut als auch von in-

→ Siegfried

nen durch Trank oder Speise. Wie in früheren Kämpfen drang Siegmund auch diesmal mit Odins Siegsschwert mitten durch das Heer der Gegner und brachte es in Verwirrung, zerhieb zahllose Schilde und Panzer der Feinde. Wie gewohnt prallten Speere und Pfeile von seinem Schild und seiner Brünne ab. Keiner konnte auch an diesem Tage jene Recken zählen, die der König fällte. Seine Arme waren blutig bis zur Achsel. Siegmunds Heer brachte das jener Söhne in Bedrängnis; sein Sieg schien auch diesmal gewiß. Da stellte sich König Siegmund ein Mann in den Weg und hob gegen ihn seinen Speer. Der Mann trug einen blauen Mantel, einen herabhängenden Hut und war einäugig. Siegmund wehrte sich, hieb mit seinem Schwert gegen den Speer. Aber der brach es in zwei Stücke. Damit brachen auch Siegmunds Glück und Kampfesmut. Er wurde schwer verwundet und verlor die Schlacht. Die Feinde glaubten, keiner der berühmten Völsungen hätte überlebt. Aber jene junge Frau, mit der sich der alte König noch vermählt hatte, trug ein Kind von ihm.

Nach dem alten Bericht hieß diese Frau Hördis und war eine Walküre. Nach der Schlacht ging sie auf die Kampfstätte, fand Siegmund und wollte ihn heilen. Der König lag in seinem Blute und wehrte die Pflege ab:

»Odin brach mein Schwert, nun habe ich weder zu kämpfen noch zu leben. Du trägst einen Knaben in dir, wende alle Sorgfalt auf ihn, er wird der Mächtigste und Berühmteste unseres Geschlechts sein, und er heiße Siegfried. Laßt ihm aus meinen beiden Schwertstücken ein neues schmieden und nennt es Gran.«

So sprach König Siegmund und starb bei Sonnenaufgang.

3

Siegfried kommt nach Worms

Nach diesen alten Berichten unterlag Siegfrieds Vater auf dem Schlachtfeld vor der Geburt des Sohnes. Aus jüngerer Zeit wird von Siegmund als König in Xanten erzählt, mit Siegfried an seiner Seite. Aber in allen Überlieferungen zeichnet sich Siegfried durch außergewöhnliche Kraft aus, und die trieb ihn wohl auch nach Worms.

Bis Siegfried von Kriemhild Kunde erhielt, lebte er unbeschwert. Die Königstochter sei über alle Maßen schön und reizvoll, so anziehend und begehrt, hieß es, wie keine vor ihr. Und er hörte, wie Werber aus allen Ländern an den Burgundenhof schwärmten. Daß Kriemhild auch die mächtigsten und kühnsten abwies, forderte Siegfried um so mehr heraus.

Als König Siegmund davon hörte, versuchte er seinem Sohn diese Werbung auszureden.

»Mein Herz ist so voll Liebe zu Kriemhild, ich kann von ihr nicht lassen«, beteuerte Siegfried, »darf ich sie nicht freien, werde ich nimmer eine Frau wählen.«

»Ist es nicht zu wenden, so will ich dir beistehen«, kam der Vater ihm entgegen, »aber schon von einem allein an Gunters Hof droht dir Gefahr. Hagen von Tronje ist hochmütig und heimtückisch, er duldet keinen Mächtigen an seiner Seite.«

»Wenn ich mit Freundlichkeit nichts erreiche«, entgegnete Siegfried, »erzwing ich mir Land und Leute mit meinem Schwert.«

»Erführen die Burgunden davon, dürftest du niemals nach Worms«, warnte Siegmund, »ich kenne die Könige

Gunter und Gernot. Mit Gewalt gewinnst du nie Kriemhilds Herz. Aber willst du doch mit einem Heer ausziehen, werde ich alle meine Freunde aufbieten.«

»Mit starker Mannschaft nach Worms zu reiten, danach ist mir nicht. Allein will ich Kriemhild gewinnen. Gib mir zwölf Gefährten, Vater, rüste sie aus, dann werde ich losziehen.«

Als Königin Sieglind von Siegfrieds Absicht erfuhr, weinte sie und sah ihren Sohn schon von Gunters Mannen bedroht.

»Keine Tränen, Mutter«, bat Siegfried, »verhelft mir und meinem Gefolge zu solchem Gewand, daß es uns zur Ehre gereicht.«

»Kannst du von der Schönen nicht lassen«, beteuerte die Mutter, »sollst du die beste Kleidung haben, die je ein Held trug.«

Schöne Frauen wirkten und nähten Tag und Nacht. Siegmund ließ glänzende Brünnen und feste Helme zurichten und neue Schilde fertigen. Die waren breit und schön. Das Zaumzeug glänzte rot von Gold, das Riemenzeug seiden. Die Gewänder prangten goldfarben. Die Schwertspitzen der Recken reichten bis an die Sporen. Siegfrieds Speer war zwei Spannen breit.

Beim Abschied von Xanten trauerten die Helden bei Hofe, und zahlreiche Frauen weinten. Sie ahnten Leid und Tod. Siegfried gelang es nicht, sie zu trösten.

Am siebenten Morgen ritten die Helden an den Ufersand zu Worms. Rüstung und Gewänder leuchteten golden. Als ob sie aus einer anderen Welt oder gar von den Göttern kämen, so schien es dem Volk, das sich sammelte und Siegfrieds Zug in die Hofburg folgte. Nie wurden hier herrlicher Gerüstete gesehen. Siegfrieds Schild war mit rotem Gold überzogen und mit einem Drachen bemalt. Der Held trug eine Goldbrünne, und alle seine Waffen waren goldgeschmückt, heißt es in alten Erzählungen. Siegfrieds Haar war braun und fiel in langen Locken herab, sein Bart stand dicht und kurz. Er hatte ein knochiges Gesicht, seine Augen waren so scharf, daß nur wenige wagten, ihn anzublicken. Seine Schultern waren so breit wie die von zwei Männern. Er redete sehr gewandt. Freunden zu helfen galt ihm als eine Lust. Für sie nahm er gern Feinden ihr Gut ab.

Recken und Knechte des Königs eilten ihnen entgegen, nahmen ihnen, der Sitte gemäß, Schilde und Zaumzeug ab. Aber als ihre Pferde in den Stall geführt werden sollten, wehrte Siegfried ab:

»Laßt sie stehen, bald reiten wir weiter. Aber wo finde ich König Gunter?«

Einer, der es wußte, geleitete sie.

Inzwischen war dem König die Ankunft der Fremden gemeldet worden. Gunter blickte aus dem Fenster und sah sie im Hofe mit ihren glänzenden Gewändern und silberfarbenen Brünnen. Daß ihm keiner sagen konnte, woher sie kamen, ärgerte den König. Ortwin von Metz war bei ihm und meinte, man solle seinen Onkel Hagen von Tronje rufen, der habe Kenntnis von fremden Reichen und deren Herrschern.

Also trat Hagen mit seinem Gefolge vor den König. Nach dessen Frage blickte der Tronjer lange aus dem Fenster auf die Fremden und sagte:

»Ihre Rüstungen glänzen, und wie stolz die Helden gehen, es müssen Fürsten oder deren Boten sein. Zwar habe ich Siegfried nie gesehen, aber jener dort, der steht so königlich und blickt so unerschrocken, das ist der berühmte Held.«

»Was weißt du über ihn?« fragte Gunter.

»Er besitzt den Nibelungenhort, einen unermeßlichen Schatz. Siegfried ist der reichste Held in allen Landen. Er gewann ihn, indem er die kühnen Nibelungen erschlug, Schilbung und Nibelung, zwei Söhne eines mächtigen Königs.«

»Wie kam es dazu?« forschte Gunter weiter.

»Siegfried ritt allein an einem Berg vorbei, wurde mir erzählt, wo der ganze Schatz aus einer Höhle herausgetragen und ausgebreitet worden war. Schilbung und Nibelung gedachten dieses Erbe zu teilen. Als die Recken den Fremden vorbeireiten sahen, begrüßten sie ihn:

Seht, da kommt der starke Siegfried, der Held von Niederland.

Da Schilbung und Nibelung den Schatz nicht gerecht zu teilen vermochten, baten sie Siegfried darum. Er wehrte sich, gab aber schließlich ihrem Drängen nach. Siegfried sah so viele Edelsteine ausgebreitet, erzählt man sich, und dazu rotes Gold in solcher Fülle, daß hundert schwere Wagen es nicht hätten tragen können.

Die Brüder belohnten Siegfried für seine Arbeit im voraus mit dem Nibelungenschwert. Aber dem Helden aus Xanten war es nicht gelungen, den unermeßlichen Schatz gerecht zu teilen. Da wurden die Brüder sehr zornig und griffen Siegfried an. Der erschlug zwölf Riesen, die zu dem Gefolge der beiden Königssöhne gehörten, und siebenhundert Nibelungen. Ohne dieses zauberische Schwert Balmung hätte er das nicht vermocht. Auch Schilbung und Nibelung fielen durch ihr voreiliges Geschenk. Der starke Zwerg Alberich wollte seine Herren rächen und lief wie ein wilder Löwe gegen Siegfried an. Der geriet durch die Kraft des Zwerges in große Not, aber schließlich gelang es ihm, Alberich den Tarnmantel zu entreißen und an sich zu bringen. Damit war die Macht des Zwerges gebrochen, er mußte sich Siegfried unterwerfen. Darin folgten ihm auch die übrigen Nibelungen. Die sich gegen ihn gewehrt hatten, lagen alle erschlagen. Siegfried ließ den Schatz wieder in den Berg hineintragen. So fiel ihm mit den Ländern und Burgen auch der Nibelungenhort zu. Alberich mußte Eide schwören, Siegfried wie ein Knecht zu dienen, und wurde dafür zum Hüter des Hortes bestimmt. Das sind einige Taten Siegfrieds, von denen ich weiß«, berichtete Hagen.

König Gunter und seinen Brüdern klangen noch Hagens Worte im Ohr, als der riet:

»Empfangen wir den Helden mit Ehren, sonst ziehen wir uns seinen Haß zu; er blickt sehr streitbar.«

Der König stimmte zu. Sie gingen hinunter in den Hof und begrüßten die Gäste höflich.

Der Held aus Xanten verneigte sich dankend vor dem König und seinen Begleitern.

»Woher kommt Ihr?« fragte König Gunter. »Und warum habt Ihr den Weg nach Worms gewählt?«

»Das will ich unverhohlen sagen«, erwiderte Siegfried. »Mir wurde in Xanten berichtet, Ihr habt die tapfersten Helden, die je ein König um sich scharte. Und Ihr rühmt Euch selber, kühner als jeder andere König zu sein. Auch ich sollte eine Krone tragen. Aber damit das die Leute mit Recht von mir sagen können, will ich mein Haupt dafür aufs Spiel setzen. König Gunter, ich fordere Euch heraus, im Kampf will ich Euch abzwingen Euer Land und Eure Burgen.«

Gunters Männer betrachteten Siegfried haßerfüllt. Und verwundert entgegnete der König:

»Womit hätte ich das verdient? Was mein Vater in Ehren erworben und bewahrt, durch die Kraft nur eines Mannes zu verlieren? Wie könnten wir das dulden?«

»Ich lasse nicht davon ab«, beharrte Siegfried, »auch ich setze mein Land und meine Burgen, meine Leute, mein Erbe aufs Spiel. Wer von uns beiden siegt, der sei Herr über Land und Leute hier wie dort.« Vielleicht kam der Held von Xanten in dem Gefühl, der mächtigste Mann auf Erden zu sein.

»Uns widerstrebt«, warf Gernot ein, »ein Land zu gewinnen, indem wir einen Helden erschlagen. Wir sind lange hier ansässig und reich genug.«

Auch Ortwin von Metz geriet in Wut und rief: »Siegfried hat kein Recht, den König herauszufordern. Damit er seinen Hochmut verliert, trete ich ihm allein entgegen.«

»Deine Hand kann nicht an gegen mich!« erwiderte Siegfried zornig, »ich bin ein großer König, du eines Königs Gefolgsmann. Nicht zwölf von deinesgleichen kämen an gegen mich.«

Da rief Ortwin von Metz nach seinem Schwert. Hagen von Tronje stand noch schweigend dabei, was König Gunter leid war. Gernot versuchte entschlossen zu vermitteln:

»Dämpft Euren Zorn, noch hat Siegfried sein Schwert nicht gezogen. Folgt meinem Rat, beenden wir den Streit, laßt uns Siegfried zum Freund gewinnen.«

»Warum eigentlich«, mischte endlich Hagen sich ein, »ritt der Held von Niederland in Waffen gegen uns? Das hätte er besser gelassen, meine Herren haben ihm nichts getan.«

»Wenn Euch meine Rede kränkt, Herr Hagen«, entgegnete Siegfried heftig, »kann meine Hand gewaltig bei den Burgunden dreinschlagen.«

»Haltet ein!« rief Gernot und verbot seinen Recken jedes weitere Wort, das Siegfried noch mehr hätte aufbringen können. So wurde Siegfrieds Zorn gedämpft. Und der Held dachte wieder an die herrliche Kriemhild; schließlich war er ihretwegen nach Worms gezogen.

»Wozu sollten wir kämpfen?« schlichtete Gernot, »lägen einige Helden in ihrem Blut, brächte uns das keine Ehre.«

Noch widersetzte sich Siegfried dem Ausgleich und reizte seine Gegner: »Warum zögert Herr Hagen, sein Schwert zu ziehen? Und fürchtet sich Herr Ortwin?«

Gernot gelang nur mit großer Mühe, die Aufgereizten zurückzuhalten und seinen Mannen jedes weitere Wort zu verbieten.

»Ihr sollt uns willkommen sein!« rief plötzlich Giselher, noch fast ein Kind. Die helle Stimme des jüngsten Königssohnes dämpfte die Streitlust. »Meinen Verwandten und mir«, sagte er, »wird es eine Freude sein, Eure Wünsche zu erfüllen.«

»Schenkt ein«, gebot der König. Wein wurde gereicht. Die Gäste nahmen den Willkommenstrunk an. Und König Gunter sprach:

»Alles, was wir haben – fordert Ihr's nur in Ehren – sei gewährt. Gern teilen wir mit Euch Leben und Gut.«

Dadurch wurde Siegfried noch mehr besänftigt. Die Gäste erhielten die beste Herberge. Und man ließ ihnen ihre Waffen. Die Burgunden erwiesen ihnen größere Ehren, als ich zu erzählen vermag. Siegfrieds Wesenart und sein Mut brachten ihm nur Ruhm am Hofe König Gunters. Keiner vermochte ihn zu hassen. Und was sie auch begannen, ob sie Steine schleuderten oder den Speer warfen, Siegfried übertraf sie in allem. Die Frauen schauten

aus ihren Fenstern auf die Kämpfer. Manche von ihnen
schloß Siegfried ins Herz. Auch Kriemhild spähte nach
Siegfried und gestand sich heimlich ihre Neigung. Bald
lockte kein Zeitvertreib sie mehr. Siegfried hieb und stritt
nur um der schönen Königstochter willen, auf deren
Liebe sein ganzer Sinn gerichtet war. Aber obwohl er darauf bedacht war, ihr zu begegnen, bekam er sie nicht zu
Gesicht. Hätte er geahnt, wie sie hinter ihren Fenstern
darauf lauerte, ihn über den Hof reiten zu sehen, wäre
ihm leichter zu Mute gewesen. Ritten die drei Könige aus
in ihr Land, begleitete auch Siegfried sie. Und Kriemhild
blickte betrübt auf den leeren Hof. So lebte der Held aus
dem Niederland ein Jahr bei den Königen in Worms, ohne
von ihrer Schwester auch nur eine Strähne ihres Haares zu
sehen. Und Siegfried ahnte nicht, wie viel Liebe und Leid
er noch durch sie erfahren würde.

4

Kampf gegen die Sachsen

Als der Held aus Xanten so ein Jahr am burgundischen
Hofe gelebt hatte, wurde der Landesfrieden gebrochen. In
die Burg preschten Boten der Könige Lüdeger aus Sachsen
und Lüdegast aus Dänemark. Beide waren mächtige Verbündete und wollten das blühende Burgundenland überfallen. König Gunter hieß die Boten willkommen und erfuhr von ihnen, die Burgunden hätten ihre Könige gereizt,
deshalb würden sie mit starker Heeresmacht dieses Land
überziehen und zahllose Helme und Brünnen zerhauen.

Wolle der König aber verhandeln, werde der Angriff abgewendet.

Gunter nahm sich Zeit zur Beratung, er ließ Hagen und Gernot rufen.

»Mögen die Feinde kommen«, meinte Gernot; »und wem der Tod bestimmt ist, der wird fallen.«

Lüdeger und Lüdegast seien zwar allzu hochmütig und herrschsüchtig, gab Hagen zu bedenken, aber in wenigen Tagen könnten die Burgunden ihr Heer nicht sammeln. Er schlug vor, Siegfrieds Rat einzuholen.

Als sich Gunter und Siegfried begegneten, fragte der den König: »Wo ist Euer Frohsinn, Euer Lachen, das durch die Säle hallte?«

»Nur wahre Freunde weihe ich ein«, erwiderte Gunter.

Siegfried erbleichte und errötete und sagte: »Wenn Ihr Freunde sucht, will ich einer sein und Euch beistehen bis zu meinem Tod.«

»Das lohne Euch Euer Gott, Herr Siegfried«, erwiderte König Gunter und berichtete von den Botschaften; bisher hätten noch keine Feinde gewagt, in sein Reich einzufallen.

»Ruft Eure Recken«, riet Siegfried, »und kämen die Feinde mit dreißigtausend; mit tausend Mann griffe ich sie an und siegte.« König Gunter dankte ihm.

»Ich habe nur meine zwölf Gefährten«, bedauerte Siegfried, »also gebt mir tausend Mann; auch Hagen und Ortwin mögen uns helfen, und Dankwart und Sindold, und Volker soll die Fahne tragen.«

König Gunter ließ die Boten rufen, beschenkte sie reich und erklärte:

»Sagt meinen starken Feinden, sie mögen daheim bleiben; fallen sie aber in mein Land ein, geht es übel für sie aus.«

Über diesen Bericht geriet der Dänenkönig in großen Zorn und hielt die Burgunden für hochmütig. Aber als er von dem Helden aus Xanten an Gunters Hofe hörte, ließ er noch mehr Leute aufbieten, bis er ein Heer von zwanzigtausend Mann versammelt hatte. Auch Lüdeger von Sachsen verstärkte daraufhin seine Rüstungen und brachte sein Heer auf vierzigtausend Kämpfer.

»Bleibt am besten daheim bei den Frauen«, riet Siegfried dem König, »ich stehe für Euer Ansehen und Gut und werde den Feinden ihren Hochmut austreiben.«

Dann brach Siegfried mit tausend Burgunden von Worms auf. Hagens Mannen folgten dem Aufgebot; er war einer der Anführer. Auch Gernot zog mit in den Kampf, so wie Dankwart, Ortwin, Volker, Sindold und Hunold.

Ihr Weg führte vom Rhein durch Hessen nach Sachsen, deren Land sie mit Raub und Brand überzogen.

Als die Schlacht mit den feindlichen Heeren bevorstand, fragte Siegfried, wer das Gesinde führen solle.

Alle rieten, Dankwart die Knechte zu unterstellen und Ortwin die Nachhut. Und ehe Siegfried allein ausritt, das Heer der Feinde zu erspähen, übertrug er Gernot und Hagen den Befehl.

Bald entdeckte Siegfried das feindliche Heer auf einem Felde; daß es so groß war, ließ seinen Kampfesmut noch wachsen.

Auch von den Gegnern befand sich ein Held auf Vorposten, auch bei ihnen war es der Feldherr selber, der Dänenkönig Lüdegast. Beide trafen aufeinander und blickten sich feindselig an. Dann sprengte Lüdegast mit seinem Schild von lichtem Golde gegen Siegfried übers Feld. Beide neigten die Speere auf die Schilde des Gegners und ritten aufeinander los. Nach dem Aufschlag der Waffen

preschten die Könige aneinander vorüber, als tobe ein
Sturm. Dann griffen sie zu den Schwertern. Und Siegfried
hieb gegen Lüdegast, daß aus dessen Helm rote Funken
stoben wie der Brand eines Feuers. Auch Siegfrieds Schild
dröhnte unter den Schlägen von Lüdegasts Schwert.

Daraufhin sprengten dreißig dänische Späher zu ihrem
König heran. Ehe sie eingreifen konnten, schlug Siegfried
ihm drei tiefe Wunden. Lüdegast bat um sein Leben und
bot sein Land. Als Siegfried den Dänenkönig wegführen
wollte, griffen dessen dreißig Gefährten ihn an. Er mußte
sie alle erschlagen; nur um die Botschaft ins feindliche Lager zu bringen, ließ er einen am Leben. Mit von Blut gerö-
tetem Helm ritt der Däne davon.

Siegfried brachte den Dänenkönig ins Lager der Burgunden und übergab ihn Hagen. Dann machten sich die
Burgunden zum Kampf fertig. Siegfried führte ihr Heer.
Es war mit tausend Mann viel kleiner als das der Gegner,
aber seine Anführer waren Helden wie Hagen von Tronje,
Volker von Alzey, König Gernot. Und die zwölf Helden
von Xanten am Rhein kämpften mit Siegfried. Die Hufe
ihrer Pferde wirbelten so viel Staub auf, daß die Spitzen
ihrer Speere grau wurden.

Im Heer der Sachsen blitzten noch weit mehr geschlif-
fene Schwerter, das Feld schien überflutet von funkeln-
dem und schimmerndem Metall.

Dann prallten die Heere aufeinander; die Burgunden
drangen in die Scharen der Feinde ein. Gernot und Sindold streckten manchen Gegner nieder. Volker, Hagen
und Ortwin löschten ihre Kriegswut mit Bächen von Blut,
die sie den Dänen und Sachsen aus den Gliedern schlugen.
Vom Zusammenprall krachten Schilde, Speerschäfte brachen, Schwerter klirrten. Wo Siegfried focht, blieb kein

Gegner auf seinem Pferd. Dreimal kämpfte er sich durch das Heer der Sachsen; Hagen und andere Gefährten dicht an seiner Seite. Auf beiden Seiten fielen viele Tapfere. Blutüberströmte Sättel blieben leer. Dann stieß Lüdeger, König der Sachsen, auf den Anführer der Burgunden. Beide begannen miteinander zu kämpfen. Lüdeger meinte, König Gernot habe seinen Bruder gefangen genommen und die neunundzwanzig Dänen erschlagen. Aus Rache führte er so heftige Schläge gegen Siegfried, daß dessen Pferd strauchelte. Gernot und Hagen und die anderen Gefährten schlugen eine Gasse durch die Reihen der Sachsen und kämpften sich an Siegfrieds Seite. Feindliche Schilde wurden zerhauen, ihre Träger sanken blutüberströmt vom Pferd. Verwundet lagen auch viele Burgunden auf dem Schlachtfeld.

Lüdeger und Siegfried schlugen unerbittlich aufeinander ein. Als Siegfrieds Pferd zu Boden gehen mußte, war das eine große Tat des Sachsenkönigs, denn Grani war kein gewöhnliches Reittier. Dann gelang es Lüdeger, Siegfrieds Arm zu treffen. Obwohl der Hieb hart war, blieb Siegfried unverwundet und versetzte ihm dafür einen so derben Schlag mit Balmung, daß Lüdegers Schildgespänge wegflog. Der Sachsenkönig sah, wie der Anführer der Burgunden und seine Gefährten sich Gassen durch die Reihen seiner Männer schlugen; und nichts konnte sie aufhalten. Da erkannte er auf dem Schild seines Gegners die Krone, das Zeichen von Siegfried. Nun wußte er, wen er vor sich hatte und wie aussichtslos es war, weiter gegen den berühmten Helden und seine Recken zu kämpfen.

»Senkt die Waffen!« erscholl weithin Lüdegers Stimme, »der Sohn König Siegmunds führt die Feinde, der Unverwundbare mit Balmung, den sandte uns der Teufel!«

So meinte der König der Sachsen. Aber ich will daran erinnern, daß es in älteren Erzählungen heißt, der Held aus Xanten habe seine Kraft aus seiner Herkunft von König Völsung und Odin selbst habe seinem Vater Siegmund das berühmte Siegschwert verliehen, das dort Gran heißt und hier Balmung. Wie Siegfried in alter Zeit unverwundbar wurde, soll bald erzählt werden.

Auf dem Schlachtfeld ließen die Sachsen die Fahne senken. Der Kampflärm verstummte. Nach gemeinsamem Rat wurde die Schlacht abgebrochen. Weit und breit lagen genug Tote. Durchbohrte Schilde und zerbeulte Helme wurden abgelegt. Die Burgunden gewährten Frieden. Dafür mußten König Lüdegast und König Lüdeger als Geiseln mit nach Worms.

Gernot und Hagen wählten fünfhundert stattliche Gegner als Geiseln und brachten sie ebenfalls nach Worms.

Verwundete wurden auf Tragen gebettet, die Toten beklagt und würdevoll bestattet. Sieglos ritten die Dänen heim. Die Sachsen hatten zwar tapfer gestritten, sie hatten aber auch die meisten Gefallenen und klagten am lautesten.

Gernot sandte Boten nach Worms. Einen ließ Kriemhild heimlich zu sich rufen, um etwas über ihren Helden zu erfahren.

»Nun gib mir Bericht«, forschte die Schwester der drei Könige, »wie kämpfte mein Bruder Gernot? Was widerfuhr seinen Gefährten? Fiel jemand? Wer war der Tapferste?«

»Niemand war feige oder schwach«, berichtete der Bote, »aber keiner brach so siegreich in das feindliche Heer ein wie Siegfried, der Held aus dem Niederlande. Mit Balmung vollbrachte er auf seinem Pferd Grani wahre

Wunder. Noch nie führte jemand zwei Könige und fünfhundert Vornehme als Geiseln nach Worms.« Dagegen verblaßten die Taten der anderen burgundischen Recken.

Kriemhild gelang es nur mit Mühe, ihre Freude über Siegfrieds Taten zu verbergen. Ihr Gesicht glühte vor Liebe und Hochstimmung. Den Boten lohnte sie die Nachricht mit kostbaren Gewändern und zehn Mark roten Goldes.

Neben den anderen Schönen stand auch Kriemhild am Fenster der Burg und sah das Heer der Burgunden heimkehren. Der König ritt ihnen entgegen, dankte seinen Mannen für den Sieg und begrüßte auch die Fremden. Nur sechzig seiner Leute wurden erschlagen, erfuhr er. Mancher Recke, der am König vorbeizog, hob seinen zerhauenen Schild oder Helm. Auch die Verletzten, die auf ihren Tragen vorbeigeschaukelt wurden, lachten voll Freude über den Sieg.

Die Fremden erhielten Herberge bei den Bürgern der Stadt. Der König wandte sich an Lüdegast: »Obwohl ich durch Eure Schuld großen Schaden nahm, seid mir willkommen. Doch meine Freunde standen mir bei.«

»Dankt ihnen, denn so vornehme Geiseln hat noch kein König gewonnen«, erwiderte Lüdegast. »Wir bieten reiches Gut für Gnade und Schonung.«

Zwar erlaubte der König, daß die Fremden sich frei bewegen konnten, aber er forderte eine Bürgschaft, das Land nicht ohne seine Erlaubnis zu verlassen. Der Sachsenkönig gelobte das mit Handschlag.

Die Gesunden feierten bei reichlich Wein und Met; die Heermüden lärmten wieder fröhlich. Die Verwundeten wurden in den Herbergen sorgsam gepflegt, kundige Ärzte mit ungewogenem Silber und Gold besoldet.

Gespaltene Schilde und zersplitterte Speere wurden gezeigt und in die Rüstkammer getragen, aber damit die
Schönen nicht in Tränen ausbrachen, viele blutige Sättel
heimlich beiseite geschafft.

Wer von den Gefährten heim wollte, wurde reich beschenkt entlassen und auf sechs Wochen später zu einem
großen Fest geladen. Bis dahin würden die Verwundeten
genesen sein.

Auch Siegfried dachte an Heimkehr. Gunter erfuhr
davon und bat den Helden aus Xanten zu bleiben. Allein wegen Kriemhild hielt es ihn in Worms. Als Königssohn lehnte er Lohn und Geschenke für seine Taten
ab. Um so größere Gunst gewann er von Gunter und
seinen Gefährten.

5

Siegfried besiegt den Drachen
und gewinnt den Hort

Jetzt soll erzählt werden, was aus sehr früher Zeit noch
über Siegfried bekannt ist.

Als der junge Völsung heranwuchs, riet der König ihm,
ein Roß zu wählen. Daraufhin ging Siegfried zu einer
Herde, die im Wald gehalten wurde. Dort begegnete ihm
das erste Mal ein Mann mit langem Barte, einem breiten
Schlapphut und nur einem Auge.

»Laßt uns die Pferde in den Fluß treiben«, rief der
Graubärtige. Siegfried half ihm dabei. Nur ein Hengst
schwamm nicht an Land. Der war grau, jung, groß von

Wuchs und noch unberitten. »Der stammt von dem achtbeinigen Sleipnir«, meinte der Fremde, »wird er sorgfältig
aufgezogen, übertrifft er alle anderen Pferde.« Als Siegfried den Grauen für sich gewählt hatte, verschwand
der Einäugige. Der junge Völsung nannte den Hengst Grani.

Der König bestimmte für Siegfried als Pflegevater den
Schmied Regin. Siegfried wurde nun eingeführt in Runen-
kunde, das Brettspiel und mancherlei anderes. Als berühmter Schmied verstand sich Regin vor allem auf das Fertigen
ungewöhnlich harter Schwerter. Der Schmied war sehr
klug und zauberkundig, aber auch erfüllt von altem Haß.

»Warum bist du so verbittert?« fragte Siegfried.

»Mein Bruder Fafnir«, erzählte Regin, »hat unseren Vater erschlagen und sich das ganze Erbe angeeignet. Es besteht aus einem unermeßlich großen Goldschatz. Mein
Bruder verweigert mir meinen Anteil an diesem Hort und
hat sich in einen Drachen verwandelt. In dieser Gestalt
verbreitet er Furcht und Schrecken. Der Drache gilt als
unüberwindbar. Erschlägst du ihn dennoch, erwirbst du
großen Ruhm und den Hort dazu.« Siegfried ließ sich
zwar mehr über den Hort erzählen und wie der entstanden war, noch zeigte er aber keine Lust auf dieses Abenteuer. Regin sprach immer wieder von Fafnir, wie er wohl-
lig auf seinem Schatz liege und gegen alle, die sich näher-
ten, Feuer speie. Auch wegen seines Schreckenshelms, bei
dessen Anblick jedermann erstarre und keine Waffe heben
könne, gelte er als unbesiegbar.

»Wenn du den Drachen tötest«, lockte Regin, »wird
dein Ruhm den aller Könige überdauern.«

»Ich werde dir zu deinem Recht verhelfen«, versicherte
Siegfried, »schmiede mir ein Schwert, dann werde ich gegen Fafnir antreten.«

Nachdem Regin das getan hatte, wollte Siegfried die Waffe erproben und hieb damit auf den Amboß, daß die Klinge zerbrach.

»Schmiede ein besseres Schwert«, verlangte der junge Völsung. Aber auch das zweite brach am Amboß in Stücke.

Würde es je gelingen, eine so harte Waffe zu schmieden, die dem schweren Amboß standhielt? Daraufhin wandte sich Siegfried an seine Mutter wegen des Schwertes, das einst Odin seinem Vater verliehen und später in zwei Stücke geschlagen hatte. Daraus schmiedete Regin ein neues Schwert. Als er es hämmerte, schien den Schmiedegesellen, als brenne Feuer aus den Schneiden. Mit der fertigen Waffe spaltete Siegfried den Amboß bis auf den Grund. Dann ging der junge Völsung mit dem blanken Schwert an den Rhein und warf eine Wollflocke in die Strömung; die Schneiden schnitten sie mühelos. Siegfried lobte die Arbeit des Schmiedes.

»Nun erfülle dein Versprechen und töte Fafnir«, mahnte Regin. »Der Drache speit sein Gift auch gegen friedfertige Waldgänger.«

»Erlitt jemand Schaden?« vergewisserte sich Siegfried.

»Fafnir griff eine Siedlung an, gierig auf das Gold von Händlern. Siegfried, keiner hat jetzt eine bessere Waffe als du.«

»Die Söhne Hundings, die meinen Vater töteten, würden lachen, gewänne ich, statt mich zu rächen, lieber rote Ringe«, erwiderte der junge Völsung.

Nach diesem alten Bericht bat Siegfried den König um Hilfe. Eine starke Flotte wurde ausgerüstet. Siegfried befehligte das größte Schiff mit dem prächtigsten Drachenkopf am Vordersteven. Guter Wind blähte die Segel, bis

Sturm nach einigen Tagen die See toben ließ, als ob ihr Blut schäume. Der junge Völsung befahl, die Segel nicht einzuholen, sondern noch höher zu setzen. Als sie an einem Vorgebirge vorüber brausten, stand ein Mann auf einem Fels, anscheinend unberührt vom Sturm, und bat, ins Schiff aufgenommen zu werden. Die wogende See schäumte höher als die aufragenden Schnäbel am Vorder- und Hinterschiff. Trotzdem ließen Siegfried und Regin den Mann an Bord. In der sprühenden Gischt waren seine Umrisse kaum zu erkennen gewesen. Als er ins Schiff sprang, sahen sie seinen blauen Mantel, trotz Sturm nicht aufgebläht, und den breiten Schlapphut locker auf seinem Kopf. Schon während der Einäugige an Bord ging, besänftigte er die See.

Der Fremde nannte sich Hnikar, das heißt ›der Aufhetzer‹, oder Fjölnir, ›der Vielweise‹. Der Einäugige gab bereitwillig Rat und wies hin auf für Götter und Menschen bedeutungsvolle Vorzeichen:

»In eurer Fahrtrichtung fliegen dunkle Raben, und bei der Esche wirst du heute den Wolf hören. Ihr werdet die Feinde zuerst erblicken«, verkündete der Hochgewachsene im blauen Mantel und verriet Siegfried ein geheimes Mittel für den Sieg. »Laß die Kämpfer nicht wie üblich in langgezogener Schlachtordnung, sondern keilförmig angreifen, dann wirst du die Feinde überwinden.«

Als sie im Reich der Hundingssöhne landeten, verschwand der Fremde. Und es geschah genau so, wie er es vorausgesagt hatte, weil Siegfried seinem Rat folgte. In der großen Schlacht mit den Hundingssöhnen wurden viele Schilde zerschlagen, Brünnen zerschmettert, Helme und Schädel gespalten. Siegfried hieb sich mit seinem Schwert Gran mitten durch das Heer der Feinde, streckte zahllose

Reiter samt Rossen nieder. Seine beiden Arme waren blutig bis zur Achsel. Keiner hatte je einen Mann so kämpfen gesehen. Mit seinem neuen Schwert fällte Siegfried auch die Hundingssöhne. Dann segelte der junge Völsung mit seinem siegreichen Heer heim.

Nun reizte Regin den Erfolgreichen erneut und drängte ihn, den als unüberwindbar geltenden Drachen zu töten. Also ritten Siegfried und Regin zur Gnitaheide, wo sich Fafnir aufhielt. Die meiste Zeit lag der Drache auf seinem Golde. Nur hin und wieder kroch er hinunter zum Fluß; die Klippe, von der er trank, war dreißig Klafter hoch.

Siegfried und Regin standen neben der Spur des Unholdes.

»Du sagst, der Drache ist nicht groß«, hielt Siegfried dem Schmied vor, »aber die Schleifspur ist breit und tief wie ein Graben.«

»Mache in seiner Spur eine Grube«, verlangte Regin, »kriecht der Wurm zum Wasser, stoße mit dem Schwert von unten zu.«

»Was geschieht, wenn das Blut auf mich niederstürzt?« meinte Siegfried.

»Springe rasch heraus«, riet Regin.

Siegfried begann zu graben, und Regin schlug sich abseits in den Wald.

Da kam ein einäugiger Mann mit breitem Schlapphut und fragte den jungen Völsung nach seinem Tun.

Ohne seine Arbeit zu unterbrechen, berichtete Siegfried.

»Nur eine einzige Grube?« verwunderte sich der Einäugige.

»Du wirst im Blut des Drachen ertrinken«, warnte er,

»mache mehrere Gruben, damit es sich verteilt. Und setze dich dorthin und stoße dem Unhold das Schwert ins Herz.«

Siegfried tat, was der Alte riet. Als der Drache herankroch, bebte die Erde. Sand bröckelte von den Grubenrändern, morsche Stämme krachten. Der Unhold funkelte, sein Maul klaffte unersättlich. Obwohl er Gift vor sich herschnob, fürchtete sich Siegfried nicht, duckte sich vor dem Getöse in die Grube und stieß zur rechten Zeit sein Schwert Gran in den linken Bug Fafnirs, so tief, daß es bis zum Knauf eindrang.

Als der riesige Wurm seine Todeswunde fühlte, bebte die Erde noch einmal. Drachenblut schoß auf den jungen Völsung, floß aber rasch in die anderen Gruben ab. Der Drache schlug vor Schmerz und Wut so wild mit Kopf und Schwanz um sich, daß Äste splitterten. Der junge Völsung riß das Schwert aus dem Leib des Drachen und sprang aus einer anderen Grube, die nicht von dessen Leib bedeckt war. Draußen wischte er seine Waffe ab.

Nun standen sich Siegfried und der Drache gegenüber. Das Gift blieb in dessen Nüstern stecken.

»Wer bist du? Wer ist dein Vater?« fragte Fafnir entsetzt.

»Ich habe weder Vater noch Mutter«, behauptete der junge Völsung. Erführe ein Sterbender seinen Namen und verfluchte ihn, so könnte das Unglück bringen, fürchtete er.

»Wer stiftete dich an zu dieser Tat?« Fafnir war fassungslos. »Jeder fürchtet sich vor mir. Ich bin stärker als alle. Mein Helm schreckt jeden.«

»Ich kam allein her, nur mit meinem Mut«, behauptete Siegfried, »mir halfen nur meine Hände und mein Schwert.«

Der Drache wurde schwächer. Der junge Völsung stand in dessen Blutlache neben den Gruben.

»Ich rate dir«, kam die Stimme des Drachen, nun schon leiser, »schwing dich auf dein Pferd und reite schnell weg von hier.«

»Nein, ich dringe in deine Höhle vor und hole den Hort«, entgegnete Siegfried.

»Der glutrote Schatz wird von deinem Blut genäßt werden, das klingende Gold dich töten«, warnte der Drache.

»Die Nornen bestimmen mein Schicksal«, beharrte der junge Völsung.

»Obwohl du bereits die Küste siehst, dich außer Gefahr glaubst, wirst du untergehen«, mahnte der Drache, »keine Vorsicht wird dich retten.«

»Für den, der sterben soll, ist immer Lebensgefahr«, entgegnete Siegfried lachend.

»Ich hielt mich für den Stärksten«, warnte der Drache noch seinen Bezwinger, »glaubte mich sicher, hielt mich für unbesiegbar.« Im Todeskampf kamen noch die Worte: »So wie mein Bruder Regin mich verriet, wird er dich töten!«

Dann sackte der schwere Körper zusammen und ließ einen Teil der Gruben einstürzen. Unablässig floß weiter warmes Blut dem jungen Völsung zwischen die Füße. Als er merkte, daß das Drachenblut ihm wohltat, entkleidete er sich, stieg in eine der Gruben und badete darin. Ein Lindenblatt fiel und legte sich zwischen seine Schultern. Diese Stelle blieb unverhornt, und das machte den Helden verwundbar.

Als die Gefahr vorbei war, kam der Schmied aus den Büschen und rief:

»Heil dir, Siegfried, du fälltest den gefährlichsten Feind! Solange die Welt besteht, bleibt diese Tat im Gedächtnis der Menschen.«

Regin besah den mächtigen Körper und die ungeheure Menge Blutes und sagte: »Aber du hast meinen Bruder erschlagen, und ich bin nicht schuldlos.«

»Du krochst in Gebüsch und dichtes Heidekraut, wo Himmel und Erde nicht mehr zu unterscheiden sind. Aber ich wäre im Drachenblut fast ertrunken«, hielt Siegfried ihm entgegen.

»Wer hat Gran geschmiedet?« erwiderte Regin.

»Ohne den Mut eines Mannes rostet das beste Schwert«, beharrte der junge Völsung.

Regin sah Siegfried fast feindselig an und wiederholte: »Du hast meinen Bruder erschlagen, aber ich bin nicht schuldlos.«

Dieser Vorwurf nährte Siegfrieds Mißtrauen gegen den Schmied.

Regin schnitt mit seinem Schwert seinem Bruder das Herz heraus und bat den jungen Völsung, es zu braten. Dann trank Regin Fafnirs Blut; das Blut wilder Tiere verleihe magische Kräfte, so glaubte man.

Siegfried entfachte ein Feuer, steckte das große Drachenherz an einen Stecken und briet es. Als der Saft aus dem Fleische quoll, berührte er es, um zu sehen, ob es schon gar wäre. Dabei verbrannte er sich den Finger und steckte ihn in den Mund. Als das Herzblut des Drachen an seine Zunge kam, verstand er mit einem Male die Sprache der Vögel. Während er das Herz weiterbriet, lauschte er den Vogelstimmen.

»Regin will ihn töten, wie kann er dem trauen?« zwitscherte eine Meise.

»Er soll selber Fafnirs Herz essen, da wird er weiser als alle anderen«, riet eine zweite Meise.

»Siegfried steht allein der Hort zu, er soll ihn nehmen«, wisperte eine dritte Meise, »damit kann er die stärkste Frau der Welt freien.«

»Wird Siegfried abwarten, bis Regin ihm den Kopf abschlägt?« warnte eine vierte Meise.

Der junge Völsung sann darüber nach, wie Odin ihm durch den Rat, mehrere Gruben auszuheben, das Leben gerettet hatte. Als Regin ihm wieder feindselig begegnete, kam er dem Schmied zuvor und schlug ihm mit Gran den Kopf ab. Dann aß der junge Völsung das frischgebratene Drachenherz.

Siegfried ritt mit Grani zur Höhle des Drachen, fand den Schreckenshelm, die Goldbrünne und viele Kostbarkeiten. Er packte so viel Gold und Edelsteine von dem Hort in Kisten, wie es kein gewöhnliches Pferd schleppen konnte. Aber Grani nahm die Last auf und trabte mit Siegfried davon. Damit endet diese frühe Erzählung über den Hort und Siegfrieds Unverwundbarkeit.

6

Siegfried begegnet Kriemhild

Nun setzen wir den späteren Bericht über Siegfried bei den Burgunden fort. Nach dem Sieg über die Sachsen wurden am Ufersand zu Worms für ein großes Fest Sitze, Polsterbänke und Tische errichtet. Hier hoffte Siegfried, endlich seine über alle Maßen Schöne zu schauen. Auch

Kriemhild bereitete sich auf das Fest in der Erwartung vor, dem Bewunderten ins Angesicht zu blicken.

Täglich kamen aus dem ganzen Land Gäste. Wer auf des Königs Einladung hin eintraf, konnte Roß und kostbares Gewand als Geschenk erhalten. Gernot und Giselher nahmen unablässig neu Ankommende in Empfang. Mächtige des Landes ritten in herrlichen Gewändern auf goldroten Sätteln, trugen mit kostbaren Steinen verzierte Schilde. Die höchsten und angesehensten Fürsten erschienen, zweiunddreißig an der Zahl.

Die Schönen bei Hofe bereiteten sich mit Eifer vor, suchten einander durch edlen Schmuck und prächtige Kleider zu übertreffen. Verwundete genasen in der Vorfreude rascher. Die noch darnieder lagen, verloren die Schmerzen.

An einem Pfingstmorgen öffneten sich die Gemächer bei Hofe. Königlich gekleidet kam Gunter mit seinem Gefolge. Fünftausend und mehr Gäste waren zum Siegesfest erschienen. Inzwischen hatte König Gunter erfahren, daß Siegfried seine Schwester Kriemhild liebte. Auch Ortwin von Metz schien das zu wissen und wandte sich an den König:

»Laßt zur Feier unseres Sieges und zur Ehre der Gäste das Glanzvollste zeigen, was wir besitzen, die Schönheit unserer Frauen und Mädchen.«

Dieser Vorschlag gefiel dem König.

Die Bediensteten wählten aus den Schreinen die prunkvollsten Gewänder. Dann traten Kriemhild und Ute vor den Hofstaat, goldglitzernd und mit Spangen geschmückt. Gunter hieß hundert Recken mit Schwertern in der Hand an der Seite seiner Schwester gehen. Viele anmutige Mädchen folgten ihr. Auch Ute hatte über hundert schöne Frauen um sich.

Die Recken drängten sich um den festlichen Zug. Mancher Held wollte von den Frauen gesehen und bewundert werden, hätte dafür gern auf Land und Besitz verzichtet.

Wie das Morgenrot aus trüben Wolken bricht, so erschien die liebliche Kriemhild. Erfahrene Männer hielten bei dem Anblick den Atem an. Kriemhilds edelsteinbesetztes Gewand blitzte von Feuer und Schönheit. Auch davon lag rosenroter Schein auf ihrem Gesicht. Keiner hatte auf der Welt je Schöneres gesehen. So wie der lichte Mond zwischen den Wolken die Sterne überstrahlt, stand Kriemhild vor dem Zug der Frauen.

Die Männer drängten sich, die Schöne zu schauen. Bei ihrem Anblick wurde Siegfried blaß und rot und dachte: Wie konnte ich wagen, sie zu lieben? Aber gelingt es mir nicht, sie zu gewinnen, will ich lieber tot sein. Wie von einem großen Meister auf Pergament gemalt, so stand der verliebte Siegfried aus Xanten. Noch nie wurde ein so stolzer und schöner Held gesehen.

Da riet Gernot seinem Bruder: »Vergeltet es ihm, der uns so treu gedient hat, vor allen anderen. Laßt Kriemhild vor Siegfried kommen und sie, die noch keinen grüßte, den Helden aus Xanten willkommen heißen. So gewinnen wir ihn für immer als Freund.«

Als Siegfried davon erfuhr, verflog sein Schmerz. Und als Kriemhild den Erwählten ansah, wurde er glühend rot im Gesicht.

»Seid willkommen, königlicher Held!« sagte Kriemhild.

Er verbeugte sich eifrig, bis sie seine Hand faßte und beide nebeneinander einher gingen. Sie sahen sich heimlich mit Liebesblicken an. Ob sie einander aus Zuneigung die Hand drückten, ist mir unbekannt. Aber ich kann kaum glauben, daß sie es unterließen. Erzählt wird, wie er über ihre weiße Hand strich und daß Kriemhild ihm ihre Neigung zeigte. Siegfried hatte noch nie so hohe Freude empfunden.

Mancher Recke beneidete Siegfried und wünschte sich, an seiner Statt neben ihr zu gehen oder gar zu liegen. Die Liebe der beiden war so offensichtlich, daß alle es bemerkten.

Dann wurde Kriemhild erlaubt, den Helden von Xanten zu küssen.

»Mancher mußte dieses Glück, wie ich«, sagte Lüdegast, der König von Dänemark, »mit schweren Wunden bezahlen, oder gar mit dem Leben. Bleibe Siegfried immer meinem Königreich fern!«

Dann zog Kriemhild mit ihrem Gefolge zur Andacht ins Münster. Die Gäste traten zur Seite. Auch Siegfried mußte sich von ihr lösen; der Gesang der Messe erschien ihm endlos. Als Kriemhild wieder ins Freie trat, ließ sie die Wartenden zu sich bitten und dankte Siegfried für seinen Sieg über die Sachsen:

»Ihr habt verdient, daß die Kämpfer Euch so treu ergeben sind.«

Er sah Kriemhild liebevoll an und erwiderte:

»Ich will Euch immer zu Diensten sein und nicht eher ruhen, bis ich alles getan habe, was Ihr wünscht; nur für Euer Glück, meine Herrin Kriemhild.«

An den zwölf Tagen des Festes sah man Siegfried an der Seite der schönen Kriemhild. Alle bei Hofe erwiesen ihm Ehre. Vor allen anderen bemühten sich Hagen und Ortwin um ihn. Die Verwundeten genasen. Auserlesene Speisen und Getränke wurden gereicht. Der König zeigte sich sehr freigebig und beteuerte: »Verschmäht meine Geschenke nicht, ich will mit Euch teilen.«

Als der Lärm des Festes verstummt war, baten die Helden aus Dänemark vor ihrem Ritt in die Heimat um Vergebung. Lüdegast war von seinen Wunden geheilt, auch der Herrscher der Sachsen war genesen. Für Frieden und ihre Freilassung boten sie so viel Gold, wie fünfhundert Pferde tragen können.

»Das wäre von Übel«, warnte Siegfried, »entlaßt sie frei und versichert Euch durch ihr königliches Wort und ihren Handschlag, daß sie nie wieder in Euer Land einfallen. So gewinnt Ihr sie als Verbündete und Freunde.«

Gunter folgte diesem Rat und ließ den fremden Herrschern mitteilen, ihr Gold begehre hier keiner. Um so reicher beschenkte er seine Getreuen vor deren Aufbruch. Ohne abzuwiegen wurde verteilt, fünfhundert Goldmark und mehr. Manche trugen Schilde voller Schätze nach Hause. Dazu hatte Gernot geraten.

Vor ihrer Abreise machten die Gäste Königin Ute und Kriemhild ihre Aufwartung.

Siegfried dachte, Kriemhild zu gewinnen sei unerreichbar, und rüstete zur Heimkehr. Giselher hielt ihn mit den Worten zurück:

»Wohin wollt Ihr reiten? Bleibt bei König Gunter und seinen Recken. Und hier locken viele schöne Frauen.« Ob er Kriemhild genannt hat, wissen wir nicht.

Da ließ Siegfried die Pferde wieder in die Ställe bringen und die Schilde in die Burg tragen. Wohl wird er gehofft haben, daß jemand ihn von der Heimreise abbringen werde.

Ich glaube, er blieb in Worms wegen der über alle Maßen schönen Kriemhild, die er nun täglich bei Hofe sah. Noch ahnte keiner, daß auch er ihretwegen den Tod finden sollte.

7

Gunter wirbt um Brünhild

Eines Tages saß König Gunter inmitten seiner Gefährten beim Wein; sie besprachen, um die Hand welcher Schönen er anhalten solle. Da wurde von Brünhild berichtet, einer Königin am Meer, der keine andere in der Welt gleiche. Sie sei nicht nur über alle Maßen schön, hieß es, sondern habe auch gewaltige Kraft, messe sich mit den stärksten Helden im Speerwurf, schleudere den Stein und springe noch darüber hinaus, weiter als jeder andere. Aber wer ihre Liebe begehre, müsse gegen sie ein dreifaches Kampfspiel gewinnen. Wer auch nur einmal unterliege, verliere den Kopf. So viele sich auch bereits diesem Wettstreit gestellt hätten, noch nie sei die Königin bezwungen worden.

»Ich will den Rhein hinab an die See zu Brünhild«, verkündete Gunter, »um die einmalig Schöne zu gewinnen, was auch mit mir geschehe. Für ihre Liebe wage ich mein Leben.«

»Davon rate ich ab«, entgegnete Siegfried, »die Königin ist grausam und bringt Unheil. Um sie zu werben kann das Leben kosten.«

Das bestärkte König Gunter nur noch in seiner Absicht: »Es gibt kein Weib, so stark und tapfer es auch sein mag, das ich nicht mit eigener Hand bezwinge.«

»Auch mit einer Kraft von vier Männern kämt Ihr gegen ihre Wildheit nicht an«, beschwor Siegfried den König. »Wenn Ihr nicht sterben wollt, laßt von ihr ab.«

Gunter aber wurde immer gereizter und war entschlossen, um Brünhilds Macht und Schönheit willen alles zu

wagen. Als Hagen sah, daß der König nicht von seinem
Vorhaben abzubringen war, bat er ihn, Siegfried um Hilfe
zu ersuchen.

Der Held von Xanten zögerte eine Weile, aber er schien
die Antwort schon bereit zu haben:

»Gebt Ihr mir Eure Schwester, die schöne Kriemhild,
so will ich Euch Brünhild gewinnen helfen.«

»Kommt die stolze Brünhild ins Land«, gelobte Gunter
ihm, »gebe ich dir meine Schwester zum Weibe.« Darauf
schwuren sie Eide und ahnten nichts von den Kämpfen
und Leiden, die daraus folgen sollten.

Gunter und Siegfried begannen sich für die Reise zu rüsten. Der Held aus Xanten packte den Tarnmantel ein, den
er im Streit mit Alberich errungen hatte. Jeder, der ihn
trug, gewann die Kraft von zwölf Männern und konnte
tun, was er wollte, ohne gesehen zu werden. Damit wollte
Siegfried, der schönen Kriemhild wegen, Königin Brünhild überlisten. Ich weiß nicht, was ihn zu den Eiden mit
Gunter bewog. War es Übermut, sein Glaube, alles, was
er begänne, müsse gelingen? Aus früher Zeit war er längst
Brünhild versprochen. Daraus sollte großes Unglück erwachsen. Was Siegfried ehemals mit Brünhild verband,
soll bald erzählt werden.

Gunter erwog, mit dreißigtausend Mannen in Brünhilds Reich zu landen. Davon riet Siegfried ab. Die Königin sei schrecklich, beteuerte er, alle könnten durch sie
umkommen. »Wir müssen den Rhein hinabfahren wie es
sich für Recken geziemt, nur zu viert, mit uns Hagen und
Dankwart. Dann werden keine zweitausend Kämpfer gegen uns bestehen«, meinte er.

»In welcher Kleidung sollen wir um Brünhild werben?«
fragte Gunter.

»Die besten Gewänder, je an einem Hofe gezeigt, trägt man in Brünhilds Burg. Die sollten wir übertreffen«, verlangte Siegfried.

Hagen riet dazu, Kriemhild die Kleidung für die Fahrt auswählen und anfertigen zu lassen. Daraufhin empfing Kriemhild ihren Bruder und Siegfried, ging ihnen entgegen, faßte sie zur Begrüßung an den Händen und führte sie zu den Polstersitzen in die Ecke des Raumes, wo die Vorhänge mit Bildern bestickt waren. Kriemhild rückte ganz nahe zu dem Helden aus Xanten, tauschte mit ihm liebevolle Blicke. Über die Güte der nötigen Kleidung sagte Kriemhild:

»Seide hab ich genug, aber laßt Schilde gefüllt mit Edelsteinen herbeitragen, dann machen wir die herrlichsten Gewänder.«

Für die vier Gefährten sollte an vier Tagen je dreimal neue Kleidung bereit sein, und jede glanzvoll und einmalig.

Kriemhild schnitt die prächtigen Gewänder selber zu. Dreißig schöne Mädchen nähten sieben Wochen lang. Arabische Seide, weiß wie Schnee, und guten Stoff aus Zazamanc, grün wie Klee, besetzten sie mit edelsten Steinen. Keine Königstochter hatte solchen Vorrat an allerbesten Seiden aus Marokko und Libyen.

In dieser Zeit richteten die Helden ihre Rüstungen her und ließen ihre Waffen schärfen. Mit Eifer wurde ein starkes Schiff gezimmert, das die vier hinab zum Meer tragen sollte. Gunter drängte zum Aufbruch. Kriemhild ließ ihn und seine Begleiter kommen, die Gewänder anzuprobieren. Sie waren richtig bemessen. Er habe auf Erden nichts Herrlicheres gesehen, lobte er die Arbeit der Frauen. Die Helden dankten den Schönen und nahmen Abschied.

Die hellen Augen der Frauen wurden von Tränen naß und trüb.

»Viellieber Bruder«, beschwor Kriemhild Gunter, »bleibt hier, werbt um andere Frauen, nicht dort, wo ihr Euer Leben verlieren könnt. Auch hier gibt es hochgeborene Schöne.«

Kriemhild erinnerte sich an den Traum mit dem Falken. Auch andere Frauen ahnten Unheil. Aber so sehr die Männer die Frauen auch zu trösten suchten, der Goldschmuck vor ihren Brüsten wurde vom Weinen blind.

»Herr Siegfried«, beschwor Kriemhild den Geliebten, »ich empfehle meinen Bruder Eurem Schutz und Eurer Treue an.«

»Bleibt ohne Sorgen«, suchte Siegfried die Angebetete zu beruhigen, »ich kehre gesund mit ihm zurück.«

Nun wurden die vier goldfarbenen Schilde der Helden über den Ufersand zum Boot getragen und Waffen und andere Rüstung verstaut. Man band die Pferde fest. Auch genügend Proviant war vorhanden.

Als das Schiff vom Ufer abstieß, weinten die Schönen laut. Und aus den Fenstern sahen viele zu, wie der Wind in die Segel fuhr.

»Wer soll Schiffsmeister sein?« fragte König Gunter.

»Ich kann Euch führen«, erbot Siegfried sich, »denn ich kenne den Fluß, die Strudel und Stromschnellen.« Siegfried nahm eine Ruderstange. König Gunter griff selber in die Riemen. Rasch ließen sie das Ufer und die Burg zurück. Sie führten reichlich Speise mit und vom besten Wein, der am Rhein wuchs. Das Schiff glitt sicher dahin. Die Pferde standen ruhig. Ehe es Nacht wurde, segelten sie bei gutem Wind zwanzig Meilen dem Meer entgegen.

Am zwölften Morgen, so wird erzählt, hatten Winde und Strömung das Schiff in Brünhilds Land bis zum Isenstein getragen. Außer Siegfried war dieses Land keinem der vier Helden bekannt. Als Gunter so viele Burgen und weite Marken sah, fragte er Siegfried, wem sie eigen seien.

»Land und Leute gehören Brünhild«, antwortete Siegfried. »Noch heute werdet Ihr auf der Feste Isenstein viele schöne Frauen bewundern.« Dann riet er seinen Gefährten, Brünhild zu täuschen. »Stehen wir vor der Königin«, sagte er, »müssen wir uns einig sein: Gunter ist mein Herr, ich bin sein Mann.«

Der König wollte die Unterwerfung des Helden von Niederland nicht einmal als List annehmen.

»Wollen wir etwa ohne Brünhild heimkehren? Oder überhaupt nicht?« rief Siegfried.

Da gelobten alle, sich an die Abmachung zu halten, auch der König. »Nur für deine schöne Schwester tue ich das«, versicherte Siegfried dem König, »sie ist mir wie meine Seele, wie mein eigener Leib. Was es auch koste, ich will, daß sie mein Weib werde.«

8

Brünhilds und Siegfrieds frühe Eide

In dieser späteren Erzählung über Siegfried und Kriemhild steht nichts Näheres über die erste Begegnung. Ehe wir den Bericht über Isenstein fortsetzen, müssen wir die alte Überlieferung heranziehen, sonst bleibt vieles über Brünhilds Schicksal im Dunkel.

Aus alter Zeit wird berichtet, wie Siegfried auf seinem Roß Grani in die Berge ritt, wo Brünhild eingeschlossen war. Das hatten ihm die Meisen, deren Sprache er inzwischen verstand, verraten. Auf einem Gipfel gewahrte Siegfried ein großes Licht, so als brenne Feuer und leuchte zum Himmel. Der Flammenwall, die Waberlohe, loderte, umwogte und schützte den Berg, auf dem Brünhild angeblich wohnte.

Kein gewöhnliches Pferd hätte diesen Sprung gewagt. Kein gewöhnliches Pferd hätte diesen Satz über den Flammenwall heil überstanden. Aber Grani, der vom achtbeinigen Sleipnir abstammte, stieß sich vom Boden ab, streifte die Wolken und landete sicher auf dem Gipfel. Da schien ein Mann in voller Rüstung zu schlafen. Siegfried zog ihm zuerst den Helm vom Kopf. Da langes rötliches Haar hervorquoll, sah er, daß es eine Frau war. Die Brünne saß ihr so fest, als sei sie angewachsen. Mit seinem Schwert schnitt Siegfried der Frau zuerst den Brustpanzer von der Halsöffnung senkrecht bis zum unteren Ende auf, dann schlitzte er die Brünne von dort nach rechts und links mit zwei waagerechten Schnitten bis zu den Enden der Ärmel wie ein Kleid durch. Er klappte die Enden auf und zog sie ab. Dadurch erwachte die Frau und setzte sich auf.

»Hast du eine Ewigkeit geschlafen?« redete Siegfried sie an.

»Wer ist so stark, daß er meine Brünne zerschneidet und meinen Schlaf stört? Das kann nur Siegfried sein, der Drachentöter.«

»Vom Geschlecht der Völsungen bin ich«, erwiderte Siegfried, »und habe gehört, du seist die Tochter eines mächtigen Königs; gerühmt werden deine Weisheit und Schönheit; die will ich erproben.«

Brünhild nahm ein Trinkhorn, füllte es mit Met, reichte es Siegfried und begrüßte ihn:

»Ich bin eine Walküre und mußte eine Schlacht entscheiden«, sagte sie. »Zwei Könige führten Krieg, einer war alt und ein großer Kämpfer, ihm hatte Odin den Sieg verheißen. Ein anderer war noch jung und wenig erfahren, dessen wollte sich keiner annehmen. Da widersetzte ich mich Odin, fällte den alten und ließ den jungen siegen. Zur Strafe für meinen Eigensinn stach Odin mich mit dem Schlafdorn und verbot mir, je wieder einen Sieg zu erstreiten, dafür soll ich mich vermählen. Da diese Strafe nicht zu umgehen ist, gelobte ich dagegen, mich wenigstens keinem Manne hinzugeben, der nicht furchtlos wäre, und bat Odin zum Schutz und zur Prüfung um die Waberlohe.«

»Laß uns beide zusammen trinken«, sagte Siegfried, »führe mich ein in die letzten Geheimnisse der Welt.«

»Du wirst der Weisere sein«, erwiderte Brünhild, »aber gern lehre ich dich mehr vom Zauber und jener Macht der Runen, die du noch nicht kennst. Füllen wir die Trinkhörner. Mögen die Götter uns einen guten Tag schenken, damit dir aus meinem Wissen Ruhm erwachse.«

Brünhild reichte Siegfried ein Trinkhorn und sprach:

»Bier bringe ich dir, gemischt mit Kraft und hohem Ruhm, mit dem Klang von Kampfgesängen und Zaubersprüchen. Und schneide du die siegverleihenden Runen, in den Griff eines Schwertes sollst du sie ritzen, auch in dessen Blatt, zweimal die T-Rune des Kriegsgottes, und du sollst dabei seinen Namen nennen.« Darauf lehrte sie ihn Runen gegen die Wirkung von Gift und Zaubertränken. Auch in Entbindungsrunen unterwies sie ihn, in einem Zauber, um das Kind, wenn es am Hinausschlüpfen behindert würde, aus dem Leib der Mutter zu lösen. Runenzauber gegen Unwetter, vor allem auf See, lernte er, auch Runen, die Redegewandtheit verliehen, wie in

Verhandlungen bei Gericht nötig. Und Brünhild lehrte ihm Denkrunen, wie sie Odin selbst ersonnen hatte.

»Ich kenne keine weisere Frau in der Welt als dich«, versicherte Siegfried, »ich schwöre, daß ich dich zum Weib haben will.«

Brünhild wehrte zunächst ab: »Ich bin eine Schildjungfrau, kämpfe in Helm und mit dem Schwert an der Seite von Heerkönigen. Noch keinem Mann räumte ich je neben mir diesen Platz ein und reichte ihm Bier.«

Siegfried bat um weiteren Rat.

»Sei gut zu deinen Verwandten«, empfahl Brünhild, »und räche nichts Feindseliges, sondern trag es mit Geduld, so wirst du gelobt.

Fährst du einen Weg, wo Gefahr droht, nimm keine Herberge an der Straße.

Verführe kein Mädchen, begehre keines Mannes Frau, das Unheil daraus kann dein Leben kosten.«

»Einen klügeren Menschen als dich gibt es nicht. Ich gelobe, ich will dich zur Frau haben«, beteuerte der junge Völsung.

»Ich muß weit springen und große Steine schleudern, den Speer gegen tapfere Recken werfen und ihre Schilde durchbohren, will mit dem Schwert Funken aus ihren Brünnen schlagen und Helme spalten. Für mich gibt es kein größeres Glück als den Sieg im Kampf!« rief die Walküre und wollte ihn schrecken.

Aber Siegfried sah, wie sie im Frauengemach bei ihren Mägden geschickter war als alle anderen. Auf einen Wandteppich stickte sie in Goldfäden die großen Taten Siegfrieds: wie er den Drachen tötet, den Hort erwirbt.

»Keine Frau ist schöner als du«, versicherte Siegfried.

»Beherzige meinen Rat«, warnte Brünhild, »vertraue keiner Frau ganz, du gerätst in ihre Gewalt, und sie bricht doch ihr Wort.«

Sie redeten und tranken einen ganzen Tag. Und sie ahnten nicht die Folgen.

Dann schwor Siegfried bei den Göttern, daß er nur sie besitzen wolle und niemals eine andere Frau. Und nach langen Gesprächen gestand Brünhild ihm:

»Und könnte ich unter allen Männern wählen, so wollte ich am liebsten dich.«

Und Brünhild und Siegfried schworen heilige Eide, sich miteinander zu verbinden und Hochzeit zu halten. –

Ob Siegfried später bei ihrer Wiederbegegnung Brünhild noch liebte, wird nicht berichtet. Daß ein zauberischer Vergessenstrank diese Erinnerung gelöscht haben soll, kann ich nicht glauben. Was aber weiter auf Isenstein geschah, steht in der jüngeren Erzählung.

9

Gunter gewinnt Brünhild im Kampfspiel

Inzwischen näherte sich das burgundische Schiff der größten Burg Brünhilds so weit, daß die Schönen in den Fenstern zu erkennen waren.

»Könnt Ihr mir sagen«, fragte der König, »was das für Mädchen sind, die zu uns herabschauen?«

»Späht heimlich nach oben«, forderte Siegfried den König auf, »falls Ihr die freie Wahl hättet, welche wolltet Ihr nehmen?«

»Jene im schneeweißen Gewand, die ist schön, so bin ich noch keiner begegnet; läge es in meiner Macht, die müßte mein Weib werden.«

»Deine Augen haben recht gesehen«, sagte Siegfried, »die Jungfrau ist jene Königin, nach der du dich sehnst.«

Die Frauen schmückten sich für den Empfang der Fremden.

Das Schiff legte an. Siegfried zog ein Roß an Land und hielt nicht nur das starke prächtige Tier am Zaume, bis Gunter im Sattel saß, sondern er hielt dem König überdies den Steigbügel. König Siegfried von Niederland hatte solch einen Dienst noch nie getan. Er ahnte nicht, daß Brünhild dies aus dem Fenster beobachtete und was daraus erwachsen sollte.

Dann führte Siegfried sein eigenes Pferd vom Schiff und schwang sich in den Sattel. Die Rosse beider waren schneeweiß. Auch ihre Gewänder schimmerten blankweiß. Von ihren Schilden blinkte es und lohte wie Feuer. Die Brustriemen der Pferde waren schmal, die Sättel mit funkelnden Steinen besetzt. Am Zaumzeug hingen Schellen von lichtem Golde. Ihre Speere glänzten neu geschliffen. Die breiten Schwerter hingen ihnen bis auf die Sporen hinab. So sprengten sie vor Brünhilds Saal, begleitet von Dankwart und Hagen. Deren Gewänder waren rabenschwarz, besetzt mit kostbaren Steinen aus Indien. Von ihren breiten Schilden blitzte und funkelte es.

Die unermeßlich große, stark befestigte Burg hatte sechsundachtzig Türme. Das Tor wurde aufgetan. Sie sahen drei Paläste mit weiten Höfen und kamen in einen prächtigen Saal von edlem Marmor, grüner als Gras. Dort sollten sie dann von Brünhild und ihrem Gefolge empfangen werden.

Den Fremden wurden die Pferde gehalten und die Schilde abgenommen. Und ein Kämmerer bat um ihre Schwerter und Brünnen.

»Die tragen wir selber«, wehrte Hagen ab.

»In dieser Burg ist es Gepflogenheit«, erklärte Siegfried, »daß Fremde keine Waffen behalten. Gebt sie in Verwahrung, das ist rechtens.«

Hagen fügte sich murrend.

Man schenkte den Gästen Met ein. Ihre Ankunft sprach sich rasch herum. Der Hofstaat der Königin drängte sich in den Saal. Brünhild erkundigte sich bei einem ihrer Vertrauten nach den Angekommenen.

»Ich habe noch keinen von ihnen gesehen«, meinte der, »aber einer gleicht dem berühmten Siegfried, der den Drachen getötet hat. Den sollt Ihr freundlich empfangen, dazu rat ich. Der zweite sieht aus, als ob er große Macht hätte, wie ein König steht er in der Halle. Der dritte wirkt finster und feindselig; obwohl von schöner Gestalt, blickt er stechend, vor dem warne ich. Aber der Jüngste steht vornehm und edel, ohne Tücke und Anmaßung; doch forderten wir ihn heraus, wäre auch er zu fürchten.«

Brünhild ließ sich königlich kleiden und empfing, begleitet von hundert schönen Mädchen, die burgundischen Helden. Auch fünfhundert Recken, die Schwerter in den Händen, schritten an ihrer Seite. Das verdroß nicht nur Hagen.

Obwohl Siegfried einem scheinbar Mächtigeren den Steigbügel gehalten hatte, begrüßte Brünhild ihn zuerst.

»Seid willkommen, Herr Siegfried, hier in diesem Land. Gern hätte ich gewußt, was Ihr vorhabt.«

Was Königin Brünhild dachte oder erwartete, fehlt in diesem jüngeren Bericht; aber nach älteren Erzählungen, die wir kennen, könnte sie gehofft haben, der König von Xanten werde endlich seinen Schwur einlösen und sie freien. Seine Antwort wird sie verbittert haben:

»Es ist eine zu große Ehre, Königin Brünhild, daß Ihr mich vor diesem edlen Recken begrüßt, der hier vor mir steht. Es ist König Gunter von Worms am Rhein und ein mächtiger Herrscher. Er wirbt um deine Liebe und will dich zur Frau. Er gebot mir mitzufahren; wäre es nach mir gegangen, hätte ich mich gern geweigert.«

»Wenn er dein Herr ist, bist du sein Gefolgsmann«, folgerte Brünhild, wohl verwundert. Warum erniedrigt sich der Held Siegfried? wird sie gedacht haben. Ahnte sie eine Täuschung? »Falls dein Herr die Kampfspiele besteht«, fuhr sie fort, »werde ich sein Weib. Aber wenn ich gewinne, verliert ihr alle euren Kopf.«

»Welche Kampfspiele fordert Ihr?« wollte Hagen wissen. »Seht Euch König Gunter an, mein Herr wird jedes bestehen.«

»Den Stein soll er werfen«, erklärte Brünhild, »und ihn noch überspringen, und den Speer soll er mit mir schleudern. Unterliegt er nur in einem, verliert ihr vier das Leben. Bedenkt das. Noch ist nichts abgemacht, noch seid ihr meine Gäste.«

Siegfried trat neben seinen König und riet ihm, furchtlos auf die Kämpfe einzugehen, mit List und Zauber werde er bestehen.

»Königin, setzt die Regeln«, verlangte Gunter, »auch das Schwerste wage ich für Eure Schönheit. Werdet Ihr nicht mein Weib, verliere ich gern meinen Kopf.«

Daraufhin ließ die Königin den Wettstreit vorbereiten, sich ihre Brünne aus rotem Gold und einen starken Schild bringen und ein Waffenhemd von feiner libyscher Seide anlegen, auf dem helle Borten glänzten und das noch von keiner Waffe geritzt war.

Während dieser Vorbereitungen verging Hagen und Dankwart der Übermut; die Gefahr, in die sie mit ihrem König geraten waren, bedrückte sie. Diese Fahrt kann uns das Leben kosten, meinten sie.

Inzwischen war Siegfried unbemerkt zum Schiff geeilt, hatte den Tarnmantel übergeworfen und begab sich, nun unsichtbar, in die Nähe seiner Gefährten.

Für das Kampfspiel wurde der Ring abgesteckt. Siebenhundert Recken drängten sich im Kreise. Ihre Waffen klirrten und blinkten. Als ob sie um aller Könige Land streiten wollte, so kam Brünhild gerüstet. Der Goldschmuck auf ihrem Seidengewand ließ ihre Haut darunter und ihr Gesicht noch lieblicher scheinen.

Als Hagen und Dankwart sahen, wie Brünhilds Schild herangetragen wurde, hielten sie den Atem an. Er war aus rotem Golde und hatte stählerne Spangen; auf dem Schildband blitzten Edelsteine grün wie Gras und wetteiferten mit dem Feuer des Goldes; und er war so schwer durch das Gold und die stählernen Beschläge, daß vier starke Männer ihn schleppen mußten.

»Was nun, König Gunter«, erschrak Hagen, »jetzt geht's uns an den Hals. Die, um die Ihr werbt, ist eine böse Zauberin.«

Und als Brünhilds Speer gebracht wurde, erblaßten Gunter und seine Gefährten und hielten es für Trug. Die Waffe, die sie zu werfen pflegte, war stark, breit und sehr scharf und von einer Schwere, daß vier von Brünhilds starken Männern sie nur mit Mühe schleppen konnten.

Was soll das werden? dachte Gunter voll Sorge. Selbst dem Teufel in der Hölle gelänge kaum, aus dieser Falle zu entkommen. Wäre ich im Land der Burgunden geblieben! Nie würde ich je wieder um Brünhild werben! gelobte er sich.

»Mich reut die Fahrt an diesen Hof«, gestand Dankwart. »Wir sind kampfgeübte Recken, unterlagen nie. Sollen wir etwa nun von Weiberhänden fallen?«

Dankwart, sein Bruder Hagen und auch Gunter sahen, mit welchem Übermut die Männer Brünhilds Waffen und deren Gewicht zeigten. Brünhild schien das Entsetzen der Gäste zu freuen und ihre Überlegenheit auszukosten.

Das kränkte Dankwart: »Hätten Hagen und ich unsere blanken Schwerter, verginge Brünhilds Leuten ihre Anmaßung. Und hätte ich tausend Eide geschworen, Frieden zu wahren; ehe ich meinen Herren sterben sähe, erschlüge ich die schöne Hexe.«

»Trügen wir unsere Helme und Schwerter«, sagte Hagen laut, »kämen wir hier ungeschoren davon und vertrieben der stolzen Jungfrau ihren Hochmut.«

Brünhild hörte das und rief lächelnd über die Schulter: »Wenn er so kühn sich dünkt, bringt ihnen ihre Rüstungen, reicht ihnen ihre Schwerter.«

Als die Burgunden ihre Waffen zurückerhielten, sagte Dankwart mit freudigrotem Gesicht: »Mögen die Kampfspiele sein wie sie wollen, da wir unsere Waffen wiederhaben, ist Gunter nicht zu bezwingen.«

Wie stark die Königin tatsächlich war, erfuhren die Gäste, als für den ersten Wettkampf ein ungefüger Felsblock herangetragen wurde. Zwölf tapfere Helden vermochten ihn nur mit Mühe zu tragen. Hagen löste die Hand vom Knauf seines Schwertes. Beim Anblick dieses Quaders verging den Burgunden jenes Selbstvertrauen, das sie durch ihre Waffen eben wiedergewonnen hatten. »Was hat der König für eine Hexenbraut, zum Teufel mit ihr!« meinte Hagen.

Brünhild wand an ihren weißen Armen die Ärmel auf, packte den Schild, schwang den Speer als Zeichen für den Beginn des Kampfes. Gunter und Siegfried spürten ihre Feindseligkeit.

Käme der Held aus Xanten seinem König nicht zu Hilfe, verlöre der sein Leben. Siegfried näherte sich, streifte Gunters Hand, daß der verwirrt um sich blickte, aber niemanden sah.

»Was berührt mich?« fragte der König.

»Ich bin's, Siegfried, dein lieber Freund. Fürchte die Königin nicht. Reiche mir den Schild, ich werde ihn tragen, und merke, was ich sage: mache du die Gebärde zur Täuschung, werfen und springen werde ich selber. Halte meine Zauberlist geheim, dann wird die Königin besiegt. Sieh, wie sorglos sie den Speer hält.«

Erfreut erkannte der König Siegfrieds Stimme.

Brünhild schleuderte mit solcher Kraft, wie sonst nur von Walküren berichtet wird, den Speer gegen den neuen starken Schild Gunters, gehalten von Siegfried. Es zischte in der Luft, Funken sprangen vom Stahl. Die mächtige Speerspitze brach durch den Schildpanzer, daß aus der Brünne Feuer flammte. Gunter und Siegfried stürzten unter der Wucht des Schusses; nur die Tarnhaut bewahrte sie vor dem Tod. Siegfried brach Blut aus dem Mund. Aber bald riß er den Speer, den Brünhild geschossen, aus dem durchlöcherten Schild. Um die Königin nicht zu durchbohren, drehte er ihn um und schoß den Speer mit dem Schaft voran auf ihr Kampfgewand, daß es dröhnte und wie vom Sturm entfacht Feuer aus ihrer Brünne stob. Der

Aufprall riß die Königin zu Boden. König Gunter wäre ein solcher Wurf nie gelungen.

Wütend sprang Brünhild wieder auf und rief: »Gunter, edler Held, hab Dank für den Schuß!« Dann eilte sie zornentbrannt zu dem Steinblock, hob ihn in die Höhe und schleuderte ihn mit aller Kraft zwölf Klafter weit. Dann sprang sie mit klirrender Rüstung hinterher und noch über den Stein hinweg.

Siegfried, stark und hochgewachsen, warf den Stein weiter als Brünhild und übertraf die Länge ihres Sprunges. Mit der Zwölfmännerkraft, die ihm der Tarnmantel verlieh, trug er dabei noch Gunter. Da nur der zu sehen war, wurden ihm die Taten zugeschrieben. So bewahrte Siegfried die Burgunden vor dem Tode.

Königin Brünhild wurde zornrot und war gezwungen, ihren Leuten zu verkünden:

»Ihr Verwandten und Gefolgsleute, kommt näher, nun seid ihr alle König Gunter untertan!«

Brünhilds Recken legten die Waffen aus der Hand und verbeugten sich vor Gunter. Der König verneigte sich vor Brünhild; die nahm ihn bei der Hand, schritt mit ihm in den weiten Palast und übertrug ihm, zur Freude von Hagen, die Herrschaft.

Unterdessen war Siegfried vom Schiff der Burgunden zurückgekehrt, wo er den Tarnmantel verborgen hatte. Wieder im weiten Saal, täuschte er Ungeduld vor:

»Wann beginnen endlich die Kampfspiele?« Als ihm das Geschehene berichtet wurde, gab er sich erstaunt.

»Siegfried war an unserem Schiff«, erklärte Hagen seine Abwesenheit.

»Welche Freude«, rief Siegfried übermütig, »daß Euer
Stolz gebrochen ist und daß es jemanden gibt, dem Ihr
Euch beugen müßt.«

Diese Worte mußten Königin Brünhild zu Tode beleidigen.

Sie wehrte sich heftig, Gunter sofort zu folgen, erst
wollte sie mit Verwandten und Freunden Rat halten. Eilig
sandte sie Boten aus.

Bald ritten von früh bis spät Brünhilds Mannen scha-
renweise in die Burg und füllten Säle und Höfe.

»Was hat sie vor?« vermutete Hagen einen Hinterhalt
der Königin. »Plant sie aus Zorn einen Anschlag?« Von
Tag zu Tag gerieten die Burgunden mehr in Bedrängnis,
bis Siegfried erklärte: »Habt keine Sorge, ich hole auserwählte Recken ins Land; fragt nicht, wohin ich fahre,
ich bringe tausend Mann, die besten Helden, die es
gibt.«

»Entfernt Euch nicht zu lange«, bat Gunter, »wir brauchen Euren Beistand.«

»Ich kehre in wenigen Tagen zurück«, versicherte Siegfried, »und fragt Brünhild nach mir, so sagt, Ihr habt
mich ausgesandt.«

10

Siegfried fährt ins Nibelungenland

Der Held aus Niederland legte die Tarnkappe an und
band am Ufer ein Boot los. Als wäre es von einer Böe
weggerissen, führte er es von dannen. Leute am Ufer

meinten, ein Sturmwind lasse es herrenlos übers Meer fliegen, so rasch ruderte Siegfried in seinem Tarnmantel.

Mit großer Kraft schaffte er an einem Tag und in einer Nacht wohl hundert Meilen und mehr, dann kam er an die Küste des Landes der Nibelungen, wo sein großer Hort verwahrt war.

Er machte das Boot am Ufer eines Werder fest, stieg auf den Berg, auf dem seine Burg stand, und klopfte an das Tor. Als sich auch nach dem zweiten Pochen nichts rührte, schien ihm, seine Leute behüteten es gut. Nach dem dritten Klopfen hörte er die Stimme seines Wächters, eines unförmigen Riesen:

»Wer pocht so hartnäckig an das Tor?«

»Ich bin ein fremder Recke«, verstellte Siegfried seine Stimme, »lieg nicht faul auf deinem Lager, erheb dich, schließ das Tor auf, sonst fordere ich dich zum Kampf!«

Erzürnt setzte der Wächter seinen Helm auf, nahm den Schild und seine Eisenstange, öffnete das Tor und griff den Fremden an. Siegfried deckte sich mit seinem Schild und freute sich insgeheim über den Eifer und die Aufmerksamkeit seines Wächters, der nun mit raschen Schlägen ihm die Schildspange zerhieb. Mit der Eisenstange brachte der Riese Siegfried so in Bedrängnis, daß er um sein Leben fürchtete. Balmung und die Waffe des Wächters krachten gegeneinander, daß Funken stoben und vom Kampflärm die Burg erdröhnte bis hinunter in den Saal der Nibelungen. Endlich schlug Siegfried dem Riesen die Stange aus der Hand und fesselte ihn.

Alberich, der tief im Berg wohnte, hörte das Getöse des Kampfes, waffnete sich und stürmte in Brünne und Helm zum Tor, wo Siegfried den Wächter eben gebunden hatte. Der starke, wilde Zwerg schwang seine Geißel aus schwerem Golde, die sieben starke Kugeln an Stricken hatte, griff damit Siegfried an und schlug ihm Stücke aus seinem Schild. Wieder mußte der Held aus Xanten um sein Leben fürchten. Wieder wollte er seinen Mann, der ihn für einen Fremden hielt, keinesfalls töten. Also stieß er Balmung in die Scheide, warf die Trümmer seines Schildes beiseite und griff Alberich mit seinen starken Händen an. Er packte ihn am Barte und zerrte ihn so, daß der Altersgraue aufschrie:

»Laßt mich am Leben! Wäre ich nicht Knecht eines anderen Herrn, hätte ihm keine Eide geschworen, böte ich Euch meine Dienste an!«

Wie den Riesen, so band Siegfried auch den Zwerg.

»Wie werdet Ihr genannt?« fragte Alberich.

»Ich bin Siegfried, ich meine, du kennst mich.«

»An Eurer Reckenkraft spür ich's, Ihr seid zu Recht Herr unseres Landes. Schont mich. Was Ihr gebietet, werde ich tun.«

Siegfried löste Alberich und dem Riesen die Fesseln und hieß sie die Nibelungen wecken. Alberich eilte in die Säle der Burg, wo die Nibelungen schliefen, und rief: »Hey, heraus, ihr Helden, Siegfried ruft euch!«

An die dreitausend sprangen aus den Betten, warfen ihre Kleidung über, eilten in den Burghof und grüßten Siegfried ehrerbietig. Kerzen wurden entzündet, in deren Flackern die Mauern zu zittern schienen. Tische wurden herbeigeschafft und der Willkommenstrunk aus gewürztem Wein gereicht.

»Fahrt mit mir übers Meer!« forderte Siegfried seine Mannen auf.

Alle Nibelungen waren sofort bereit und drängten sich, unter jenen tausend zu sein, die Siegfried auswählte. Die wurden dann mit den besten Waffen, Helmen und Brünnen ausgerüstet.

»Ihr tapferen Recken!« rief Siegfried, »auf zur Burg der Königin Brünhild, dort locken schöne, liebliche Frauen; und wir dienen einem mächtigen König. Führt eure beste Kleidung mit. Erscheinen wir bei Hofe reich und prächtig!«

In Kürze wurden die Schiffe bereit gemacht. Wohlgerüstet und mit den feurigsten Rossen an Bord, stach die Flotte in See.

An den Zinnen von Brünhilds Burg standen die Schönen und spähten aufs Meer. Als sie die reich ausgerüsteten Schiffe sahen, riefen sie die Königin. Die traute ihren Augen nicht und fragte Gunter, der neben ihr stand:

»Weiß jemand, woher jene Flotte kommt, dort auf See? Die herrlichen Segel sind weißer als Schnee.«

»Es ist mein Heer, das ich in der Nähe zurückließ«, brüstete sich Gunter. »Ich sandte Siegfried aus, meine Recken zu rufen.«

Bald sahen sie den Helden von Xanten in einem prächtigen Gewand auf dem Bug eines Schiffes stehen. Dann folgte Brünhild Gunters Rat, trat vor die Burg und empfing die Nibelungen festlich. Nur Siegfried nahm sie von ihrem Gruß aus. Über Gründe sagen die jüngeren Handschriften nichts; wir können sie nur aus älteren Quellen schließen.

Die Nibelungen erhielten Herbergen, wo sie auch ihre Waffen und Rüstung verwahrten.

Weiterhin reisten aus dem ganzen Land Gäste an, drängten sich in den Höfen und Palästen der Burg. Aber die Burgunden bereiteten sich auf die Heimfahrt vor. Da bat die Königin Gunter:

»Dem wäre ich dankbar, der mein Silber und Gold, das meine Truhen kaum fassen, verteilen würde an meine und des Königs Gäste.«

»Vielliebe Königin«, warf Dankwart ein, »überlaßt mir die Schlüssel, ich traue mir zu, gerecht zu sein.«

Als Hagens Bruder die Schlüssel erhalten hatte, verteilte er mit offenen Händen. Wenn ein Armer ein Goldstück begehrte, bekam er so viel, daß er prassen konnte. Ohne zu zählen, vergab Dankwart hunderte von Pfunden. Wer nie zuvor etwas Kostbares getragen hatte, trat plötzlich reich gekleidet vor den Saal.

Die Königin, zornig über diese Mißachtung ihres Königsschatzes, beklagte sich bei Gunter:

»Mein König, gebiete diesem Kämmerer Einhalt. Er verschwendet mein Gold und Silber, als ob ich bald stürbe, aber ich will das Erbe meines Vaters bewahren. Und wenn es schon hinausgeworfen werden soll, so kann ich es auch selber tun.«

»In Worms hat König Gunter Gold und Kleidung genug«, warf Hagen ein, »wir bedürfen Eurer Schätze nicht.«

»Dennoch, laßt mich zwanzig Reisetruhen mit Gold und Silber füllen«, beharrte die Königin, »die will ich in Gunters Land mitführen.« Und Brünhild vertraute diese nicht mehr Dankwart, sondern ihrem Kämmerer an. Da lachten Gunter und Hagen.

Dann berief Brünhild den Bruder ihrer Mutter zum Vogt und befahl ihm Land und Burgen an.

Zwanzig mal hundert ihrer Recken wählte Brünhild für ihre Begleitung aus und für ihr Gefolge sechsundachtzig schöne Frauen und hundert schöne Mädchen.

Die Schiffe wurden beladen und zur Abfahrt bereit gemacht. Am Ufer lag ein Boot neben dem anderen. Auch die der tausend Nibelungen warteten auf die Reise nach Worms.

Zum Abschied küßte Brünhild Verwandte und nahe Freunde. Die zurückbleiben mußten, weinten laut und lange, als ahnten sie, daß ihre Königin nie in das Land ihrer Väter zurückkehren werde.

Wind blähte die Segel und führte die Flotte rasch nach Süden. Auf den Booten erklang fröhliches Spiel. Aber während der Fahrt versagte Brünhild Gunter das Beilager.

11

Siegfried reitet als Bote nach Worms

Nach neun Tagen Fahrt riet Hagen dem König, einen Boten nach Worms voraus zu senden. Gunter bat Hagen um diesen Dienst.

»Ich tauge nicht zum Boten«, entzog sich Hagen, »laßt mich als Kämmerer bei den Frauen und über ihre Schreine wachen. Bittet Siegfried.«

So ließ der König Siegfried rufen. Zunächst wollte auch der Held aus Xanten diesen minderen Dienst nicht leisten. Erst als Gunter auf Hagens Rat hin beteuerte, es sei der schönen Kriemhild zuliebe, fand er sich bereit.

»Wie sollte ich's abschlagen«, sagte er, »da ich sie im Herzen habe. Was Ihr für sie gebietet, werde ich tun.«

Gunter trug Siegfried auf, Königin Ute und die Schwester zu grüßen und von den siegreichen Kampfspielen zu berichten. Kriemhild und Ortwin sollten den Empfang Brünhilds vorbereiten.

Mit vierundzwanzig Recken galoppierte Siegfried nach Worms. Keiner war als Bote besser geeignet als er. Als sie vor der Burg am Rhein abstiegen, sprach sich ihre Ankunft schnell herum. Daß der König fehlte, beklagte das Gesinde. Zur Begrüßung eilten Gernot und Giselher herbei.

Der Held von Xanten berichtete und bat, von Ute und Kriemhild empfangen zu werden. Giselher machte sich zu seinem Fürsprecher.

Fürstlich gekleidet empfingen die beiden Frauen Siegfried. Kriemhild begrüßte ihn in Ängsten:

»Seid willkommen, Siegfried, erwählter Held. Wo ist mein Bruder, der mächtige König? Verlor er gegen Brünhilds unvergleichliche Kräfte? Wehe, daß ich je in diese Welt geboren wurde!«

»Schöne Frauen, ihr klagt ohne Grund«, beruhigte Siegfried Kriemhild und ihre Mutter, »Gunter lachte, als ich losritt und er mir Grüße an Euch auftrug. Laßt Eure Tränen. Der König und Brünhild werden bald hier sein.« Zu keiner Zeit hatten sie Boten lieber vernommen. Kriemhild wischte sich mit ihrem schneeweißen Gewand die Tränen aus den Augen und dankte Siegfried für die gute Nachricht. »Wärt Ihr nicht von so hoher Abkunft«, sagte Kriemhild, »belohnte ich Euch für die Botschaft reich mit Gold.«

»Und hätte ich dreißig Länder«, erwiderte der Held von Xanten, »aus Eurer Hand empfinge ich gern.«

Kriemhild ließ ihren Kämmerer nach dem Botenlohn gehen und überreichte Siegfried vierundzwanzig mit Edelsteinen reich besetzte Armringe. Der Held von Xanten verteilte sie lachend an Kriemhilds Gefolge.

Siegfried überbrachte Gunters Bitte, ihm am Ufer des Rheins entgegenzureiten und ein großes Hochzeitsfest vorzubereiten.

»Aus Treue zu meinem lieben Bruder tue ich alles«, erwiderte Kriemhild. Ihre Wangen röteten sich dabei aus Liebe zu ihm. Später jedoch wird ihre Zuneigung zu Gunter auf schwere Proben gestellt werden. Für die Botschaft wollte Kriemhild ihrem Helden mit einem Kuß danken, doch unterließ sie es wegen der höfischen Sitten. Sindold, Hunold und Rumold beaufsichtigten die Vorbereitungen zum Fest. Am Rheinufer vor Worms wurden Tische und Bänke errichtet und Zelte aufgeschlagen. Ortwin und Gere sandten Boten ins ganze Land und luden Verwandte und Freunde zur königlichen Hochzeit. Die Burg wurde reich geschmückt, für die zahllosen Gäste in Gunters Saal Gestühl gezimmert.

Aus dem ganzen Land trafen Gefährten und Freunde ein; die Straßen vor der Burg waren voller Menschen.

Für den Empfang ließ Kriemhild die besten Kleider wählen. Herrliche Sättel, mit rotem Golde verziert, wurden bereitgehalten. Am Zaumzeug der Pferde funkelte und lohte es vom Feuer edler Steine. Die Pferde schimmerten in goldenem Schein. Kriemhild bestimmte sechsundachtzig vornehme Frauen zu ihrem Gefolge; die trugen Kopfputz oder Stirn- und Wangenbinden. In leuchtenden Kleidern folgten ihnen vierundfünfzig Mädchen, ihr blondes Haar mit glitzernden Bändern geschmückt. Langsam ritt der Zug zum Ufer des Rheins. Die Gäste staunten über die prächtigen Kleider. Manche waren mit Zobel und Hermelin besetzt. Armringe zierten edle Frauen und blitzten im Schein der Sonne. Bewundert wurden kostbare Gürtel auf Röcken aus arabischer Seide. Mit Steinen besetzte breite Spangen schlossen Gewänder vor der Brust. So ritten die Frauen im festlichen Zug zu Gunters Empfang, begleitet von zahllosen Recken mit Eichenspeeren und breiten Schilden.

12

Gunter feiert mit Brünhild Hochzeit

Die Flotte näherte sich langsam Worms. Obwohl die Männer kräftig ruderten, kamen sie gegen die Strömung nur schwer voran. Bis zum Empfang hatte es keine Eile. So zog Kriemhild mit ihrem Gefolge würdig und gemessen zum Ufer. Recken führten die Rosse der Frauen. Und Siegfried ritt neben Kriemhild auf Grani. Schließlich verließ Königin Ute die Burg, geleitet von Ortwin. Auch Gunters Brüder waren gekommen. Viele Recken und Frauen ritten paarweise. Gold und Silberschmuck glänzte. Am Rhein wurden die Frauen aus den Sätteln gehoben.

Die Bänke auf den Uferwiesen füllten sich. Die Tische wurden rasch gedeckt, Wein und Met bereitgehalten. Recken machten sich fertig für Kampfspiele. Pferde und Männer wurden gerüstet. Mancher Speer barst im Wettkampf vor den festlich gestimmten Frauen.

Gunters Schiffe liefen auf den Strand vor Worms. Dichtgedrängt bedeckte die Flotte beinahe den Fluß in seiner ganzen Breite. Und man wäre ohne eine Brücke über die Boote trockenen Fußes von einem Ufer zum anderen gelangt. Nach den Schiffen des Königs und der Königin und ihres Gefolges drängten die schmalen Drachenboote der tausend Nibelungen und die der zweitausend Recken Brünhilds an den Strand von Worms.

Das Königsschiff legte an. Gunter sprang an Land, reichte Brünhild die Hand und führte sie an burgundisches Ufer. Brünhilds Prachtgewand glänzte, seine kostbaren Edelsteine lohten. Manche empfanden es wie ein Blitzen über dem Rhein und warteten auf den Donner, der

jetzt ausblieb, später aber in furchtbarer Weise folgen
sollte.

Kriemhild ging stolz und liebenswürdig der Braut
Gunters entgegen. Sie küßten einander, wie es Sitte war.
Und die Schwester des Königs sprach:

»Seid willkommen in unserem Lande, meiner Mutter
und mir, und unseren getreuen Verwandten und Freunden!«

Brünhild dankte für die freundliche Begrüßung und erwiderte Kriemhilds und Utes Umarmung herzlich. Ute
und Kriemhild küßten Brünhild wieder und wieder auf
ihren rosenfarbenen Mund. Von so einem herzlichen
Empfang ist noch nie berichtet worden.

Burgundische Recken standen am Ufer, reichten den
Begleiterinnen Brünhilds die Hände, geleiteten sie an
Land. Unter Lachen und Scherzen wurde mancher fremden Schönen ihr roter Mund geküßt. Brünhild stand umgeben von der Schar ihrer Mädchen.

Viele Burgunden spähten nach der fremden Königin,
die – scheinbar unüberwindlich, wie es hieß – von ihrem
König allein bezwungen worden war, und verglichen ihre
Reize mit denen Kriemhilds. Keiner hatte je zwei Schö-
nere gesehen. Keine blendete durch Trug oder Schminke.
Kenner lobten Gunters Weib; deren Schönheit kam auch
von ihrem hohen Wuchs, der Kraft ihrer Arme und Schultern. Die Weisen priesen dagegen Kriemhilds schmale Gestalt, zogen ihre Anmut und ihren Liebreiz vor. Eine Königstochter von höfischer Sitte, scheinbar zerbrechlich,
stand neben der Walküre des Nordens.

Auf den Wiesen vor Worms waren seidene Zelte aufgespannt. Im Schein der Sonne glänzten Schmuck und festliche Gewänder der Königinnen und ihres Gefolges. Unter

den Dächern der hohen Zelte fanden die Herrscherinnen Schatten.

Inzwischen waren die Nibelungen mit ihren Drachenbooten gelandet und wurden von den Einheimischen bestaunt, als sie sofort ihre Rosse für Kampfspiele vorbereiteten. Siegfried verließ die Königinnen und empfing seine Kämpfer, führte sie aufs Feld bei den Zelten. Die Nibelungen begannen für die Frauen mit einem Buhurt, bei dem Scharen von Recken gegeneinander ritten. Von galoppierenden Pferden staubte die in der Sonne ausgedörrte Erde, als ob das ganze Land in Flammen stünde.

Frauen und Mädchen bewunderten die Recken aus dem fernen Norden, auch weil Siegfried mehrfach zwischen ihre Scharen ritt. Aber der Schmuck der Schönen und der Glanz ihrer Kleider verblaßte im aufgewirbelten Staub.

»Laßt die Pferde stehen«, meinte Gunter, »wenn es kühler wird, geleiten wir die Frauen auf die Burg. Haltet Euch bereit, bis ich das Zeichen gebe.«

Die Nibelungen brachen die Kampfspiele ab. Siegfried gesellte sich wieder zu den Königinnen. Der Nachmittag verging mit Lachen und Trinken. Als die Sonne niederging und Tau auf die Wiesen sank, schwang sich der König auf sein Pferd. Alle brachen auf zur Burg. Dort zogen sich Ute und Kriemhild mit ihrem Gefolge in ihre Gemächer zurück. In der Burg erscholl fröhliches Lärmen und Lachen.

Der König begab sich mit seinen Gästen zu Tische. Neben ihm stand Brünhild, inzwischen mit einer Krone, als Zeichen ihrer königlichen Würde. Die Tafeln trugen auserlesene Speisen. Was die Gäste auch wünschten, alles wurde gereicht. Vor Beginn der Mahlzeit brachten die Kämmerer des Königs Wasser in goldenen Becken. Aber ehe Gunter seine Hände hineintauchte, erinnerte Siegfried ihn an sein Versprechen. Ungeduldig hatte der Held von Xanten darauf gehofft, daß der König selber den Eid einlösen werde.

»Gedenkt des Schwures«, mahnte Siegfried ihn, »wenn Brünhild in Euer Land kommt, gebt Ihr mir Eure Schwester. Was wurde aus dem Eid? Eure Werbung hat mir größte Mühe abverlangt.«

»Ihr mahnt mich zu Recht«, besann sich der König, »meine Hand soll nicht meineidig werden; wie versprochen, so will ich es fügen.« Und Gunter ließ Kriemhild rufen.

Als die Schwester mit der Schar ihrer schönen Mädchen herbeieilte, lief Giselher ihr die Treppe hinab mit den Worten entgegen: »Schick dein Gefolge zurück, du allein sollst vor den König kommen!« Kriemhild trat in die Mitte des weiten Saales. Edle Recken und Große des Reiches standen um den König. Auch Brünhild saß an seinem Tisch.

»Liebe Schwester«, wandte sich Gunter an Kriemhild, »ich versprach dich einem großen Helden, ja ich schwor, daß du seine Frau wirst. Nimmst du ihn zum Mann, erfüllst du meinen Willen.«

»Vielliebr Bruder«, antwortete sie, »was Ihr mir gebietet, werde ich tun. Den Ihr mir zum Mann gebt, den will ich gerne nehmen.« Ihr Blick fiel dabei auf Siegfried, dessen Gesicht sich vor Freude rötete.

Dann hieß man beide in einen Ring treten, den vornehme Männer als Zeugen gebildet hatten. Und der König fragte:

»Willst du den Helden aus Niederland zum Manne?«

Auch sie errötete, aber weit mehr als Siegfried, und sprach ein freudiges Ja.

Sie umarmten einander. Und Siegfried küßte sie vor den Augen des Königs und den Augen Brünhilds und vor dem ganzen Gefolge.

Siegfried und Kriemhild nahmen dann Platz auf dem Ehrensitz gegenüber dem König. Und die Nibelungen versammelten sich um Siegfried.

Als Brünhild ihren Helden aus Xanten so vertraut neben Kriemhild sitzen sah, überkam sie großer Schmerz. Der überfiel sie so, daß die Walküre ihn nicht zu bändigen vermochte. Heiße Tränen rannen über ihre lichten Wangen.

»Was ist, was trübt deine Augen?« fragte Gunter erstaunt, »warum freut Ihr Euch nicht? Euch werden mein Land und meine Burgen untertan, und mächtige Männer dazu.«

Die stolze Brünhild weinte weiter, ehe sie antworten konnte:

»Um deine Schwester ist mir von Herzen leid, sie sitzt neben einem deiner Gefolgsmänner; wie erniedrigt ist sie, darum muß ich weinen.«

»Sei still!« rief der König ungehalten, »zu anderer Zeit erfährst du, warum ich meine Schwester Siegfried gab. Sie wird fröhlich an seiner Seite leben.«

»Welch ein Jammer für ihre Tugend und Schönheit! Ich bleibe nicht bei dir, liege nie bei dir, solange du mir den wahren Grund dafür verheimlichst.«

»Ich sage es dir«, lenkte er ein, »Siegfried besitzt Burgen und weite Länder wie ich, er ist ein mächtiger König, deshalb gab ich ihm meine schöne Schwester.«

Aber was Gunter auch sagte, Brünhild blieb trübsinnig. Wir kennen den tieferen Grund der Tränen; von ihrer Liebe zu Siegfried ahnte Gunter wohl nichts.

Nach dem Mahl eilten die Recken zum Buhurt in den Hof. Bald erdröhnte die ganze Burg vom Kampfspiel. Aber Gunter hatte Liebesverlangen nach Brünhild; nachdem sie sich auf dem Schiff verweigert hatte, wollte er endlich ihr beiliegen. Früher als üblich ließ er die Reiterspiele abblasen.

Noch einmal begegneten sich Kriemhild und Brünhild vor der Stiege des Saales. Siegfrieds Frau gab sich freundlich; ob Brünhild ihren Mißmut zu verbergen vermochte, wird nicht erzählt.

Dann bereitete das Gesinde die Nachtlager vor. In die festlichen Gemächer wurden Lichter getragen, die Liegestätten gerichtet. Danach zog sich die Dienerschaft zurück.

Als Siegfried in Kriemhilds Armen lag, war ihm, als wäre ihr Leib sein Leib und sein Leib würde in ihren übergehen. Sie war ihm die Einzige, für sie hätte er auf tausend Schöne verzichtet. Keiner hat Worte genug, ihre Liebesfreuden zu beschreiben. Aber hört, wie Gunter bei Brünhild zu liegen kam. Sie erschien im feinsten weißen Hemd. Gunter verhüllte das Licht im Gemach, nahte sich ihr in Verlangen, legte sich dicht neben sie, berührte ihre zarte Haut und schlang seinen Arm um ihren Leib. Aber statt Zuwendung schlug ihm Feindschaft und Haß entgegen.

»Laßt ab von mir«, warnte Brünhild ihn, »was Ihr wollt, wird mißlingen; und das sollt Ihr wissen: solange Ihr mir nicht das Geheimnis verratet, werde ich Jungfrau bleiben.«

Vielleicht dachte Gunter an seine Siege in Isenstein, umfing sie fest, wollte ihr Hemd abstreifen und rang mit ihr. Aber statt daß er sie bezwang, machte sie sich los, griff

nach einem Gürtel, den sie um die Hüften trug, band ihm
Füße und Hände zusammen und hängte den König an
einen Nagel in der Wand. In dem Kampf mit ihr wurde
Gunter beinahe zerquetscht. Er, der sie zu bändigen geglaubt hatte, baumelte an der Wand und flehte:

»Vieledle Königin, es gelingt mir nicht, Euch zu bezwingen, also halte ich gehörigen Abstand; aber bitte löst
die Fesseln!«

Brünhild lag bequem im Bett und kümmerte sich nicht
um Gunter. So hing der König die ganze Nacht am Nagel.
Als der lichte Morgen durch die Fenster schien, meinte
Brünhild:

»Nun, Herr Gunter, was werden die Kämmerer sagen,
wenn sie Euch gebunden finden, von der Hand einer
Frau? Ist das nicht eine Schmach?«

»Das käme Euch teuer zu stehen. Ich, der König, am
Haken baumelnd! Denkt auch an Eure Würde. Laßt mich
frei, ich werde mit meinen Händen nie wieder an Euer
Hemd rühren.«

Daraufhin nahm Brünhild den König vom Nagel und
löste die Bande. Gunter legte sich mit solcher Vorsicht zu
ihr ins Bett, daß er ihr Hemd nicht einmal streifte.

Am Morgen brachten die Diener festliche Kleidung für
die Hochzeit. Fröhlichkeit erklang in den Höfen und
Sälen. Mit Mühe verbarg der König seinen Zorn.

Für die beiden Paare wurde im Münster die Messe gesungen. Dort standen die vier mit ihren Kronen und in
ihren königlichen Gewändern. So wurden sie getraut,
dicht umdrängt von Verwandten, Gefährten und zahllosen Recken. Die Türen standen offen. Viele fanden keinen Einlaß und warteten, bis Brünhild in Festgewand und
Krone ins Freie trat.

Zu Ehren des Königs empfingen sechshundert Knappen das Schwert. Wegen der zwei Hochzeiten herrschte große Freude im Burgundenland. Schwertklänge hallten durch die Höfe, Speere brachen bei den Kampfspielen, Schilde blitzten. Schöne Mädchen saßen in den Fenstern und äugten nach den Helden, wenn sie aufeinander zu ritten und im Speerkampf Feuer lohte.

Siegfried ahnte, warum Gunter so grimmig blickte, und fragte nach der Nacht.

»Eine furchtbare Hexe hab ich auf die Burg geholt«, klagte Gunter und berichtete, wie sie ihn als Bündel an die Wand gehängt und selber wohlig im Kissen geruht hatte. »Das vertraue ich nur dir an, meinem Freund.«

»Das tut mir leid«, bedauerte Siegfried. »Erlaubst du, so bringe ich sie dazu, daß sie dir nie mehr die Liebe verweigert, sondern sich willig hingibt.«

Gunter bat Siegfried, ihm auch dieses Mal beizustehen, und zeigte ihm seine geschwollenen Hände. Die hatte sie ihm gepreßt wie in einer Daumenschraube; die Fingerspitzen waren noch grindig von Blut.

»Mir ist deine Schwester mehr wert als mein Leben«, beteuerte Siegfried, »deshalb muß Brünhild diese Nacht dein Weib werden. Ich komme mit meinem Tarnmantel. Von meiner List wird keiner erfahren. Entlaß die Kämmerer. Ich lösche die Kerzen, dann weißt du, ich bin in der Nähe. Ich bezwinge dein Weib, damit du sie danach nimmst, und koste es mein Leben.«

»Aber ohne daß du sie beschläfst«, warnte der König. »Sonst tue, was du willst, und wenn die Schreckliche dabei umkommen sollte.«

»Bei meiner Ehre«, versicherte Siegfried, »wie sollte ich mit ihr schlafen, deine schöne Schwester kommt vor allen

Frauen, die ich je gesehen.« Gunter vertraute den Worten
des Helden von Niederland.

Die Kampfspiele währten Gunter zu lange. Er war des
Waffenlärms und der kreischenden Weiber überdrüssig.
Bald wurden die Höfe von Pferden und Leuten leer. Der
König lud zu Tische und wünschte bald die Nacht herbei.
Dieser eine Tag dünkte ihm wie dreißig Tage lang.

Siegfried saß derweil noch vertraut mit seinem Weibe;
mit ihren weißen Händen drückte sie die seinen. Aber plötzlich verschwand er aus ihren Augen, sie wußte nicht wie.

»Wer kann mir sagen, wohin der König ist?« fragte sie
erschrocken. »Wer hat mir seine Hände genommen?«

Gunter befand sich bereits in seinen Gemächern, wo
viele Kämmerer mit Lichtern hantierten. Als die mit einem Male verloschen, wies der König die Bediensteten
aus dem Raum. Er selbst verschloß rasch die Tür und warf
zwei schwere Riegel vor.

Der König stellte das Licht hinter den Bettvorhang.
Dann legte sich Siegfried nahe zu Brünhild. Die warnte
ihn:

»Gunter, laß ab von mir, sonst ergeht es dir wie letzte
Nacht; du wirst am Haken baumeln, bis die Morgensonne
dich blendet.«

Um sich nicht zu verraten, schwieg Siegfried und
schlang die Arme um die Widerspenstige. Da schleuderte
sie ihn aus dem Bett gegen eine Bank, daß sein Kopf laut
auf einen Schemel schlug.

Daran ersah Gunter, daß der Held aus dem Niederland
mit Brünhild nichts Heimliches trieb. Eher bangte er um
den Gefährten.

Wieder auf den Beinen, warf sich der Held erneut auf
das Bett. Die Jungfrau setzte sich weiter zur Wehr, ent-

wand sich ihm, sprang auf und warnte: »Rührt mein Hemd nicht an! Soll ich wieder beweisen, wer stärker ist?« Sie preßte Siegfried mit ihren Armen und wollte ihn binden wie Gunter. Sie versuchte ihn emporzuheben zwischen Wand und Schrein, aber da zwang er sie durch seine Zwölfmännerkraft ins Bett zurück. Ich meine, spätestens jetzt könnte sie ihn erkannt haben. Lange zog sich ihr Widerstand hin, wird berichtet. Und sie stöhnte und schrie mehrfach. König Gunter schien die Zeit sehr lang, bis Siegfried Brünhild bezwang. Und im Bett war viel Bewegung, heißt es.

Siegfried mag in der Absicht zu ihr gestiegen sein, sie für Gunter bereit zu machen. Aber warum sollte nicht diesmal sie ihn getäuscht haben, um ihn für wenigstens ein Beilager zu kriegen. Ob sie ihn verführt und zu sich gezogen hat, dieses Glück jetzt wenigstens ein Mal mit dem Geliebten genoß, wissen wir nicht. Aber es würde mich wundern, hätte die Königin des Nordens das versäumt. In einem frühen Bericht steht, nur Siegfried habe die Kraft besessen, die Gewaltige zu entjungfern; das erklärte auch die leidvollen Folgen.

Nach geraumer Zeit jedenfalls, als Siegfried sie mehrfach bezwungen hatte, rief Brünhild:

»Laßt mich am Leben, ich sühne, was ich getan habe, werde mich nimmer gegen deine Liebe sperren. Ich mußte erfahren, du kannst Frauen meistern!«

Brünhild war, so meine ich, von Liebe verwirrt. Da zog Siegfried ihr unbemerkt einen goldenen Ring vom Finger und nahm ihr den Gürtel, den sie gewöhnlich um die Hüften trug und mit dem sie Gunter geschnürt hatte. Damit verlor sie ihre Kraft. Aus sehr früher Zeit wird erzählt, sie habe Siegfried den Ring geschenkt im Tausch ge-

gen einen von ihm. Siegfried verließ ihr Bett, an seine
Stelle kroch Gunter und nahm sein Eherecht wahr. Das
könnte Brünhild unsühnbar verletzt haben.

Brünhild war nun nicht stärker als ein anderes Weib.
Gunter umfing sie liebevoll. Brünhild wehrte sich nicht
mehr. Ob sie sich Gunter ebenso willig hingab oder nur
verstellte, wissen wir nicht. Gunter lag bis zum hellen
Morgen neben seiner bezwungenen Frau. Guten Mutes
und freudig stand er auf und feierte zwei Wochen lang
Hochzeit.

Siegfried umging Kriemhilds Fragen, wo er einen Teil
der Nacht verbracht hatte. Erst später, als er ihr in seinem
Lande die Krone aufsetzte, schenkte er ihr in seinem
Übermut Gürtel und Fingerring Brünhilds. Das sollte
später für viele zum Verhängnis werden.

Getöse von Kampfspielen, Freudenlärm und Gesang
hallten nun durch Höfe und Säle der Burg. Still wurde es
keine Stunde. Was den König das Fest kostete, kann niemand ermessen.

Zu Ehren Gunters verteilten seine Verwandten und
Gefährten an Gäste und fahrendes Volk Kleider und rotes Gold, dazu Pferde und Silber. Wer etwas begehrte,
erhielt es und schied fröhlich von dannen. So gaben
auch Siegfried und seine tausend Nibelungen ihre kostbaren Gewänder und manches Roß mit reichverzierten
Sätteln. Nie wurden Gäste besser versorgt und reicher
beschenkt.

13

Siegfried fährt mit Kriemhild in sein Reich

Nachdem das Hochzeitsfest zu Ende war und die Gäste Worms verlassen hatten, drängte Siegfried auf Heimkehr. Kriemhild freute sich auf die Heimat ihres Gemahls, wollte aber mit ihren Brüdern das Erbe teilen. Das hörte Siegfried nicht gern. Die drei Könige wandten sich an ihren Schwager:

»Herr Siegfried, wir werden Euch immer treu ergeben bleiben bis in den Tod.«

Zum Dank verneigte sich Siegfried vor ihnen.

»Wir teilen Land und Burgen, die uns zu eigen sind«, bot Giselher an, »daran sollt Ihr und Kriemhild einen großen Anteil haben.«

»Glück für Euer Erbland und für Eure Burgen«, wünschte Siegfried, »aber mein Weib wird wohl ihren Teil nicht brauchen. Trägt sie bei mir die Krone, wird sie reicher und herrlicher leben als je eine Königin.«

»Wenn Ihr auf mein Erbland verzichtet«, beharrte Kriemhild, »so ich nicht auf die burgundischen Recken. Die will ich mit meinen Brüdern teilen.«

»Nimm, wen du möchtest«, bot Gernot, »solche, die mit dir reiten wollen, findest du genug. Von den dreißig mal hundert Recken sollst du tausend haben.«

Kriemhild ließ nach Hagen von Tronje und Ortwin von Metz senden und fragte, ob sie mit ihr nach Xanten ziehen wollten. Da wurde Hagen sehr zornig:

»Gunter hat kein Recht, uns jemandem zu übergeben«, widersetzte er sich, »nehmt anderes Gesinde. Unser Platz ist hier am Hofe zu Worms. Diesen Königen dienen wir.«

Siegfried und Kriemhild verwunderten sich über die Schroffheit dieser Worte.

Kriemhild gewann edles Gefolge, darunter zweiunddreißig Mädchen und fünfhundert Recken. Und Graf Eckewart schloß sich Siegfried an. Bald nahte der Abschied mit vielen Küssen. Vor allem Königin Ute fiel die Trennung von ihrer Tochter schwer. Aber fröhlich zogen Siegfried mit seinen tausend Nibelungen und Kriemhild mit ihrem Gefolge durch das burgundische Land in Richtung Norden, begleitet von Verwandten und Freunden. Für Nachtlager war gesorgt, Speise und Trank reichlich mitgeführt.

Beizeiten sandte Siegfried Boten zu Siegmund und Sieglind: der Sohn führe die über alle Maßen schöne Kriemhild heim.

Sieglind belohnte die Boten mit rotem Samt, Silber und schwerem Gold. Festlicher Empfang wurde vorbereitet. Mit Eifer ließ Sieglind das Gefolge neu kleiden. Sitze wurden errichtet und besonders der Ort geschmückt, an dem König Siegmund dem Sohn die Krone übergeben wollte. Der König selbst beaufsichtigte die Arbeiten zum Fest.

Mit einer Schar Recken und begleitet von ihren Frauen ritt die Königin den Ankommenden entgegen. Nach einer Tagesreise trafen sie Siegfried und Kriemhild. Sieglind führte sie mit ihrem Zug festlich nach Xanten am Rhein.

Daß je ein Sohn prächtiger empfangen wurde, ist nicht berichtet. Wie viele Male küßten Sieglind und Siegmund lachend die schöne Kriemhild! Mit der Heimkehr ihres Sohnes war ihnen alles Leid genommen. Vor dem Königssaal wurden die Schönen von den Pferden gehoben, was mancher Recke mit Eifer tat. Auch das Gefolge der Ankömmlinge wurde herzlich willkommen geheißen.

Dann wurden die Gäste in Siegmunds geschmückten Saal gebeten. So Großes auch von dem Fest in Worms berichtet wird, hier gab man den Helden noch herrlichere Gewänder, als sie je getragen. Vom Reichtum und der Pracht am Hofe von Xanten werden Wunder erzählt. Schon das Gefolge trug goldfarbene Speere, an denen Perlen und Edelsteine schimmerten. Wozu dann Festgewänder und Ausstattung der Helden oder gar Königinnen beschreiben! Dazu können Worte kaum ausreichen.

Umgeben von den Großen seines Reiches, verkündete Siegmund:

»Von jetzt an trage mein Sohn Siegfried die Krone. Er herrsche über Land und Burgen und halte Gericht.«

Die Niederländer nahmen das mit Freude auf.

Siegfried herrschte als mächtiger König. Feinde fürchteten seine Stärke. Niemand wagte sein Reich anzugreifen. Wer den Frieden brach, wurde hart bestraft. Von Krieg oder gar Eroberungen wird nichts berichtet. Über zehn Jahre lang regierte König Siegfried in hohen Ehren. Gerühmt wird sein Sinn für Gerechtigkeit. Handel und Gewerbe blühten. Fahrende Sänger wurden reich belohnt.

Zehn Jahre nach der Hochzeit gebar Kriemhild einen Knaben, den sie nach dem Onkel Gunter nannte und mit Umsicht und Eifer erzog. Bald nach dessen Geburt starb Sieglind. Im ganzen Land herrschte Trauer; gemindert nur dadurch, daß nun Kriemhild allein Königin war und sie alle Macht zum Wohle des Landes nutzte.

In dieser Zeit bekam auch Brünhild einen Sohn von Gunter. Ebenfalls dem Onkel und Helden zuliebe wurde er Siegfried genannt. Gunter ließ den Sohn zu einem tüchtigen Mann erziehen. Dieser kleine Siegfried ahnte nicht, welches Unglück einst seine Familien treffen würde.

Auch von König Gunter wird Löbliches berichtet. Sein
Reich blieb von Feinden verschont. Sein Heer brauchte
nicht in Schlachten zu ziehen. Auch Worms wurde noch
reicher. Mehr Handwerker siedelten sich an. An manchem
Tage lagen im Hafen bei der Burg so viele Schiffe, daß ankommende kaum mehr Platz fanden.

Siegfried war nicht nur König des Niederlandes um
Xanten am Rhein, sondern auch Herrscher des Nibelun-
genreiches. Er besaß den größten Hort, den je ein Held
gewann. Der Schatz war so unermeßlich an Gold, Edelsteinen, Waffen und Rüstungen, daß er um nichts abnahm,
wenn er reichlich davon verschenkte. Das machte ihn zum
mächtigsten Mann der Welt. Ob er sich dessen bewußt
war, wissen wir nicht. Und durch die Zwölfmännerkraft
seines Tarnmantels wurde er zugleich zum stärksten Mann
überhaupt; jedenfalls wird von keinem anderen Vergleich-
bares berichtet. Das Blut des Drachen hatte ihn unverwundbar gemacht. Vielleicht hielt Siegfried sich deshalb
für unbesiegbar. Aber immer öfter vergaß er die Stelle auf
seinem Rücken, wo beim Bad im Drachenblut das Lindenblatt gelegen hatte.

14

Gunter lädt Siegfried und Kriemhild
nach Worms ein

Wenn Brünhild durch die Burg der Burgunden schritt,
dachte sie – jüngeren Berichten zufolge – oft: Warum gibt
sich Kriemhild so erhaben? Siegfried, ihr Mann, ist doch

unser eigen, aber er hat uns bislang keinen Dienst getan, keinen Zins oder andere Abgaben geleistet. Warum duldet König Gunter das?

Aber aus älteren Quellen kennen wir tiefere Gründe.

»Deine schöne Schwester sitzt fern in Xanten«, reizte Brünhild den König, »ich würde Kriemhild gern wiedersehen.«

»Das ist unmöglich«, wehrte Gunter ab, »Xanten ist weit, wie sollte sie hergelangen, ich mag sie nicht bitten.«

»Siegfried ist dir untergeben«, antwortete Brünhild mit List, »so reich und mächtig er auch ist, als sein Herr kannst du ihm gebieten.«

Da lächelte Gunter. Was Siegfried für ihn bewirkt, hatte er aus Freundschaft getan, nicht als Dienst. Und der König erinnerte sich an ihre Fahrt nach Isenstein und wie betrügerisch sie die Königin gewonnen hatten. Das stimmte ihn nachgiebig.

»Lieber Herr«, nutzte Brünhild ihren Vorteil aus, »erfüll mir den Wunsch, und aus Liebe zu mir hilf mit, daß Siegfried und deine Schwester zu uns nach Worms kommen. Wie herzlich sie mich empfing, als ich auf deine Burg kam. Und wie wir uns küßten und dann zusammensaßen nach der Nacht, als ich deine Frau wurde.« Ob sie mit Absicht auf diese Nacht anspielte, wissen wir nicht.

Brünhild drängte so lange, bis der König endlich nachgab: »Ihr wißt, keine Gäste sehe ich lieber. Sogleich werde ich Boten absenden.«

»Wer wird fahren?« forschte die Königin nach.

»Markgraf Gere wird mit dreißig meiner Leute reiten«, erklärte Gunter, ließ die Boten rufen und trug ihnen auf zu sagen, nirgendwo auf der Welt seien die Eingeladenen geschätzter als in Worms und daß sie vor der nächsten

Sonnenwende kommen möchten. Auch König Siegmund
sollten sie grüßen. Und Kriemhild dürfe die Fahrt keinesfalls unterlassen. Ein großes Fest werde vorbereitet.

Brünhild stattete die Boten mit herrlichen Gewändern aus. Nach drei Wochen erreichten sie die Burg Siegfrieds.

Als ihre Ankunft gemeldet wurde, stand Kriemhild von
einem Bett, wo sie geruht hatte, auf und sah den vertrauten Gere in den Burghof reiten; da packte sie Heimweh.

Die Boten wurden herzlich empfangen, ihre Pferde in
Ställe gebracht und versorgt. Als Markgraf Gere mit seinem Gefolge in den Königssaal trat, standen Siegfried und
Kriemhild von ihren Sesseln auf. Kriemhild nahm Gere
bei der Hand.

»Erlaubt erst die Botschaft zu überbringen, ehe wir
Platz nehmen«, erklärte der Markgraf, »ich soll Euch von
Gunter und Brünhild grüßen, und, Königin Kriemhild,
Eure Mutter Ute, Eure Brüder und alle Verwandten ha-
ben uns gesandt, Euch ihre Verehrung aus dem Reich der
Burgunden zu entbieten.«

»Wir haben auf Eure Treue gebaut«, erwiderte Siegfried, »wie lebt Ihr in Worms? Widerfuhr Kriemhilds
Brüdern etwas? Rechnet stets mit meinem Beistand.«

»Am Hofe zu Worms lebt es sich prächtig«, versicherte
Gere, »nur eins wird bedauert, daß Ihr so lange fern
bleibt. Deshalb laden meine Herren Euch zu einem großen Fest. Wenn der Winter sein Ende genommen, noch
vor der Sonnenwende, sollt Ihr kommen.«

»Das wird schwerlich gehen«, wehrte Siegfried ab. Ob
die Einladung sein Mißtrauen weckte, ist nicht überliefert.

Nun wandte sich Markgraf Gere Kriemhild zu: »Eure
Mutter Ute mahnt Euch, auch Gernot und am meisten

Giselher, sie klagen täglich, daß Ihr so fern seid. Auch Brünhild, meine Herrin, will Euch wiedersehen.«

Kriemhild erfüllte diese Einladung mit Freude.

Nach erneuter Aufforderung nahmen die Gäste endlich Platz. Wein wurde reichlich eingeschenkt. Nun trat auch Siegmund in den Saal und hieß die Boten willkommen.

Siegfried ließ die Gäste gut bewirten. Neun Tage wohnten sie in bequemen Gemächern, dann drängte Gere auf Heimreise.

Inzwischen beriet sich Siegfried mit seinen Vertrauten. Für Kriemhild wäre die Reise zu lang, meinte der König. Wegen eines Kriegszuges für die Burgunden ritte er durch dreißig Länder, beteuerte er. Seine Vertrauten rieten zur Umsicht, aber mit tausend Recken könne er die Fahrt wagen.

König Siegmund wollte Siegfried mit hundert Recken begleiten.

»Mein viellieber Vater«, dankte der Sohn, »wie froh bin ich, daß du mit uns reitest. In zwölf Tagen sind wir bereit.«

Zum Lohn wurden die Boten so reich beschenkt, daß es ihre Pferde nicht tragen konnten und Saumtiere beladen wurden. Da der König der Einladung zu folgen versprach, reisten die Burgunden heim.

Siegfried ließ für die Fahrt seine Leute neu einkleiden, kostbare Sättel, neue Schilde und die besten Waffen wählen.

Als Markgraf Gere in Gunters Saal trat, sprang der König von seinem Sessel. Auch Brünhild dankte ihm, daß die Gäste so bald kommen würden. Nach Siegfried befragt, berichtete Gere, der König und Kriemhild seien vor Freude errötet.

»Sagt mir, kommt auch Kriemhild?« vergewisserte sich
Brünhild.

»Das ist sicher«, erwiderte Gere.

Der Markgraf und seine Begleiter konnten die reichen
Geschenke aus Xanten nicht verbergen und mußten das
Gold, den Schmuck und die kostbaren Stoffe vor dem König und seinem Hofstaat ausbreiten. Alle lobten die Freigebigkeit Siegfrieds. Nur Hagen sagte gereizt:

»Der kann bequem verschenken, sein Hort ist unermeßlich. Selbst wenn er ewig lebte und täglich verschwen-
dete, der Schatz ist nicht aufzubrauchen. Käme der Hort
nur ins Burgundenland.« Dies ist das erste Mal, daß ein
Satz Hagens über den Hort berichtet wird. Ob jemand auf
ihn achtete, wissen wir nicht.

Für die Gäste wurden Gemächer bereitet, Bänke
und Tische im Königssaal hergerichtet, sogar für die Kü-
chen größere Töpfe, Pfannen und Kessel beschafft. Hunold, Sindold und Rumold fanden kaum Zeit zum
Schlafen.

15

Die Fahrt zum Fest

Mit großem Gefolge brach das Königspaar auf. Im Zug
gingen viele Saumtiere mit Reisetruhen beladen. Zu keiner Zeit wurden mehr kostbare Gewänder mitgeführt. Ihren kleinen Sohn ließen Kriemhild und Siegfried am Hofe
in Xanten zurück. Daß er Vater und Mutter nicht wiedersehen würde, ahnte niemand. Freudig zog auch König
Siegmund mit seinen hundert Bewaffneten nach Worms.

Hätte er vorausgesehen, was seinem Sohn dort widerfahren würde, hätte er die Reise unterlassen.

Siegfried sandte Boten voraus.

Gunter ließ den Gästen eine Schar entgegenreiten und bereitete den Empfang mit Eifer vor. Dann fragte er Brünhild:

»Wie begrüßte Euch meine Schwester, als Ihr in mein Land kamt? So solltet Ihr auch Siegfrieds Weib willkommen heißen.«

»Das tue ich gern«, erwiderte Brünhild.

»Sie kommen morgen früh«, sagte Gunter, »empfangen wir sie schon vor der Burg, bereitet Euch vor. So liebe Gäste erwartete ich noch nie.«

Brünhild ließ ihre Mägde zur Hand gehen und die besten Kleider wählen. So trat sie in herrschaftlicher Pracht vor das Tor und empfing Kriemhild mit noch höheren Ehren, als sie damals bei ihrem Einzug in Worms erfuhr.

Siegfried ritt mit seinen Nibelungen heran. Die Scharen sprengten über das Feld, daß Staub aufwirbelte und in Wolken wie Fahnen über den Rhein wehte.

»Seid uns willkommen«, begrüßte Gunter Siegfried und Siegmund, »wie glücklich sind wir über Eure Fahrt zu uns!«

Dann trafen die beiden Königinnen aufeinander, begrüßten sich höflich und festlich. Die Recken erfreuten sich an den zahlreichen Schönen. Auch um ihnen zu gefallen und zur Freude der Gäste, hielten sie vor den Toren Kampfspiele ab. Vom Hauen und Schlagen dröhnte es durch die Mauern. So verging die Zeit mit Kurzweil.

Dann wurden die Gäste in die Burg geleitet. Satteldekken feinster Seide wehten im Windzug der Tore. Auf dem

Weg in die Gemächer ruhten Brünhilds Blicke auf Kriemhild. Wie schön sie doch war. Wie vor dem Golde ihr Gesicht rosig rot glänzte!

Vom Trinken und Scherzen erschollen Lärm und Jubel
durch Säle und Höfe der Burg. Was die Gäste begehrten,
wurde ihnen gewährt. Auch Hagen und Dankwart dienten mit Eifer.

Wie früher erhielt Siegfried am großen Tisch des Königs den Ehrenplatz. Zwölfhundert Recken speisten und
tranken im weiten Ring um ihn, mehr als der König der
Burgunden bei sich hatte. Da dachte Brünhild: Wie wagt
ein Untergebener sich so reich und mächtig zu geben?

Jeden Tag wurden reichlich Wein und Met ausgeschenkt, dabei manchem Trinker die Kleidung beschüttet.
Aus ihren Reisetruhen zogen die Frauen täglich neue
Kleider, jedes festlicher und mit kostbareren Steinen besetzt. Im Licht der Kerzen funkelte es.

Morgens schmetterten Posaunenklänge. Der Lärm
von Flöten und Trompeten erscholl durch die Burg und
die Stadt. Bald begannen die Kampfspiele. An den Fenstern spähten die Schönen nach den Recken. Brünhild
und Kriemhild begegneten einander öfter und schienen
sich gewogen. Nur am elften Tag kam es vor dem Münster zu einem Streit, der Unheil und Mord auslösen
sollte.

16

Brünhild und Kriemhild verfeinden sich

Vor der Vesperzeit vergnügten die Recken sich auf dem Hofe wieder beim Kampfspiel. Viele Frauen und Männer jubelten ihnen zu. Wie an den Tagen zuvor saßen die Königinnen nebeneinander; jede dachte an einen Helden. Während des Festes hatte sich Gunter als mächtiger und freigebiger König erwiesen. Aber wo sich Siegfried auch zeigte, sein Glanz überstrahlte den des Herrschers von Worms.

»Ich habe einen Mann«, behauptete Kriemhild, »dem sollten alle diese Reiche untertan sein.«

»Lebte niemand anders als du und er allein«, erwiderte Brünhild, »dann könnte er herrschen. Aber solange Gunter da ist, kann das nicht sein.«

»Sieh nur«, warf Kriemhild ein, »wie herrlich er inmitten der Recken steht, so wie das helle Mondlicht über die Sterne scheint.«

»So stattlich dein Mann auch ist«, erwiderte Brünhild, »mächtiger ist dein Bruder Gunter. Er kommt vor allen Königen.«

Diese Rede brachte Kriemhild auf. »Soll ich Siegfrieds Taten aufzählen?« wurde sie lauter. »Er ist nicht nur König der Niederlande, also Gunter wenigstens ebenbürtig. Kein Größerer wird je unter der Sonne herrschen.«

Das Gefolge der beiden Königinnen wurde auf den Streit aufmerksam.

»Ich hörte es selber aus Siegfrieds Mund«, glaubte sich Brünhild im Recht, »das erste Mal in meiner Halle: ich bin Gunters Mann. Den nenne ich untertan, der einem Herrn den Steigbügel hält.«

»Aber«, warf Kriemhild ein, »meine königlichen Brüder hätten nie erlaubt, daß ich die Frau eines Abhängigen werde. Ich bitte dich, Brünhild, kränke mich nicht weiter.«

»Wieso sollte ich auf jene Dienste verzichten, die Siegfried uns als Untertan schuldet?« gab Brünhild zurück.

Kriemhild stieg Zornesröte ins Gesicht. »Wie sollte Siegfried dir dienen!« rief sie herablassend. »Er ist edler und mächtiger als dein Mann. Und wenn der tatsächlich Siegfrieds Herr wäre, warum hätte Siegfried Gunter dann über zehn Jahre den Zins verweigern dürfen? Laß endlich deinen Übermut!«

»Genug deiner Anmaßung!« eiferte Brünhild, »wir werden sehen, ob man dich bei Hofe ebenso ehrt wie mich.«

Beide Königinnen bebten vor Zorn.

»Das werden wir wahrlich sehen«, forderte Kriemhild ihre Widersacherin heraus, »dann sollen die Mannen beider Könige entscheiden, ob ich vor der Frau deines Königs das Münster betreten darf. Du wirst heute erfahren, daß mein Mann von höherem Rang ist als deiner und daß ich eine größere Königin bin als alle, die je eine Krone trugen.«

Der Haß beider Königinnen wurde unversöhnlich. Beider Gefolge schwieg betroffen. Recken beider Könige unterbrachen ihr Scherzen und lauschten dem Streit.

»Willst du schon keine Untergebene sein, dann trenne dich mit deinem Gefolge von meinem!« verlangte Brünhild.

»So geschehe es!« ordnete Kriemhild an und ließ dann ihre Frauen die prächtigsten Gewänder anlegen. Sie selber kleidete sich königlich.

Vor dem Münster warteten Siegfrieds Nibelungen. Auch Gunters Recken umringten den Eingang. Einige wunderten sich, warum die beiden Königinnen nicht wie sonst beisammen waren. Aber die meisten hatten von dem Streit erfahren und harrten der Dinge.

Kriemhild hieß ihre dreiundvierzig schönen Mädchen, die sie aus dem Norden mit nach Worms gebracht hatte, leuchtende Kleider aus arabischer Seide tragen. So zog sie mit ihrem Gefolge zum Münster und hielt es für angebracht, daß Brünhild ihre Beschuldigung zurücknehme. Gunters Frau erwartete sie mit ihren prächtig ausgestatteten Begleiterinnen bereits vor dem Tor. Aber was war das gegen die herrliche Kleidung der Mädchen Kriemhilds. Sie war durch Siegfried so unermeßlich reich, daß dreißig andere Königinnen nicht solche Kostbarkeiten hätten zeigen können.

So trafen sie feindselig vor dem Münster aufeinander. Da befahl Brünhild ihrer Widersacherin stehenzubleiben und rief:

»Die Frau eines Untergebenen läßt eine Königin vorangehen!«

»Hättest du nur geschwiegen, das wäre besser für dich!« erwiderte Kriemhild schroff. »Nun ziehst du Schande auf dich. Wie konnte je die Kebse eines Abhängigen die Frau eines Königs werden?«

»Wen nennst du hier Kebse?« fragte Brünhild aufgebracht.

Kriemhild zögerte, ehe sie das Geheimnis preisgab. Aber nun konnte sie nicht mehr zurück.

»Dich nenne ich so! Nicht Gunter liebte dich zuerst, sondern Siegfried, mein lieber Mann. Der nahm dich in der ersten Nacht. Warst du von Sinnen, daß du einen Untergebenen in dein Bett ließest?«

»Das werde ich Gunter sagen«, war alles, was Brünhild erwidern konnte.

»Was stört mich das«, sagte Kriemhild. »Dein Hochmut betrog dich. Warum hast du mich auch zu einer Untergebenen herabgesetzt?«

Brünhild fühlte sich im Innersten verletzt und begann zu weinen.

Nun betrat also doch Kriemhild mit ihrem Gefolge vor der burgundischen Königin das Münster. In Brünhild wuchsen Haß und Feindschaft wegen Siegfrieds neuem Verrat. Auch während des Gesanges im Münster blieben ihre lichten Augen trüb und naß. Hat sich Siegfried der Nacht gerühmt, dachte Brünhild, dann muß er es büßen. Sie verließ vor Kriemhild das Münster und stellte sich vor den Ausgang:

»Wartet! Ihr schimpftet mich Kebse, das müßt Ihr beweisen.«

»Laßt es ruhen«, wollte Kriemhild den Streit eindämmen, »die Beweise sind furchtbar.«

Aber Brünhild war zu aufgebracht, um noch einzulenken, ihr Stolz war tödlich verletzt. Und ringsum lauerten zahllose Recken und geschmückte Frauen.

Da wies Kriemhild auf den goldenen Ring, den sie am Finger trug. »Den gab mir mein Liebster«, sagte sie triumphierend, »nachdem er als erster bei Euch gelegen hatte.«

Als Brünhild den Ring sah, erbleichte sie, als ob sie tot wäre. Vor dem Gefolge beider Königinnen und den Gästen war sie bloßgestellt. Nie durfte dieses Geheimnis preisgegeben werden.

»Der Ring wurde mir gestohlen!« rief Brünhild aufgebracht. »Jetzt kommt ans Licht, wer ihn geraubt hat.«

»Ich bin keine Diebin!« sprach Kriemhild, »hättest du nur geschwiegen, um deiner Ehre willen. Der Gürtel, den ich trage, hier, der beweist es. Es ist keine Lüge. Mein Siegfried war dein erster Mann.«

Kriemhild band den Gürtel ab und hielt ihn hoch, daß alle ihn sehen konnten. Er war aus Seide von Ninive und mit kostbaren Steinen besetzt.

Als Brünhild ihn erkannte, brach sie wieder in Weinen aus.

»Ruft den König herbei!« verlangte sie, »er soll hören, wie seine Schwester mich entehrt.« Nun wurmte es Brünhild, daß sie sich auf den Streit mit Kriemhild eingelassen hatte.

Es dauerte nicht lange, und der König kam mit seinem Gefolge. Als er seine Frau vor Wut heulen sah, fragte er:

»Wer tat dir das an?«

»Deine Schwester hat mich beleidigt wie noch niemand«, schluchzte sie, »sie behauptet, Siegfried habe mich zur Kebse gemacht.« Dabei wurde sie blutrot.

»Das wäre sehr tückisch«, erwiderte der König und erbleichte wie eine Leiche.

»Da zeigt sie meinen Gürtel, den ich verlor, und dort meinen Goldring. Wie konnte man mir das antun! Wäre ich nie geboren! Mein König, reinige mich von dieser großen Schande!«

»Siegfried soll vor uns treten!« verlangte der König, »wir wollen hören, ob er sich dessen gebrüstet hat oder sich vom Vorwurf befreit.«

Der Held aus dem Niederland, rasch herbeigerufen, fragte erstaunt: »Was weinen die Frauen? Warum sandte der König nach mir?«

»Ich wurde schwer beleidigt«, hielt Gunter ihm vor, »meine Frau Brünhild behauptet, du habest dich gerühmt, ihr vor mir beigelegen zu haben.«

»Falls Kriemhild so gelogen hat, werde ich sie bestrafen und vor allen deinen Mannen einen hohen Eid schwören, daß ich solches nie gesagt habe.«

»Hast du den heiligen Eid hier vor allen geschworen«, erklärte der König, »spreche ich dich von allen Beschuldigungen frei.«

Die Burgunden bildeten einen Kreis um Siegfried. Als der bereits die Hand zum Eid hob, gebot König Gunter Einhalt:

»Mir ist wohl bekannt, daß Ihr unschuldig seid. Hiermit spreche ich Euch von dieser Anschuldigung frei. Wessen Euch meine Schwester bezichtigt, habt Ihr nie getan.«

Die Recken und das Gefolge waren erleichtert.

Und Siegfried erklärte: »Mir tut es leid, daß Brünhild von Kriemhild so gekränkt wurde. Dafür wird sie büßen. Man erziehe Frauen so, daß sie leichtfertiges Gerede unterlassen. Verbiete du es deinem Weibe wie ich meinem. Ich schäme mich für Kriemhild.«

Obwohl die Könige den Streit geschlichtet zu haben schienen, war den Recken und dem Gesinde das Lachen vergangen. Feststimmung kam nicht mehr auf.

Brünhild saß zutiefst verletzt in ihrem Gemach. Gunters Mannen suchten sie zu trösten. Hagen von Tronje ging zu seiner Herrscherin und fand sie weinend. Da gelobte er ihr, Siegfried müsse büßen, sonst könne er selber nie mehr fröhlich sein.

Als so über Siegfrieds Tod geredet wurde, kamen Ortwin und Gernot dazu, schließlich auch Giselher.

»Warum habt Ihr das vor?« warnte der jüngste Bruder, »Siegfried verdient keinen solchen Haß, daß er deshalb sterben müßte. Worüber sich Frauen streiten, ist oft ohne Belang.«

»Dürfen wir unser Königshaus so entehrt lassen?« fragte Hagen unerbittlich: »Er hat damit geprahlt, vor meinem König meiner Herrscherin beigelegen zu haben, und damit die Königsehre verletzt, das Höchste, was wir haben. Wenn er sein Leben nicht lassen muß, sterbe ich lieber selber.« Jetzt sah Hagen seine Zeit für große Taten gekommen.

»Siegfried siegte für uns gegen die Dänen und Sachsen, er brachte uns nur Ruhm und Ehre«, versuchte Gunter Hagens Zorn zu dämpfen. »Also soll er leben.«

»Auch seine große Kraft rettet ihn nicht«, beharrte Ortwin von Metz, »wenn es mein Herr erlaubt, töte ich ihn.«

So verständigten sich Siegfrieds Feinde am Hofe. Aber Gunters und Giselhers Einspruch bewirkten, daß keiner den Streit der Königinnen weiterverfolgte. Nur Hagen flüsterte dem König immer wieder ein, Siegfried sei ohnehin zu mächtig und erhaben und werde in Worms höher geehrt als Gunter; und wenn Siegfried nicht mehr lebe, falle ihm viel Königsland zu. Auch von dem Hort wird Hagen, so glaube ich, gesprochen haben.

Die Aussicht auf solchen Machtgewinn brachte den König in große Bedrängnis.

Er sann lange darüber nach.

Die Recken übten sich weiter in Kampfspielen. Wieder wurden Speere gegen Schilde geschleudert, daß es durch die Höfe der Burg dröhnte. Auch bei Gunters Mannen staute sich Unmut über die Verunglimpfung ihrer Königin.

»Zügelt Eure Mordlust«, entgegnete Gunter Hagen, als dieser ihn wieder aufstachelte, »Siegfried bringt uns nur Gutes. Überdies ist er kühn und grimmig stark; erführe er etwas, könnte es für uns alle übel enden.«

»Das bleibt ihm verborgen«, versicherte Hagen, »ich traue mir zu, ganz heimlich vorzugehen. Er soll Brünhilds Tränen noch bitter bereuen. Siegfried ist ewig mein Erzfeind.«

»Wie willst du das bewerkstelligen?« wurde der König neugierig.

»Wir lassen Boten, die hier keiner kennt«, spann der Tronjer seinen tückischen Faden, »ins Land reiten und uns den Krieg erklären. Dann verkündet Ihr, ein Heer aufzustellen und gegen die Feinde zu ziehen. Der Held aus Xanten wird Euch seine Hilfe anbieten und dabei umkommen. Zuvor erkunde ich seine verwundbare Stelle.«

Diesem Rat widersetzte sich der König nicht.

17

Siegfried wird verraten

Nach vier Tagen preschten zweiunddreißig Mann in den Burghof und gaben vor, Gesandte Lüdegasts zu sein. Gunter begrüßte sie und nahm ihre Botschaft entgegen. Lüdegast und Lüdeger stünden erneut an der Grenze und drohten einzufallen. Der König gab sich sehr zornig.

Siegfried traute seinen Verwandten am burgundischen Hofe.

Wieder hielt Gunter geheimen Rat. Mancher seiner Vertrauten hätte den Streit wegen Siegfried schlichten und auf die Rache verzichten wollen, aber Hagen gab keine Ruhe und ging nicht von seinem Vorsatz ab. Siegfried stieß zufällig auf diese heimliche Zusammenkunft.

»Was sitzt Ihr so bekümmert?« fragte er. »Hat Euch jemand etwas angetan, so will ich es rächen.«

Auch Hagens Mordplan könnte den König und seinen Rat bedrückt haben. Aber Gunter lenkte die Rede rasch auf den drohenden Angriff der Dänen und Sachsen.

»Wagen sie das wieder«, erboste sich Siegfried, »verwüste ich ihr Land mehr als vordem. Dafür setzte ich mein Haupt zum Pfand. Bleibt mit Euren Recken daheim. Ich reite mit meinen Nibelungen gegen den Feind.«

»Dank für deine Hilfe«, erwiderte der König, als ob er ernstlich froh wäre; und der Ungetreue verneigte sich tief, vielleicht sollte Siegfried ihm nicht in die Augen sehen.

»Seid ohne Sorge«, beteuerte Siegfried.

Gunter ließ seine Recken und Knechte zum Feldzug bereitmachen. Laut klirrten Waffen, Rüstungen und Gerätschaften, für Siegfried und seine Mannen nicht zu überhören. Auch der Held aus dem Niederlande hieß seine Nibelungen sich vorbereiten und Schilde, Brünnen und Waffen wählen. Die wurden dann auf Tragtiere gebunden.

Siegfried bat seinen Vater, bei Gunter am Hofe auf seine Rückkehr zu warten.

Manche von Gunters Getreuen wußten nichts von dem Scheinfeldzug.

Vor dem Aufbruch des Heeres ging Hagen zu Kriemhild und gab vor, Abschied zu nehmen.

»Wie froh bin ich«, beteuerte die Schwester des Königs, »daß ich Siegfried zum Manne gewann, wie tapfer schützt er unser Königshaus. Mein lieber Freund Hagen, denke daran, daß ich Euch noch nie gehaßt habe und Euch vertraue. Laßt mich meinen lieben Mann genießen. Vergeltet es ihm nicht, was ich Brünhild angetan. Es hat mich sehr

gereut. Wegen meines Geredes hat mich Siegfried ver-
bläut. Soll ich die Flecke zeigen?«

»Bald werdet Ihr versöhnt«, versprach Hagen. »Kriemhild, liebe Herrin, sagt mir, wie ich Eurem Siegfried dienen kann. Für keinen anderen täte ich das.«

»Im Kampf ist er zu tollkühn und übermütig. Wäre er
bedächtiger, könnte ihm nichts widerfahren.«

»Ist er doch verwundbar?« forschte Hagen weiter und
gab sich besorgt. »Herrin, laßt mich wissen, auf welche
Weise ich ihn schützen kann. Ich will stets an seiner Seite
reiten.«

»Wir sind Verwandte«, versicherte sich Kriemhild, »ich
baue auf deine Treue. Behüte meinen Mann.« Und ohne daß
Hagen zu fragen brauchte, verriet sie ihm das Geheimnis.

»Mein Mann ist äußerst stark und kühn«, fuhr Kriemhild fort, »als er den Lindwurm erschlug, badete er in dessen Blut. Aber wenn im Kampf viele Speere fliegen, be-
fürchte ich, einer könnte Siegfried verletzen. Wie bange
ich oft! Viellieber Freund, im Vertrauen auf deine Treue
verrate ich dir etwas: Als er im Drachenblut badete, fiel
ein breites Lindenblatt zwischen seine Schultern. Dort ist
er nicht gehörnt.«

»Nähe ein kleines Zeichen auf sein Gewand«, riet Hagen, »dann weiß ich, wo ich ihn im Gefecht schützen
kann.«

So hoffte Kriemhild ihn zu retten. »Mit feinster Seide
ein geheimes Kreuz«, versprach sie, »geratet ihr ins Hand-
gemenge, so achtet auf diese Stelle.«

»Meine vielliebe Herrin«, beteuerte Hagen, »wie gern
tue ich das.«

Kriemhild glaubte, es sei zu Siegfrieds Schutz. Hagen
verabschiedete sich fröhlich.

Niemals wurde eine Königin so boshaft getäuscht, zu keiner Zeit ein Held je so hinterhältig verraten.

Frohen Mutes brach Siegfried am nächsten Morgen mit seinen tausend Nibelungen auf und glaubte, gegen die Feinde zu reiten. Hagen war dicht hinter ihm. Als der Tronjer das Kreuz erspähte, sandte er heimlich zwei seiner Leute aus, um zu melden, Lüdeger biete Gunters Land Frieden.

Siegfried war in Kampfstimmung, ritt ungern zurück zu König Gunter. Der dankte ihm heuchlerisch und lud zu einer Jagd in den Odenwald. Auch zu dieser List hatte Hagen geraten. Siegfried bat um einen jagderfahrenen Begleiter und einige Hunde. Gunter versprach ihm vier tüchtige Jäger, die sich im Wald und beim Wild gut auskannten. Und Hagen hatte dem König zugeflüstert, wie er Siegfried töten wollte.

Ehe der Held aus Xanten aufbrach, ging er noch einmal zu Kriemhild. Sein Pirschgewand war bereits auf ein Saumtier geladen.

»Unser Schicksal gebe, daß ich dich gesund wiedersehe und du mich«, sagte er und küßte seine Geliebte auf den Mund. »Pflege Kurzweil mit deinen Verwandten in Worms.«

Kriemhild quälte, was sie Hagen verraten hatte, aber sie traute sich nicht, es zu gestehen. Sie weinte maßlos und klagte:

»Oh, wäre ich nie geboren! Oh, wäre ich nie geboren!«

Das Weinen zu unterdrücken gelang ihr nicht. Sie flehte Siegfried an:

»Reite nicht zur Jagd! Ich träumte heute nacht, zwei wilde Eber jagten dich über die Heide, da wurden die Blumen rot. Ich fürchte Angriffe. Es gibt Leute, die könnten

uns hassen. Denk daran, wir haben Brünhild beleidigt.
Bleib hier, Geliebter, folge meinem treuen Rat!«

»Deine Verwandten wollen mir wohl, dessen bin ich
mir gewiß«, versuchte er Kriemhild zu beruhigen, »wieder hätte ich ihnen beigestanden. Du weißt, ich setzte
mein Leben für sie ein. In einigen Tagen bin ich zurück.«

»Nein, mein liebster Siegfried«, unterbrach sie ihr Weinen, »ich fürchte um dein Leben. Du rittest im Tal,
träumte mir, da stürzten zwei Berge auf dich nieder, und
ich sah dich nimmermehr. Scheidest du jetzt, bricht mir
das Herz. Ich habe Angst, ich sehe dich nie wieder.«

Siegfried nahm sein schönes Weib in die Arme, liebkoste und küßte sie. Dann verabschiedete er sich und eilte
zur Jagdgesellschaft.

18

Hagen durchbohrt Siegfried mit dem Speer

Gunter und Hagen hatten die Pirsch mit Speeren auf
Eber, Bären und Wisente ankündigen lassen. Siegfried ritt
an ihrer Seite. An einem kalten Brunnen sollte die Tat ausgeführt werden. Dazu habe Brünhild geraten, heißt es.
Ob sie begierig darauf lauerte oder gar ihre Rache bereute,
ist unbekannt. Gernot und Giselher blieben in Worms zurück.

Schwerbeladene Pferde waren über den Rhein vorausgesandt; die trugen Brot, Fleisch, Fische und andere Vorräte, die ein König brauchte.

Auf einem Werder wurde das Lager errichtet. Während die Hatz vorbereitet wurde, fragte Siegfried: »Wer findet im Wald die besten Fährten?«

»Trennen wir uns für die Jagd«, schlug Hagen vor, »jeder wende sich dahin, wo er will; treffen wir uns wieder, wissen wir, wer der beste Jäger ist. Auch die Rudel der Hunde sollten wir aufteilen.«

»Ich brauche nur einen Bracken, der scharf genug ist, die Fährten im Wald zu verfolgen«, meinte Siegfried.

Ein alter Jäger wählte einen guten Spürhund und brachte Siegfried in kurzer Zeit dahin, wo sich viele Tiere aufhielten. Sein Roß Grani war so schnell, daß ihm kein Wild entkam. Zuerst erschlug er mit eigener Hand einen starken jungen Eber. Danach scheuchte er einen mächtigen Löwen auf. Siegfried setzte einen scharfen Pfeil auf die Sehne seines Bogens und schoß auf ihn. Der Löwe brach nach drei Sprüngen zusammen. Siegfrieds Begleiter lobten den Schützen.

Danach schlug er einen Wisent, einen Elch, vier starke Auerochsen und einen grimmigen Bockhirsch. Grani trug ihn so geschwind, daß auch das schnellste Tier nicht entkam. Da stöberte der Spürhund einen mächtigen Eber auf. Als der flüchtete, griff der Jäger ihn an. Nun rannte der wütige Eber gegen Siegfried, der durchbohrte das übermäßig starke Tier mit dem Schwert. Kein anderer Jäger hätte das so leicht vermocht. Nun wurde der Spürhund gefangen und an die Leine gelegt, dann die reiche Beute ins Lager geschafft.

»Herr Siegfried, laßt noch einige Tiere am Leben«, scherzten die Jäger, »ihr leert uns sonst Wald und Berge.«

Da begann Siegfried zu lächeln. Fröhlichkeit wird sonst kaum von ihm berichtet.

Das laute Bellen der Hunde, die Rufe der Jäger und das Klirren ihrer Waffen hallte von den Bergen und im Walde wider. An diesem Tage verloren viele Tiere ihr Leben. Die reiche Beute wurde zum Lager getragen. Jeder Jäger hatte gehofft, als bester den Siegerpreis zu bekommen; jedoch nur so lange, bis Siegfrieds erlegtes Wild herangeschleppt wurde.

Der König erreichte mit seiner Jagdgesellschaft das Lager und ließ ins Horn blasen; so wurde zum Gelage gerufen.

Als ein Begleiter Siegfrieds den Klang des Hornes hörte, wollte der Held von Xanten den Wald verlassen. Da brach ein Untier aus dem Unterholz.

»Laß den Hund von der Leine!« rief Siegfried nach hinten, »da ist ein wilder Bär, den will ich ins Lager bringen.«

Der Hund jagte den Bären. Siegfried setzte ihm nach bis an eine Bergschlucht, dort glaubte das Tier sich sicher. Aber der Held von Niederland sprang von seinem Pferd und überwältigte die Bestie mit bloßen Händen. Obwohl der Bär biß und kratzte, blieb Siegfried durch seine Hornhaut geschützt. Es gelang ihm, das Untier zu fesseln und an den Sattel seines Pferdes zu binden. So ritt er zum Lager und bereitete dort der Jagdgesellschaft große Kurzweil.

Wie königlich er daherkam! Sein Speer war stark und breit. Sein Schwert Balmung hing bis zu den Sporen und war so scharf, daß auch der stärkste Helm ihm nicht standhielt. Siegfrieds Bogensehne war so straff, daß nur er den Bogen zu spannen vermochte; ein anderer hätte eine Winde gebraucht. Sein Köcher steckte voller scharfer Pfeile mit handbreiten Schneiden und goldenen Tüllen. Wer von ihnen getroffen wurde, mußte sterben. Das Horn an der Seite glänzte von rotem Golde.

Siegfrieds Rock war aus feiner schwarzer Seide, sein Hut aus kostbarem Zobelpelz, der Köcher mit reichen Borten besetzt. Sein Überzug von Pantherfell duftete fremdländisch. Das Jagdgewand aus Otterfell war mit schmalen Streifen anderen Pelzes besetzt und beiderseits von goldenen Spangen zusammengehalten. Von einem prächtigeren Pirschgewand wurde nie berichtet. So ritt Siegfried stolz und hochgesinnt mit Gebärden eines Herrschers ins Lager ein.

Gunters Mannen liefen ihm entgegen und hielten sein Roß. Der Bär, an den Sattel gebunden, wurde unruhig. Da löste Siegfried ihm die Knebel von Maul und Tatzen und ließ ihn frei. Die Hunde bellten wütend, das verwirrte Tier versuchte, auf kürzestem Wege den Wald zu erreichen, und rannte in die Küche. Die Kochknechte stoben von den Feuern. Kessel wurden umgestoßen. Gute Speisen sickerten in die Asche.

Der Bär begann zwischen dem Küchengerät zu toben. Da sprangen die Herren von ihren Sitzen auf. Rasch hieß der König die Hunde loszulassen. Der Bär floh in den Wald, gefolgt von den Jägern mit Speeren und Bogen. Doch wegen des Getümmels der Hunde wagte keiner zu schießen. Lärm und Getöse der Hatz schallte aus dem Gebirge wider. Im Wald schüttelte das Tier die Verfolger ab. Nur Siegfried holte es ein und erstach es mit Balmung. Nun war er von der Jagd erschöpft; er ließ den blutenden Bären ins Lager zurückschleppen.

Die Jäger priesen die Stärke des Helden von Xanten. Was er auch tat, stets übertraf er alle anderen. Aber nicht nur Hagen verfolgte Ruhm und Glanz Siegfrieds mit Mißgunst, sah die Vorführung des Bären als Prahlerei.

Die Jagdgesellschaft lagerte sich und wurde mit auserlesenen Speisen bewirtet. Nur zu trinken fehlte. Kein Schenk ließ sich mit Wein blicken. Dies war Hagens erste List.

»Ich wundere mich sehr«, rief Siegfried ärgerlich, »die Küche bewirtet uns vorzüglich, warum reichen die Schenken keinen Wein? Wo ich nicht gut versorgt werde, will ich kein Jäger sein! Wohl hätte ich besseres verdient!« Ihm war von der Jagd so warm, daß er es kaum ertrug.

»Was Euch fehlt, sollt Ihr haben«, warf Gunter mit Hinterlist ein, »Hagen ist schuld, läßt aus Spaß uns verdursten.«

»Mein Herr«, versicherte Hagen, »ich meinte, wir pirschen heute im Spessart. Dorthin ließ ich den Wein fahren. Künftig sollen wir nicht mehr dürsten.«

Siegfried war vor Durst und Ungeduld fast zornig geworden.

»Edle Recken«, schlug Hagen vor, »ich weiß in der Nähe einen kühlen Brunnen, laßt uns dahin gehen.«

In der Not seines Durstes beendete Siegfried früher sein Mahl und wollte zur Quelle am Berg. Seine Beute wurde auf Wagen geladen und an den Rhein geschafft. Wer die vielen erlegten Tiere sah, lobte sein Jagdgeschick.

»Niemand schlüge Euch im Lauf, heißt es«, reizte Hagen, »aber um es zu glauben, sähe ich es gern mit eigenen Augen.«

»Versuchen wir's«, ging Siegfried darauf ein, und gewährte einen Vorteil: »Während Ihr loslauft, lege ich mich ins Gras, und ich behalte mein Pirschgewand an, trage Schild und Waffen.«

Gunter und Hagen legten Rüstung und Kleidung ab, rannten dann nur in weißen Hemden los. Wie zwei wilde

Panther hetzten sie über die Kleewiese. Obwohl Siegfried erst vom Boden aufspringen mußte und die schweren Waffen trug, holte er, klirrend in seiner Rüstung, bald den König und Hagen ein und erreichte vor ihnen den Brunnen.

Wieder erwies sich der Held aus Xanten den anderen überlegen. Wieder könnte er sich deshalb für unbezwingbar gehalten, den Blick für die Gefahr verloren haben. Er löste den Gurt seines Schwertes, legte den Köcher ab und lehnte den starken Speer an einen herabhängenden Ast der Linde, die breit über dem Felsen stand. In seinem Pirschgewand und den goldenen Spangen war Siegfried herrlich vor dem Wasserstrahl anzusehen, der aus dem Felsen brach.

So groß auch der Durst Siegfrieds war, er legte den Schild neben dem Brunnen nieder, wartete aber, bis der König trank. Obwohl selber König, gewährte er dem Gastgeber Vorrang. Aber der wird es ihm schlecht danken.

Der Quell war kühl, rein und hell. Gunter beugte sich nieder und trank reichlich, dann trat er zur Seite. Siegfried, von großem Durst gequält, neigte sich über die kühle Flut und trank lange. Inzwischen trug Hagen rasch Siegfrieds Schwert und Bogen beiseite, eilte mit dem Speer zurück zur Quelle und erspähte das Zeichen auf seinem Rücken.

Als der Held in seinem prächtigen Pirschgewand, berührt von einem Zweig der Linde, den Wasserstrahl sich in den Mund sprudeln ließ und die schrillen Warnrufe der Meisen mißachtete, schoß Hagen dem Unverwundbaren aus der Nähe seinen Speer in den Rücken. Aus der Wunde sprang das Blut von Siegfrieds Herzen auf Hagens Kleidung.

Der Speer hatte das feingestickte Kreuz auf dem prächtigen Pirschgewand durchbohrt und stak Siegfried vorn aus der Brust. In furchtbarer Wut sprang der Held auf, suchte sein Schwert und den Bogen. Da er sie nicht fand, riß er unter der breitästigen Linde seinen Schild an sich und rannte – die Speerstange ragte aus seinem Rücken – gegen Hagen an. Der war noch nie im Leben so rasch vor einem Manne geflohen, aber er entkam nicht. Obwohl zu Tode getroffen, schlug Siegfried mit seinem Schild Hagen so nieder, daß die Edelsteine aus dem Schildbuckel durch die Luft sprühten und der derbe Schild zerbarst. Der Schlag, von dem Hagen zu Boden ging, hallte wie ein Donner von den Bergen und vom Wald wider. Hätte Hagen nicht Balmung beiseite geschafft, wäre er damit erschlagen worden.

Nun wich die Farbe aus Siegfrieds Gesicht, er sank auf die Knie ins Gras. Die Blumen röteten sich von seinem Blut.

»Ihr Elenden, ihr Feiglinge!« rief er, »ich diente euch, aber ihr stacht mich nieder, zahltet meine Treue mit Mord. Ich verfluche euer ganzes Geschlecht, alle, die von euch geboren werden, wird es treffen.«

Die Jäger und das Gefolge liefen hin zu der Stelle, wo Siegfried starb. So wurde die erfolgreiche Jagd zum freudlosesten Tag. Siegfried wurde beklagt, auch vom König der Burgunden.

»Wer die Untat beging, weine nicht über den Schaden«, höhnte der Sterbende. »Hätte er ihn lieber verhindert!«

»Ich weiß nicht, was Ihr klagt«, sagte Hagen, »nun haben Sorge und Leid ein Ende, keiner trotzt uns mehr, ich hab uns von seiner Herrschaft befreit.«

»Was, Ihr rühmt Euch noch?« erwiderte Siegfried, »hätte ich nur Eure Mordlust durchschaut! Jetzt sorge ich mich

nur noch um Kriemhild und meinen Sohn. Aber für alle
Zeit weiß man, Verwandte ermordeten heimtückisch seinen
Vater.« Siegfrieds Stimme wurde schwächer. »Nur noch um
eins bitt ich Euch, König: habt Ihr noch etwas Treue im Leib,
nehmt Euch meiner Kriemhild an, laßt ihr zugute kommen,
daß sie Eure Schwester ist, bei Eurer Ehre als König. Vergeb-
lich warten nun mein Vater und meine Getreuen.«

Die Blumen färbten sich vom Blut des Helden leuch-
tend rot. Er rang mit dem Tode, aber nicht lange. Der
Speer war scharf und unerbittlich.

Als die Mannen sahen, daß Siegfried gestorben war, legten sie ihn auf einen Schild, der war auch rot, jedoch von
Gold. Dann beratschlagten sie, wie man verheimlichte,
daß Hagen es getan hatte. Siegfried sei allein jagen gewesen, da hätten Räuber ihn im Wald hinterrücks erschlagen;
das wollten sie verbreiten.

»Ich bring ihn zurück nach Worms«, erklärte Hagen,
»was kümmert's mich. Er hat Brünhild entehrt, da mag
seine Frau weinen.«

19

Totenklage und Begräbnis Siegfrieds

Erst in der Nacht setzte die Jagdgesellschaft über den
Rhein. Schlimmer wurde kaum je eine Pirsch beendet.

Hagen ließ den toten Siegfried heimlich vor die Tür von
Kriemhilds Kemenate bringen.

Wie gewohnt wurde früh vom Münster geläutet.
Kriemhild weckte die Mädchen ihres Gefolges, rief nach

Licht und ihrem Gewand. Ein Kämmerer fand den Toten, erkannte ihn aber nicht und sagte zu seiner Herrin, vor dem Gemach läge in seinem Blut ein Recke.

Sofort erinnerte sich Kriemhild an Hagens Frage, wie er ihren Gemahl schützen könne, und sank zu Boden, sprach- und blicklos. Sie lag eine Zeit, dann brach ihr Schmerz laut aus ihr heraus; sie schrie über alle Maßen, daß es in den Kemenaten widerhallte und die Mauern erbebten.

»Vielleicht ein fremder Recke«, versuchte der Kämmerer die Königin zu beruhigen.

Aber vor Jammer brach ihr Blut aus dem Mund. »Es ist Siegfried, mein geliebter Mann!« schrie sie. »Brünhild hat's geraten, Hagen hat's getan.«

Dann ließ sie sich zu dem Helden führen, sah ihn in seinem prächtigen Pirschgewand blutig liegen, hob mit ihrer weißen Hand sein Haupt und erkannte ihn sofort. »Dein Schild ist nicht von Schwertern zerhauen, im Rücken der Speerstich, du fielst durch Mord!« rief Kriemhild, »wer es getan hat, muß sterben!«

Kriemhilds Gesinde klagte und weinte und teilte den Schmerz ihrer Herrin. Die sandte um Kämmerer aus, die Nibelungen zu wecken und König Siegmund zu unterrichten. Siegfrieds Mannen wollten die Tat nicht glauben, bis die Totenklage sie überzeugte. Siegmund hatte schlaflos gelegen, geplagt von Ahnungen, er werde seinen Sohn lebend nicht wiedersehen. Die Nachricht von Siegfrieds Tod wehrte er ab:

»Laßt eure Scherze, behauptet nie wieder, daß er erschlagen wurde.«

»Wollt Ihr nicht glauben«, sagte der Bote, »so hört Kriemhilds Klage.«

Mit seinen hundert Mannen eilte Siegmund zu Kriemhild.

»Wären wir nie in dieses Land gefahren!« rief er. »Was sind das für Freunde! Aber warum ermordet man mir den Sohn und dir den Mann?«

»Sollte ich den, der es getan, herausfinden«, drohte Kriemhild, »der fände keine Gnade: und ich rächte mich so, daß seine Verwandten nur noch heulen müßten.«

Auch die Nibelungen kamen inzwischen herzu. Unter ihren Augen schloß Siegmund den geliebten Sohn in seine Arme. Das Klagen und Jammern war so groß, daß es bis in den Königssaal und die Höfe hallte. Auch in der Stadt Worms trauerte man um den ermordeten Helden.

Niemand konnte Siegfrieds Weib trösten.

Nun wurde dem Helden das Pirschgewand abgestreift; auch das Otterfell war blutverschmiert. Seine Wunden wurden gewaschen; und als sie den Leichnam auf die Totenbahre gelegt hatten, sah man den Einstich am Rücken, wo das Lindenblatt gelegen hatte.

Die Nibelungen eilten zu ihren Waffen und sammelten sich gerüstet und mit Schilden und Schwertern um ihren ermordeten König. Nach seinem Tod unterstanden sie nun König Siegmund, dessen ausgewählte Recken ebenfalls kampfesgierig auf Rache sannen. Gemeinsam wollten sie gegen Gunter und seine Männer ziehen, die mit ihm zur Jagd waren.

Als Kriemhild die Gewaffneten sah, erschrak sie. So groß auch ihr Leid und ihr Haß waren, sie fürchtete um die Nibelungen und warnte König Siegmund:

»König Gunter hat jetzt zu viele kühne Recken, die Burg und die Stadt sind übervoll. Ihr fändet gegen diese Übermacht den Tod.«

Aber die Helden Siegfrieds und Siegmunds banden die Helme fester und schwangen die Speere.

»Wenn ich den Beweis habe«, beschwichtigte Kriemhild sie, »könnt ihr Siegfried rächen. Warten wir auf die beste Gelegenheit. Helft mir jetzt mein Leid tragen und meinen lieben Mann einsargen.«

Auch die edlen Bürger und deren Frauen jammerten und klagten in den Straßen von Worms, denn niemand konnte sich vorstellen, daß Siegfried jemandem verhaßt war. Und man war sich einig, nie wieder würde ein solcher Mann geboren.

Von Schmieden ließ man rasch einen Sarg von Gold und Silber fertigen, sehr groß und sehr stark und mit Spangen aus Stahl umschlossen. Am Morgen wurde der Sarg in das Münster getragen. Alle Gefährten Siegfrieds weinten, auch die Helden der Nibelungen. Niemand vermag genau zu erzählen, wie groß der Schmerz und wie laut die Klageschreie waren.

Da kamen auch König Gunter und der grimme Hagen mit ihrem Gefolge.

»Liebe Schwester«, beteuerte König Gunter, »ich fühle mit dir. Wäre uns nur das Unglück erspart geblieben! Wir werden immer über Siegfrieds Tod klagen.«

»Wäre es Euch wirklich leid, dann lebte Siegfried noch«, erwiderte Kriemhild. »Als Ihr meinen geliebten Mann umbrachtet, habt Ihr mich vergessen. Hättet Ihr doch mich getötet!«

Gunter und seine Leute leugneten weiter.

»Wer unschuldig ist«, sagte Kriemhild, »der trete an die Bahre, dann wird die Wahrheit für alle offenbar.«

Und als Hagen an dem toten Siegfried vorbeiging, begannen seine Speerwunden wieder zu bluten. Nach alter Überlieferung galt das als Zeichen für den Mörder.

Trotzdem beteuerte Gunter, Räuber hätten Siegfried erschlagen. Hagen habe es nicht getan.

»Diese Räuber«, entgegnete Kriemhild, »sind mir wohlbekannt, es sind Gunter und Hagen. Siegfrieds Freunde werden ihn rächen.«

Die Nibelungen banden ihre Helme wieder fester und nahmen die Schilde auf.

Gernot und Giselher, die der Jagd ferngeblieben waren, traten an die Bahre und sprachen:

»Liebe Schwester, so lange wir leben, wollen wir dir beistehen und Trost geben.«

Aber niemand auf der Welt vermochte Kriemhild zu trösten. Und nur mit großer Mühe gelang es ihr, die Rachelust von Siegfrieds Gefährten zu dämpfen. Später sei der Sieg gewiß. Jetzt kämen auf einen von ihnen dreißig von Gunters Recken.

Gegen Mittag war der Sarg fertig. Man hob Siegfried von der Bahre und legte ihn hinein, gehüllt in kostbare Seide. Auch Ute und ihr Gefolge beweinten ihn. Es war da niemand, der nicht geweint hätte. Die Gesänge der Messe begannen. Es gab großes Gedränge. Auch viele Bürger der Stadt Worms kamen mit ihren Frauen und trauerten um den ermordeten Helden.

»Um seiner Seele willen werde sein Gold verteilt«, verfügte Kriemhild. Am ersten Tag wurden über hundert Messen gesungen. Als die letzte verklungen war und die Leute das Münster verließen, bat Kriemhild, sie bei der Totenwache in der Nacht nicht allein zu lassen.

»Drei Tage und drei Nächte soll der Sarg geöffnet stehen, da will ich bei meinem Mann sein«, sagte Kriemhild, »vielleicht nimmt auch mich der Tod, dann hätten Not und Qual der armen Kriemhild ein Ende.«

Viele Getreue harrten mit ihr drei Tage aus, mancher verweigerte aus Trauer Essen und Trinken. Wer nicht fasten wollte, nahm vom Totenschmaus, den Siegmund reich bereiten ließ.

Drei Tage wurden Messen gesungen. Kriemhild ließ an Trauernde und Bedürftige Gold, Silber, Schmuck und Gewänder verteilen. Es sollen mehr als dreißigtausend Mark Goldes gewesen sein, wird erzählt. Mancher Arme verließ reich beschenkt das Münster.

Dann wurde der Sarg geschlossen und zu Grabe getragen. Unter Weinen und Klagen und lautem Schreien kam der Zug nur langsam voran. Kriemhild rang mit ihrem Schmerz und brach mehrmals zusammen, so daß sie mit Wasser besprengt werden mußte. Es galt als großes Wunder, daß sie wieder und wieder auf die Beine kam und nicht starb.

Am Grabe flehte sie: »Ihr Mannen Siegfrieds, erfüllt mir noch eine Bitte, noch einmal muß ich Siegfrieds schönes Haupt sehen.« Würde sie den Geliebten nicht noch einmal berühren, glaubte sie tot niederzustürzen.

Sie schrie so lange und ihr Jammer war so schrill, daß der herrliche Sarg noch einmal aufgebrochen wurde. Am Rand des Grabes beugte sie sich über Siegfried, hob mit ihrer weißen Hand sein schönes Haupt und küßte den toten Helden. Die Tränen aus ihren lichten Augen wurden blutig.

Als der Sarg wieder geschlossen und in das Grab gelassen wurde, klagte Kriemhild so maßlos, daß ihr die Sinne schwanden. Selbst Besprengen mit Wasser blieb ohne Wirkung, sie mußte weggetragen werden. Manche meinten schon, ihr wäre vor Schmerz das Herz zersprungen. Wohl auch aus Haß und Rache wird sie am Leben geblieben sein.

Nachdem der Held begraben war, verharrten nicht nur die Nibelungen lange in unmäßigem Leid. König Siegmund fand keine Freude mehr. Vor Schmerz und Gram hatten viele drei Tage lang weder gegessen noch getrunken; jetzt gaben sie den Zwängen ihres Leibes wieder nach.

20

Brünhild wählt den Tod

In dem letzten großen Lied über die Nibelungen, dem wir folgen, wird nun Brünhild kaum noch genannt. Sie werde nicht mehr gebraucht, vermuten manche, aber nach alten Berichten schied sie bald selbst aus dem Leben. Siegfried, der Mann, den sie mehr liebte als jeden anderen, hatte ihr durch List und Trug Herrschaft und Reich geraubt und sie einem schwachen König vermählt. Wieder durch seine Schuld wurde beider Geheimnis verraten und sie vor dem Hofe in Worms bloßgestellt, sie verlor ihre Königsehre. Deshalb duldete sie Hagens Mordabsicht.

Nach über zehn Jahren mit Kriemhild war Siegfried wieder auf die frühe Geliebte getroffen. Die nordische Königin war noch keine höfische Dame geworden. Wurde Siegfried erneut von ihrer Urkraft angezogen? Sehnte er sich nach ihr zurück? Was tatsächlich geschah, bleibt im Dunkel. Aber aus älteren Quellen ist ein Gespräch überliefert:

»Du überragst alle Männer«, beteuerte Brünhild, »aber dir wurde keine Frau verhaßter als ich.«

»Ganz anderes ist wahr«, versicherte Siegfried, »wie ich jetzt weiß, liebe ich dich mehr als mich selbst. Ich war dem Trug verfallen. Wieder zur Besinnung gekommen, schmerzt es mich, daß nicht du meine Frau bist.«

»Du hast zu lange gezögert, mir diesen Schmerz zu gestehen«, entgegnete Brünhild. »Wer soll nun das Unheil abwenden?«

»Gern bestiege ich wieder mit dir ein Bett und wollte, daß du meine Frau wärst«, sagte Siegfried.

»Ich mag nicht zwei Könige in meinem Saal haben, eher will ich sterben. Einer von uns dreien muß sein Leben lassen.« Und ehe sie weitersprach, erinnerte sie sich wieder an die Eide, die sie mit Siegfried auf dem Berge getauscht. »Jetzt ist alles gebrochen, ich will nicht länger leben.«

Erzählt wird auch, wie Brünhild schrill auflachte, als sie nach Siegfrieds Tod Kriemhilds Klageschreie vernahm. Aber dann fiel sie selbst in noch größeres Weinen. Sie hatte einen Eid geleistet, den zum Manne zu nehmen, der die Waberlohe durchritt, diesen Schwur zu halten oder zu sterben.

Niemand konnte ihr den Entschluß ausreden. Vor Gunter verbarg sie ihn. Ihr Abgang würde auch den König für Trug und Schwäche strafen. Nur die Sorge um ihren kleinen Sohn Siegfried, den sie mit Gunter hatte, ließ sie zögern. Aber bald wurde ihr Schmerz so groß, daß sie ihn nicht mehr ertragen konnte. Um sich endlich davon zu befreien, stieß sie sich ihr Schwert in die Brust.

»Wenn ich schon mit Siegfried nicht leben konnte, will ich wenigstens mit ihm sterben«, sagte sie und verblutete. »Der Tod verbindet uns auf ewig«, waren ihre letzten Worte.

Nach alter Sitte errichteten ihre Getreuen aus Isenstein

einen großen Holzstoß, um sie zu verbrennen. So hatte sie
es bestimmt.

Inzwischen hatte Siegmund Kriemhild zu baldiger
Heimkehr nach Xanten gedrängt.

»Hier in Worms«, sagte er, »sind wir verschmäht, durch
meinen Sohn bleibe ich Euch stets treu; Ihr sollt als die
Königin herrschen, wie Siegfried es verkündet. Land und
Krone bleiben Euch untertan. Und Siegfrieds Leute werden Euch gern dienen.«

Siegmund ließ die Knechte den Aufbruch vorbereiten.
Die Mädchen packten die Kleider in Truhen für die Saum-
tiere. Auch die Nibelungen wollten nicht länger bei den
Mördern ihres Königs bleiben.

Als sich Kriemhild für die Abreise rüstete, begannen
ihre Verwandten auf sie einzureden, sie möge doch bei ihrer Mutter Ute bleiben.

»Das wird nie geschehen!« wehrte sie stolz ab. »Wie
könnte ich immer den vor Augen haben, der mir das
größte Leid zufügte.«

»Vielliebe Schwester, stehe als einzige Tochter deiner
alten Mutter bei«, drängte der junge Giselher; er wird sie
auch um seiner selbst willen zum Bleiben aufgefordert
haben.

»Müßte ich Hagen sehen, würde ich vor Schmerz sterben«, wehrte Kriemhild ab.

»Davor schütze ich dich«, beteuerte Giselher, »du sollst
bei mir sein, deinem Bruder; ich will dir helfen, mit dem
Tod deines Mannes zu leben.«

»Das kann ich nicht«, warf Kriemhild ein.

Nach dem jungen Giselher flehten auch Ute, Gernot
und andere treue Verwandte sie an, bei den Burgunden zu
bleiben.

»Dort sind dir alle fremd, keiner ist blutsverwandt, liebe Schwester, bleibe bei deiner Sippe hier«, so drängten sie.

Dann wählte Brünhild den Tod. Kriemhild erfuhr deren letzte Worte. Die kamen ihr nicht mehr aus dem Sinn.

Nun war es Kriemhild unmöglich, den Ort, wo Siegfried ruhte, zu verlassen, auch nicht wegen ihres Sohnes. Sie würde mit Siegfried zusammensein und keine andere Frau.

Schließlich gelobte Kriemhild Giselher, in Worms zu bleiben.

Währenddessen hatten Siegmunds Mannen die Pferde bereits aus den Ställen geholt und gesattelt, die Rüstungen auf Saumtiere geladen. Siegmund wandte sich an Kriemhild, deren Truhen gepackt standen:

»Siegfrieds Nibelungen stehen bei ihren Rossen und warten auf das Zeichen zum Aufbruch!«

»Die Getreuesten raten mir, in Worms zu bleiben, in Xanten habe ich keine Blutsverwandten.«

»Laßt Euch das nicht einreden«, erwiderte Siegmund zornig, »vor allen meinen Verwandten sollt Ihr die Krone tragen, für Siegfried. Und denkt an Euren Sohn. Soll er verwaisen? Wächst er heran, wird es Euch trösten.«

»Was auch geschieht, ich bleibe bei meinen Verwandten und da, wo Siegfried ruht, der wird mir in meinem Schmerz beistehen.«

Siegmund vernahm das mit Mißbehagen, wie auch seine Recken, von denen zu hören war:

»Wie sollen wir das hinnehmen? Bleibt Ihr bei unseren Feinden, wird unsere Heimfahrt noch gefährlicher.«

»Seid ohne Sorge«, beteuerte Kriemhild, »man wird Euch sicher geleiten. Und in Euren Schutz, König Siegmund, gebe ich inzwischen meinen Sohn.«

Als die Nibelungen Kriemhild entschlossen sahen, in

Worms zu bleiben, weinten viele Männer. Und Siegmund sagte zum Abschied:

»Noch nie widerfuhr Gästen bei einem Fest so Schreckliches. Man wird uns nimmer bei den Burgunden sehen.«

Aber von Siegfrieds Recken war zu hören: »Wenn herausgefunden ist, wer unseren König erschlug, reiten wir noch einmal in dieses Land.«

Zum Abschied küßte Siegmund Kriemhild und sagte unter Tränen: »Nun laßt uns freudlos heimreiten, nie mehr finde ich Ruhe und Glück.«

Siegfrieds Vater verabschiedete sich von keinem, aber Gernot und Giselher traten zu ihm und seinen Mannen und beklagten den Tod seines Sohnes. »Ich rufe den Himmel zum Zeugen«, erklärte Gernot, »daß ich an seinem Tod keine Schuld trage und nicht einmal weiß, wer sein Feind ist.«

Der junge Giselher gab den Gästen das Geleit bis zur Grenze.

Wie die Fahrt verlief, davon kann ich nichts erzählen. Aber Kriemhild hörte zu keiner Zeit auf zu trauern. Nur der junge Giselher stand ihr treu und mit Trost zur Seite.

21

Der Nibelungenhort wird nach Worms gebracht

Für Kriemhild wurde nahe bei dem Münster in Worms ein Witwensitz errichtet, ein schloßartiger Bau, weiträumig und reich ausgestattet. Dort saß sie freudlos mit ih-

rem Gefolge. Graf Eckewart blieb mit seinen Mannen in
Treue bei ihr. Jeden Tag stand sie am Grab ihres Gelieb-
ten, weinte und vertraute seine Seele ihrem Gott an. Auch
ihre Mutter Ute und ihr Gesinde versuchten immer wie-
der, ihr Trost zu spenden. Aber es gab nichts, was ihren
Schmerz lindern konnte. Nie hat ein Weib je so große
Sehnsucht nach ihrem Mann gequält. Bis ans Ende ihres
Lebens wird sie ihn beklagen.

Nach Siegfrieds Tod sprach Kriemhild dreieinhalb Jahre
lang kein einziges Wort mit Gunter; so wird es verbürgt
berichtet. Ihren Feind Hagen sah sie in dieser Zeit nie.
Aber der begann seine tückischen Fäden weiterzuspinnen
und raunte eines Tages König Gunter zu:

»Gelänge es, Eure Schwester zu versöhnen, dann käme
der Nibelungenhort in unser Land.«

»Wir sollten es versuchen«, meinte Gunter, »meine Brüder sind oft bei ihr zu Gast, die mögen um ihre Freundschaft werben. Vielleicht hätte sie den unermeßlichen
Schatz gern bei sich.«

»Das glaub ich nicht«, stichelte Hagen.

König Gunter schickte Ortwin und Markgraf Gere zu
Kriemhild. Dann versuchten wieder Gernot und Giselher,
Kriemhild versöhnlich zu stimmen, und rieten ihr zu,
denn mit dem Hort gewänne sie Macht.

»Zu lange beklagt Ihr Siegfrieds Tod«, bedauerte Gernot, »der König will beweisen, daß er ihn nicht erschlug.«

»Dessen zeiht ihn niemand«, entgegnete Kriemhild, »es
war Hagens Hand. Als ich ihm die Stelle preisgab, wie
konnte ich ahnen, daß Haß ihn trieb. Wie konnte ich Siegfried verraten! Aber den Mördern verzeihe ich nie.«

Dann flehte Giselher seine Schwester um Versöhnung
an. Da willigte sie ein, den König zu empfangen. Er trat

mit seinen nächsten Verwandten vor die Witwe. Nur Hagen war sich seiner Schuld bewußt und hielt sich fern.

Nie haben sich enge Verwandte mit so viel Tränen versöhnt. Da aber von Gunters Ratschluß ihr Leid ausgegangen war, wagte er keinen Kuß zur Versöhnung. Noch schmerzte der Mord sie tief, aber allen verzieh sie, außer Hagen.

Kurz darauf trugen die Brüder ihr an, den Hort zu fordern. Und in ihrem Auftrag fuhren Giselher und Gernot ins Land der Nibelungen. Kriemhild schickte achttausend Mann als Heer mit zu Alberich, der mit seinen Recken den Hort bewachte.

Als Alberich den gewaltigen Zug der Burgunden vom Hafen her auf seine Burg zukommen sah, sprach er zu seinen Recken:

»Der Hort ist die Morgengabe unseres Königs, die dürfen wir nicht verweigern. Aber hätten wir mit Siegfried nicht auch den Tarnmantel verloren, behielte ich den Hort. Daß unser König ihn nahm und sich seiner bediente, wurde ihm selbst zum Verhängnis.«

Alberich ließ den Kämmerer die Schlüssel holen.

Giselher und Gernot standen mit ihren achttausend Recken bedrohlich vor der Burg Alberichs. Der ließ schweren Herzens den Schatz aus den Gängen in der Burg ans Ufer bringen und auf Schiffe laden, die den ganzen Hafen belegten.

Nun hört vom Hort jene Wunderdinge, die erzählt werden. Zwölf schwere Wagen mußten von morgens bis abends dreimal hin und her fahren, und das vier Tage lang, um das Kostbarste wegzuschaffen. Es bestand aus Gold und Edelsteinen von unermeßlichem Wert. Hätte man davon alle Länder und Burgen der Welt gekauft, wäre dieser Schatz nicht um eine Mark Goldes gemindert worden. Eine goldene Wünschelrute gehörte dazu. Wer mit ihr umging, konnte Herrscher über alle Menschen werden. Nicht ohne Grund begehrte Hagen den Hort für die Burgunden.

Viele Recken Alberichs schlossen sich der Flotte der Burgunden an; die schwerbeladenen Schiffe gelangten nur mühsam rheinaufwärts bis Worms.

Hier zählten Neugierige die Fuhren und schätzten das Gewicht der Wagen. Wie sich die Pferde vom Rhein her mühten! Als sich Keller und Kammern von Kriemhilds Wohnsitz längst gefüllt hatten, nahm der Zug noch kein Ende. Von keinem Schatz wurde je wieder so Wunderbares berichtet.

Und wäre der Hort noch tausendmal reicher gewesen, Kriemhild hätte lieber mit leeren Händen Siegfried neben sich gehabt. Kein Held gewann je ein getreueres Weib.

Mit Hilfe des Hortes zog die Witwe unbekannte Recken ins Land, schuf sich ein Gefolge auserwählter Helden, verschenkte mit offener Hand so viel, daß von keiner Königin größere Freigebigkeit zu berichten ist. Überall wurde sie als Herrscherin gepriesen. Schließlich argwöhnte Hagen:

»Bald sammelt sie so viele kühne Männer um sich, daß für uns Gefahr droht.«

»Das ist ihr eigen Hab und Gut«, gestand Gunter ihr zu, »wie soll ich ihr das verwehren? Eben erst gewann ich ihr Vertrauen zurück. Mag sie ihr Gold verteilen.«

»Ein so unermeßlicher Schatz gehört in keine Hand eines Weibes«, versetzte Hagen, »der Hinterbliebenen eines Ermordeten. Bald wird sie so viel Macht innehaben, daß die drei Könige es bitter bereuen.«

»Ich schwor ihr Eide«, beharrte Gunter, »ihr nie wieder
ein Leid anzutun, und die will ich halten. Sie ist meine
Schwester.«

»Ich nehme wieder die Schuld auf mich«, beteuerte Hagen und brachte die Schlüssel für den Hort an sich.

Als Gernot davon erfuhr, wurde er sehr zornig. Und
Giselher drohte: »Wieviel Leid fügte Hagen bereits meiner Schwester zu. Wäre er nicht mein Verwandter, ginge
es ihm jetzt ans Leben.«

»Ehe uns aus dem Gold Unheil erwächst, versenken wir
es lieber in den Rhein, damit es keiner mehr besitzt.« So
riet Gernot.

Kriemhild klagte Giselher: »Viellieber Bruder, aber du
solltest an mich denken, beschütze mein Leben und mein
Gut.«

»Wenn ich zurückkomme, werde ich das«, beteuerte
Giselher, »aber jetzt müssen wir ausreiten.«

König Gunter verließ mit seinen Brüdern und vielen
Recken sein Land. Hagen blieb in Worms zurück und
nährte weiter Haß gegen Kriemhild.

Die Witwe konnte in jener Zeit, als Gunter außer Landes weilte, nicht ständig in ihrem Wohnsitz verweilen.
Und sie glaubte Giselher und Gernot und traute Gunter
keinen neuen Eidbruch zu. Als Kriemhild einmal mit
ihrem Gefolge ausfuhr, ließ Hagen den Hort aus den
Gewölben und Kammern rauben. Zurückgebliebene Gefährten wagten nicht, das zu verhindern. Bei Nacht führte
Hagen den gewaltigen Schatz nach Lochheim und ver-
senkte ihn dort in den Rhein. Vor dem Ausritt hatten
Hagen und die Könige feste Eide geschworen, solange
einer von ihnen lebe, keinem diese Stelle zu verraten. Vielleicht hatten sie geglaubt, den Hort später zu nutzen.

Giselher, mit seiner Schwester innig verbunden, wird – so vermute ich – Hagen mißtraut haben. Vielleicht hat er beim Ausritt sein Pferd stürzen lassen, eine Verletzung seines Fußes vorgetäuscht, sich vom Zug der Könige abgesetzt und vorgegeben, sich mit Zaubersprüchen heilen zu lassen. So verbarg er sich in der Nähe von Kriemhilds Sitz, folgte dem Zug des Hortes und erspähte die unterirdische Höhle im Rhein, wo der Schatz in schweren Truhen hinabgesenkt wurde. Daß Hagen sich an die eidlich bekräftigte Stelle im Fluß hielt, überraschte Giselher.

Zwar wird diese Probe auf Hagens Treue nicht berichtet, es könnte sich aber so zugetragen haben.

Als Gunter mit seinem Gefolge heimkehrte, empfing Kriemhild ihn mit Klagen und bitteren Vorwürfen. Giselher beteuerte seine Unschuld. Gunter und seine Brüder schoben wieder alle Schuld auf Hagen. Der angebliche Übeltäter entwich eine Zeit vor dem Zorn seiner Herrscher, später erfuhr er Gnade und blieb ohne Strafe.

Aus Treue zu seiner Schwester könnte Giselher ihr zwar von der Versenkung des Horts berichtet, zugleich aber der Eide wegen die Stelle im Rhein verschwiegen haben. Damit keiner aus dem Hort zu große Macht gewänne, sei er jetzt allen entzogen.

Nach Siegfrieds Tod und dem Raub des Hortes fand Kriemhilds Schmerz kein Ende. Dreizehn Jahre lebte sie in Leid und Trauer und hielt stets ihrem geliebten Mann die Treue.

22

Etzel läßt um Kriemhild werben

Während der Blütezeit des Burgundenreiches herrschten an der Donau die Hunnen. Ihrem König Etzel war Helche gestorben, seine schöne und stattliche Frau. Obwohl er noch trauerte, rieten seine Vertrauten, bald um eine neue Gemahlin zu werben, und nannten Kriemhild. Die Witwe Siegfrieds sei die mächtigste und schönste Frau, die je ein Held gewann.

»Ich bin Heide, und sie ist getauft«, warf Etzel ein.

»Aber Euer hoher Name, Euer Reichtum! Ihr werdet ihren schönen Leib mit Lust umfangen«, lockte Rüdeger von Bechlaren.

»Sollte sie in meinem Lande die Krone tragen?« überlegte Etzel und forschte weiter: »Ist sie tatsächlich so schön wie gepriesen?«

»Ich kenne die Königin von Kindheit an«, beteuerte Rüdeger, »ihre Schönheit gleicht der Helches. Keine Herrscherin ist reizvoller. Sie brächte uns Glück.«

»Nicht nur die Schönste ist sie, auch die reichste Königin«, erinnerte ein Vertrauter Etzels an den Nibelungenhort. »Der käme bei einer Heirat mit auf unsere Königsburg.«

»Dann, Rüdeger, wirb für mich um Kriemhild. Liegt die Schöne erst bei mir, werde ich dir das immer lohnen.«

Für die Werbefahrt wollte Etzel dem Markgrafen Rosse, Gewänder und Reisegut überlassen.

»Von deinem Gut zu zehren wäre unlöblich«, wehrte Rüdeger ab, »ich bestreite meine Botenfahrt von dem, was ich bereits aus deinen Händen erhielt.«

Rüdeger ließ Waffen, Rüstungen und Gewänder vorbereiten und fünfhundert stattliche Recken auswählen. Nach vierundzwanzig Tagen verließ er Etzels Burg und sandte Boten voraus nach Bechlaren zu seiner Frau Gotelind. Unterwegs in Wien ließ er die Kleidung anfertigen. Dann wurde er in seiner Burg in Bechlaren liebevoll empfangen, auch von seiner Tochter.

Als die Markgräfin nachts bei Rüdeger lag, wünschte sie ihrem Manne Glück als Bote nach Worms und meinte, es wäre zum Wohle des Hunnenreiches, trüge Kriemhild die Krone neben Etzel.

»Wir müssen so in Worms einreiten, wie noch nie ein König um eine Frau geworben hat«, meinte Rüdeger und ließ seine Frau Gewänder aus feiner schwerer Seide, vom Hals bis auf die Sporen mit Pelz besetzt, verteilen. »Je reicher meine Recken gekleidet sind, desto fröhlicher werden sie vor den König der Burgunden treten.«

Am siebenten Morgen brach der Markgraf mit seinen Mannen von Bechlaren auf. Waffen und Kleidung führten sie auf Saumtieren mit. Auf dem Weg durch Bayern schreckten die fünfhundert Recken Räuber vor Überfällen ab. So gelangten sie unbehelligt nach Worms an den Rhein.

Da die Saumtiere der Boten so schwer tragen mußten, hielt man sie für reich und mächtig. Als sie sich zur Königsburg wandten, legte Rüdeger ein prächtiges Gewand an. Auch seine Begleiter waren kostbar ausgestattet.

König Gunter trat ans Fenster, ließ Hagen rufen und fragte nach den Fremden.

»Zwar habe ich ihn lange nicht gesehen«, sann der Tronjer nach, »aber es könnte Rüdeger von Bechlaren sein.«

»Warum sollte Rüdeger in mein Land reiten?« verwunderte sich der König.

Kaum hatte Gunter das gesagt, erkannte Hagen den Markgrafen und eilte mit anderen hinunter in den Hof, die Gäste aus dem Hunnenland würdig zu empfangen. Nie hätten Boten herrlichere Gewänder getragen, heißt es.

»Seid herzlich willkommen, Markgraf von Bechlaren, Ihr und Eure Mannen!« rief Hagen mit dröhnender Stimme, daß es im Burghof widerhallte.

Die Fremden dankten für die Begrüßung und wurden von Hagen in den Saal Gunters geleitet. Der Herrscher, umgeben von seinen Recken, stand von seinem Königssitz auf, ging den Boten entgegen und hieß sie willkommen, er nahm Rüdeger bei der Hand und geleitete ihn zu seinem Sessel. Den Gästen wurde vom schmackhaftesten Met und besten Rheinwein eingeschenkt. Auch Gernot und Giselher und die anderen Mächtigen kamen zur Begrüßung.

Dann fragte Gunter: »Wie geht es König Etzel und seiner schönen Helche?«

»Das berichte ich gerne«, antwortete Rüdeger, stand mit seinen Begleitern von den Sitzen auf und sprach:

»Mein König entbietet Euch und Euren Freunden seinen Gruß und, falls nötig, Beistand. Aber er klagt auch seine Not. Denn die schöne Helche ist gestorben. Das Volk wurde freudlos. Vieler mächtiger Fürsten Töchter, die sie erzog, sind verwaist. Im ganzen Hunnenland wird getrauert. Unser König fiel in Gram und Sorge.«

»Sein Gott möge deinem König lohnen«, erwiderte Gunter, »daß er mir und den meinen Beistand bietet. Mit meinen Freunden bin ich zum Gegendienst bereit.«

»Die ganze Welt beklagt den Tod der schönen Helche«, beteuerte Gernot, »durch ihre Tugenden bleibt sie unvergessen.«

»Erlaubt mir«, sagte Rüdeger, »daß ich meine Botschaft fortsetze. Mein König trug mir Wichtiges auf. Ihm wurde berichtet, Eure Schwester Kriemhild sei ohne Gemahl; der mächtige Siegfried sei gestorben. Und wenn es so ist und Ihr es gestattet, so soll Kriemhild neben Etzel die Königskrone tragen. Das hieß mein Herr ihr übermitteln.«

Die Burgunden blickten überrascht auf Rüdeger. Ob Freude oder Bestürzung überwog, wissen wir nicht.

»Wenn sie darauf eingeht, wird sie auch meinen Willen hören«, sagte Gunter. »Nach Ablauf von drei Tagen gebe ich meine Antwort.«

Für die Gäste wurden prächtige Gemächer hergerichtet. Hagen war um gute Dienste bemüht und entgalt, was Rüdeger ehemals für ihn getan hatte. Aus früher Zeit kannten sich beide, wo sie am Hofe Etzels als Geiseln aufgewachsen waren.

Inzwischen berief Gunter seinen Rat zu sich. Alle Verwandten sprachen dafür, daß Kriemhild Etzels Frau werden sollte. Nur Hagen warnte:

»Auch wenn Kriemhild zu Etzel will, dürft Ihr nicht zustimmen.«

»Warum?« widersetzte sich König Gunter, »ich gönne der Königin Glück und Liebe. Sie ist meine Schwester.«

»Laßt ab davon«, riet der Tronjer, »hättet Ihr von Etzel so genaue Kunde wie ich, wüßtet Ihr um die Gefahr.«

»Die sehe ich nicht«, beharrte Gunter. »Würde sie sein Weib, bliebe ich in Worms und seinem Haß fern. Können wir uns überhaupt erlauben, seine Werbung abzulehnen? Er ist viel zu mächtig.«

»Dem stimm ich niemals zu!« widersetzt sich Hagen wie noch nie seinem König.

Da wurden Gernot und Giselher gerufen.

»Freund Hagen«, sagte Giselher, »Ihr fügtet meiner Schwester unermeßliches Leid zu, deshalb haßt sie Euch. Jetzt könnt Ihr es vergelten und Treue beweisen, dann wird sie den Schmerz verwinden.«

»Ich warne nur, weil ich voraussehe«, erwiderte Hagen.

»Dann reiten wir eben«, entgegnete Gernot, »so lange wir leben, nicht in Etzels Land und halten ihr trotzdem die Treue.«

»Etzel ist ein mächtiger Herrscher, der will nicht nur, der muß neue Fürsten unterwerfen«, beschwor Hagen seine Könige, »Kriege haben seine Schatzkammern geleert. Die Beute war geringer als veranschlagt. Etzel ist goldgierig. Der wirbt um Kriemhild wegen ihres Hortes.«

»Kriemhild ist anmutig, liebreizend«, warf Gernot ein.

»Etzel gewinnt ihre Schönheit und den Goldschatz dazu«, blieb Hagen hartnäckig.

»Der Hort liegt im Rhein«, sagte Gernot, »nur wir kennen die Stelle.«

»Etzel ist selber reich und mächtig genug, der bedarf des Hortes nicht«, beteuerte Giselher.

»Woher solltet Ihr den Hunnenkönig kennen!« blieb Hagen unerbittlich. »Während er friedfertig lächelt, lauern hinter seiner Stirn Hinterlist und Gier nach Macht. Wie viele Länder überfielen seine Heere. Sollte Kriemhild Helches Krone tragen, kommt Unheil über uns. Verhindert das!«

»Spielen wir ihr nicht wieder übel mit!« rief Giselher zornig. »Freuen wir uns, daß der mächtige König der Hunnen ihr die Krone anträgt. Das erhöht auch uns und baut einem Angriff vor. Hagen, mißgönnt Ihr Kriemhild auch das? Schwatzt, was Ihr wollt, ich stehe treu zu meiner Schwester.«

Das kränkte Hagen von Tronje. Die Königsbrüder mißachteten seinen dringenden Rat und kamen überein: Würde Kriemhild die Werbung annehmen, verweigerten sie ihre Zustimmung nicht.

Daraufhin suchte Gere Kriemhild auf und empfahl ihr, Etzels Werbung zu folgen. Kriemhild verbat sich derartigen Spott. Auch Gernot und Giselher erreichten nichts. Doch Kriemhild gestand zu, Rüdeger zu empfangen, aber nur seiner großen Tugenden wegen: einen anderen Boten hätte sie abgewiesen.

Am anderen Morgen empfing Kriemhild den Markgrafen stolz und in Trauer. In ihrer schlichten Witwentracht hob sie sich von der Farbenpracht ihres festlich gekleideten Gefolges ab. Kriemhild lud Rüdeger und seine Gefährten zum Sitzen ein und nahm wieder auf ihrem Sessel Platz. Wie zwei Wächter standen die Markgrafen Gere und Eckewart vor ihr. Und viele schöne Frauen saßen um die Königin, doch die fiel wieder in Trauer und Klagen.

»Edle Königin«, begann Markgraf Rüdeger, »erlaubt Ihr mir vorzutragen, weswegen wir nach Worms geritten sind?«

»Es sei gestattet«, antwortete Kriemhild in einem Tone, der ihren Unwillen verriet.

»König Etzel sendet Euch Grüße«, erklärte Rüdeger, »er bietet Euch seine Liebe und eheliche Gemeinschaft wie mit seiner Frau Helche, die ihm sehr am Herzen lag.«

»Markgraf Rüdeger«, erwiderte Kriemhild kühl, »wer um meinen bitteren Schmerz weiß, wird mich nicht zu bitten wagen, noch einmal irgendeinen Mann zu wählen. Ich verlor den besten, den je eine Frau gewann.«

»Was heilt Leid besser als Liebe?« entgegnete Rüdeger, »schenkt Ihr die meinem König, habt Ihr Gewalt über zwölf mächtige Kronen. Dreißig Fürsten, die der König mit eigener Hand bezwungen, stehen mit ihrem Land für Euch bereit. Ihr werdet Herrin über viele kühne Männer, die Königin Helche untertan waren, und zahlreiche Edelfrauen aus fürstlichem Geschlecht. Wenn Ihr die Krone tragen wollt, läßt mein Herr Euch sagen, werdet Ihr dieselbe Macht haben wie Helche, erhaltet Gewalt über alle Mannen Etzels.«

»Wie könnte es mich gelüsten, wieder eines Helden Weib zu werden?« wehrte sich Kriemhild weiter. »Schon der Tod des einen stürzte mich ins Unglück«, sagte sie und verabschiedete den Abgesandten bis zum nächsten Tag. Dann schickte sie nach Giselher und ihrer Mutter Ute.

»Liebe Schwester«, sagte Giselher, »König Etzel könnte dir dein Leid vertreiben. Kein Herrscher ist so mächtig wie er, kein Reich so weit, es reicht von der Elbe bis zum südlichen Meer. Daß er um dich wirbt, ist ein Glück für dich.«

»Das einzige, was mir noch geziemt, ist, um Siegfried zu weinen. Wie sollte ich mit geschwollenen Augen an der Spitze von Recken zu Hofe schreiten? Sollte ich einmal schön gewesen sein, hat der Gram mich zerfressen.«

»Du sollst wieder Macht haben«, drängte Mutter Ute, »folge dem Rat deiner Brüder, dann wird es dir wieder wohl ergehen. Ich sah dich viel zu lange gebeugt von Schmerz.«

Dann bat Kriemhild ihren Gott innig, er möge es fügen, daß sie wieder Gold und Silber und kostbare Gewänder verschenken könne wie zur Zeit mit Siegfried. Und sie dachte: soll ich, ein christliches Weib, meinen Leib einem Heiden geben? Kriemhild grübelte bis in den Tag hinein.

Ihre hellen Augen wurden nie trocken von Tränen. Auch
vor der Messe gelang es den drei Königen nicht, ihre
Schwester umzustimmen.

Dann bat Rüdeger die Königin um ihre Antwort.

Nie wieder wolle sie einen Mann lieben, beteuerte sie.

»Warum laßt Ihr Eure Schönheit verblühen, Euer Gesicht verdorren?« warnte er sie. »Noch könnt Ihr die Geliebte eines mächtigen Herrschers werden.«

Am Hofe hatte Rüdeger Kriemhilds Schicksal erfahren.
Und als kein Zureden half, versicherte er ihr in geheimer
Absprache: was auch geschehen war und noch sein würde,
er wolle ihr auf jeden Fall beistehen. Als Rüdeger sah, wie
Kriemhild ihren Widerstand langsam aufgab, fuhr er fort:

»Laßt Euer Weinen! Hättet Ihr bei den Hunnen nur
mich und meine Getreuen, so müßte schon jeder hart büßen, der Euch je etwas zuleide getan hat.«

»So schwört mir«, ging Kriemhild darauf ein, »daß Ihr
der erste seid, der jede Kränkung rächt, wer sie mir auch
zugefügt hat.«

»Dazu bin ich bereit«, versicherte Rüdeger und schwor,
mit allen seinen Mannen ihr stets treu zu dienen und keinen Wunsch zu versagen. Keiner wußte, was daraus folgen sollte.

Ihre Brüder baten so lange, bis Kriemhild vor den Helden gelobte, Etzels Werbung anzunehmen.

Rüdeger wollte mit seinen fünfhundert Mannen ihr das
Geleit geben.

Kriemhild ließ die Reise vorbereiten und kostbares
Reitzeug aus Siegfrieds Zeiten bereitlegen. Sie schloß ihre
Schatzkammer auf und wollte das Gold, das sie noch aus
dem Nibelungenland besaß, an die Boten und im Hunnenland verteilen. Es war noch so viel, daß es hundert

Pferde nicht hätten tragen können. Hagen hörte das, wollte es behalten und nicht seinen Feinden überlassen. Neben Kriemhild erfuhr auch Rüdeger davon und sagte:

»Mächtige Königin, was klagt Ihr? Seid Ihr erst bei König Etzel, werdet Ihr aus seinen Schatzkammern so viel verschenken können, daß Ihr nie zu Ende kommt.«

»Vieledler Rüdeger«, erwiderte Kriemhild, »nie besaß eine Königin mehr Reichtum, als den Hagen mir geraubt.«

Da stieß Gernot mit Gewalt die Tür der Schatzkammer auf, ließ an die dreißigtausend Mark Gold herausholen und an die Gäste verteilen. Gunter war froh darüber.

Inzwischen hatten Kriemhilds Mägde zwölf Schreine mit dem reinsten Gold gefüllt; auch der kostbare Schmuck der Frauen wurde darin verstaut.

Kriemhild fürchtete von dem grimmen Hagen Anschläge. Ihr blieben tausend Mark als Opfergold, das ließ sie für Siegfrieds Seelenheil verteilen. Wer mit ihr ins Hunnenland reiten wollte, den ließ sie von dem Schatz Roß, Kleidung und Rüstung kaufen.

»Ich trat als erster in Eure Dienste, war Euch seitdem treu«, versicherte Markgraf Eckewart seiner Herrin, »ich begleite Euch mit meinen fünfhundert Recken. Meine Königin, wir sind für immer verbunden, nur der Tod kann uns trennen.«

Zum Dank verneigte sich Kriemhild vor Markgraf Ekkewart.

Auch hundert reich gekleidete Jungfrauen vom Gefolge Kriemhilds wurden in die Sättel gehoben. Tränen tropften aus den hellen Augen. Beim Abschied weinten Verwandte und Freunde in Worms. Frau Ute blieb in Gram zurück. Giselher und Gernot kamen mit ihrem Gefolge und tau-

send Recken und begleiteten, wie es die Sitte gebot, ihre
Schwester bis zur Donau. Auch Ortwin von Metz und
Markgraf Gere zogen mit, so wie Rumold, der Küchenmeister. König Gunter ritt lediglich mit bis vor die Tore
der Stadt.

Ehe sie Worms verließen, hatte Rüdeger Boten ins Land
der Hunnen gesandt, um König Etzel Kriemhilds Ankunft
zu melden.

23

Kriemhild fährt zu König Etzel

Über Kriemhilds Reise zu den Hunnen ist wenig zu berichten. In Pförting an der Donau verabschiedeten sich
ihre Brüder mit Tränen.

»Liebe Schwester«, versicherte Giselher, »gerätst du in
Bedrängnis und bedarfst meiner, schicke einen schnellen
Boten, ich reite dir zu Hilfe.«

Zum Abschied küßte Kriemhild ihre Verwandten auf
den Mund.

Hätten in Bayern Räuber versucht, Kriemhild und ihr
Gefolge auszurauben, wäre es ihnen durch Rüdegers Rek-
ken übel ergangen.

Der Bischof von Passau ritt seiner Nichte entgegen und
begleitete sie in seine Burg. Als in der Stadt, wo der Inn in
die Donau fließt, Kriemhilds Ankunft bekannt wurde,
leerten sich der Fürstenhof und die Häuser. Viele eilten
den Gästen entgegen.

Beim Einzug in Passau wurde Kriemhild besonders
festlich von den Kaufleuten empfangen. Obwohl der Bi-

schof die Gäste länger zu bleiben bat, drängte Eckewart
zum Aufbruch. Bischof Pilgrim führte die Königin nach
Bechlaren, von wo Gotelind ihnen entgegen kam.

»Wie glücklich bin ich«, freute sich Gotelind, »mit eigenen Augen Eure Schönheit zu sehen. Zu keiner Zeit ist
mir etwas Lieberes widerfahren.« Rüdegers Gemahlin
hatte die Ankunft vorbereitet.

Die Tore der Burg von Bechlaren waren weit aufgetan.
Die Gäste ritten ein. Rüdegers Tochter, die junge Markgräfin, ging mit ihrem Gefolge Kriemhild entgegen. Hand
in Hand schritten sie in den weiten Saal. Dann saßen sie
an den offenen Fenstern und unterhielten sich vergnügt.
Was sie sonst noch zu tun pflegten, wird uns nicht erzählt.

Gefolgsleute Kriemhilds drängten auf Weiterreise. Der
jungen Markgräfin schenkte die Königin zwölf schöne
Armringe von schwerem rotem Gold und das festlichste
Gewand, das sie mitführte. Obwohl man ihr den Nibelungenhort geraubt hatte, nahm sie mit dem wenigen, was
ihr geblieben war, alle, die sie sahen, für sich ein. Auch
Rüdegers Gefolgsleute beschenkte sie reich.

Nach dem Abschiedsmahl bot die Markgräfin Etzels
künftigem Weib ihre Dienste an. Kriemhild liebkoste Rüdegers Tochter, die gern zu ihr an den Hof kommen
wollte. Die Königin dankte für das Vertrauen. Dann wurden die Rosse bestiegen. Und die Fahrt ging an Melk vorüber. Burgherr Astold ließ ihnen als Willkommenstrunk
Wein in Goldgefäßen reichen und wies ihnen die Straße
weiter nach Österreich.

Bei Mutaren im Donautal verabschiedete sich der Bischof
von seiner Nichte. Rüdegers Mannen begleiteten sie bis ins
Land an der Traisen. Dort kamen ihr Scharen der Hunnen
entgegen geritten und übernahmen den Schutz der Königin.

24

Kriemhilds Empfang und Hochzeit

Die zahllosen Reiter auf der Straße von Traismauer nach Tulln wirbelten Staub auf; da das Gedränge auf dem Weg kein Ende nahm, legte sich die Staubwolke nie. Es schien, als ob es überall brenne.

Auch Etzel war unterwegs nach Tulln und dachte an die herrliche Kriemhild, da schwand all sein Kummer dahin. Auf den Straßen nach Tulln waren Sprachen aller Art zu hören. Aus Rußland und Griechenland, aus Polen, dem Land von Kiew und von den Walachen kamen viele kühne Recken. Die wilden Petschnegen spannten den Bogen, bis fast die Sehne riß und schossen schnellfliegende Vögel.

Auf einem weiten Feld vor dem Ort hatte Rüdeger die Begrüßung Etzels und Kriemhilds vorbereitet. Vierundzwanzig mächtige Fürsten ritten stolz und stattlich vor den König und sahen ihre Ehre darin, die neue Herrscherin zu begrüßen. Rumung, der Herzog der Walachen, preschte mit siebenhundert Mann an ihr vorbei; seine Leute schwirrten wie Vögel an ihr vorüber. König Gibich kam mit herrlichen Scharen. Hornboge wandte sich mit tausend Mann seiner neuen Herrin zu. Der kühne Hawart aus Dänemark, Iring, ein Held ohne Falschheit, und Irnfried aus Thüringen empfingen Kriemhild mit eintausendzweihundert Recken. Etzels Bruder Blödel kam prächtig mit dreitausend Mann der Königin entgegen.

Dann erschien König Etzel selber, an seiner Seite Dietrich von Bern mit seinen Gefährten. Beide waren umgeben von zahlreichen tüchtigen Recken. Kriemhild freute sich über Ansehen und Macht ihres künftigen Gemahls.

»Herrin, jetzt empfängt Euch der König«, wandte sich Rüdeger an sie. »Nur wen ich Euch zu küssen nenne, den sollt Ihr so ehren.«

Da wurde die herrliche Königin von ihrem Roß gehoben. Der mächtige Etzel und seine Begleiter stiegen aus den Sätteln. Der König schritt auf Kriemhild zu. Zwei Fürsten trugen die Schleppe ihres Kleides, wird erzählt. Kriemhild schob das Kopfgebinde höher, ihr Gesicht leuchtete zwischen dem funkelnden Gold, und sie begrüßte Etzel fröhlich mit einem Kuß. Viele Recken meinten, Helche sei nicht schöner gewesen als sie.

Rüdeger hielt Kriemhild an, Blödel, der neben Etzel stand, auch Dietrich von Bern und König Gibich zu küssen. Zwölf Recken ehrte sie auf diese Weise. Die anderen grüßte sie durch Verneigen.

Zur Kurzweil pflegten die Recken Kampfspiele. Schilde barsten, Lanzen splitterten. Hütten und Zelte waren in großer Zahl errichtet worden. Mancher Held führte eine Schöne hinein.

Auf einem Thronsitz, errichtet von Rüdeger, saß Etzel liebevoll neben Kriemhild. In seiner Rechten lag ihre weiße Hand. Was Etzel gesprochen hat, ist uns nicht überliefert. Aber Rüdeger ließ noch nicht zu, daß Etzel Kriemhild beilag. Als der lichte Morgen heraufschien, sattelten manche Recken bereits ihre Pferde und begannen zu Ehren des Königs mit Kampfspielen.

Bald ließ der König zum Aufbruch rufen. Das große Gefolge und tausende Bewaffnete zogen nach Wien. Auch dort wurde Etzels neue Gemahlin mit großen Ehren empfangen. Hier hatte Rüdeger die Hochzeit vorbereitet. Es kamen weit mehr Gäste als in der Stadt Herberge fanden. Wer nicht zum Fest geladen war, wurde gebeten, in Orten vor der Stadt zu nächtigen. Wie erzählt wird, war Dietrich stets in Kriemhilds Nähe zu sehen.

An einem Pfingsttag wurde in Wien Hochzeit gefeiert, da lag Etzel das erste Mal Kriemhild bei. Pfingsten wurde sie auch einst mit Siegfried vermählt. Und die Königin erinnerte sich, wie sie in Worms neben Siegfried saß; da wurden ihre Augen naß. Nach dem großen Leid am Rhein empfing sie hier aber hohe Ehre. Vielleicht um weniger an die glückliche Zeit bei den Nibelungen zu denken, schenkte sie jetzt reichlich, tat mit ihren Gaben wahre Wunder. Das Fest währte siebzehn Tage. Von keinem König wird eine größere und prächtigere Hochzeit berichtet. Alle, die zu Gast waren, trugen danach neue Kleider, so erzählt man zumindest.

Obwohl Siegfried durch den Hort weit reicher war als Etzel, zog er nie so viele Recken an seinen Hof wie der Hunne. Denn Siegfried war anderen Sinnes. Griffen Feinde an, konnte er mit eigener Kraft und wenigen Gefährten gegnerische Heere aufreiben. Aber in den dreizehn Jahren, die Kriemhild bei ihm lebte, wird kein einziger Eroberungszug gemeldet. Ob Kriemhild Etzels Wesen bald durchschaute, weiß ich nicht zu berichten.

Zur Hochzeit verschenkten viele Mächtige Gold und Kleidung. Gegen Dietrichs Gaben wogen selbst die Rüdegers gering. Und Blödel ließ viele Truhen von Gold und Silber leeren.

Auch Wärbel und Schwämmel, des Königs Spielleute, wurden reich beschenkt. Jeder bekam wohl tausend Mark und mehr. Denn sie spielten täglich, bis ihre Arme schlaff herabhingen, vor den Ehrensitzen des Königspaares.

Am achtzehnten Tag ritten Etzel und Kriemhild mit ihrem riesigen Gefolge und den Mannen aus Wien fort ins Land der Hunnen. Bei der Rast unterwegs wurden Kampfspiele abgehalten. Von Etzels Recken waren die Straßen überfüllt. Niemand hätte die Kämpfer zählen können, und wie viele schöne Frauen lockten in der Heimat Etzels!

In der mächtigen Stadt Meisenburg bestieg das Königspaar und sein Gefolge Donauschiffe. Damit die Wellen die Boote nicht auseinander trieben, wurden diese durch Taue verbunden. So schien das Wasser ganz bedeckt mit Rossen und Männern. Auch waren für die Frauen Zelte gespannt; es war, als hätten die Fahrenden noch festes Land und Feld unter sich.

Nach dem Schmerz um Helches Tod wurde auf der Etzelburg Kriemhild festlich empfangen. Viele Frauen und Mädchen erwarteten sie am Ufer.

Als der König mit seiner Gemahlin vom Gestade heranritt, wurden ihr die hochgeborenen Frauen vorgestellt. Darunter waren sieben Königstöchter. Zu nennen sind noch Herrat, die Tochter von Helches Schwester und König Näntwin, dem Helden Dietrich von Bern verlobt. An die Frauen und Mädchen verteilte Kriemhild freigebig Schmuck und edle Gewänder. Nun wurden alle Verwandten und Mannen König Etzels Kriemhild untertan, hatten ihr zu dienen bis zu ihrem Tod. Bald gebot Kriemhild mit solcher Macht, wie es die milde Helche nie vermocht hatte. Auch dadurch gewannen der Hof und das Land noch größeren Ruhm.

25

Die Burgunden werden eingeladen

Sieben Jahre lebten Etzel und Kriemhild zusammen, dann gebar sie einen Sohn, den sie Ortlieb nannten. Niemals war der König der Hunnen froher und glücklicher, heißt es. Kriemhild drängte darauf, den Jungen christlich zu taufen.

Die neue Herrin befleißigte sich, so tugendhaft zu leben wie Königin Helche. Herrat lehrte sie hunnische Sitten, litt aber heimlich immer noch unter Helches Tod. Fremde und Einheimische erfuhren, daß keine Herrin besser und freigebiger war. So gewann Kriemhild überall Zuneigung. Obwohl ihr jetzt zwölf Könige dienten, dachte sie unablässig an das Leid, das ihr daheim zugefügt worden war, und an die besonderen Ehren im Nibelungenland. Hagen hatte ihr alles genommen, und dafür wollte sie sich rächen. Locke ich ihn in dieses Land, könnte es geschehen, dachte sie. Im Traum ging sie öfter Hand in Hand mit ihrem Bruder Giselher, küßte ihn vertraut. Dachte sie daran, wurde ihr Blick von heißen Tränen trüb. Und Kriemhild fragte sich, wie sie dazu gebracht worden war, einen heidnischen Mann zu nehmen. Hatte Hagen ihr auch das insgeheim zugefügt? Ich bin reich und mächtig, dachte sie, und kann Hagen strafen. Nicht nur ihre eigenen, auch die Mannen des Königs liebten sie sehr. Eckewart, der als Kämmerer diente, hatte viele Freunde gewonnen. Niemand am Hofe vermochte sich Kriemhilds Willen zu widersetzen.

Als der König Kriemhild eines Nachts in den Armen hielt, schmeichelte sie:

»Mein lieber Herr, laßt mich doch sehen, ob Ihr meinen Verwandten wirklich innig zugetan seid.«

»Es macht mich glücklich, daß du solche Brüder hast«, erwiderte der König.

»Ihr wißt, ich leide darunter, daß sie noch nie unser Land besucht haben«, sagte Kriemhild, »die Hunnen nennen mich immer noch die Fremde.«

Etzel kannte die Rachelust Kriemhilds. Daß sie seine geheimen Absichten ahnte, dürfen wir vermuten. Bei der Werbung um sie hatte der König damals zwar vom Hort nicht gesprochen. Noch lebte Etzel reich und mächtig, aber seine verschwenderische Hofhaltung ließ seine Schätze dahinschmelzen. Auch sein Oberkämmerer mahnte ihn, es sei an der Zeit, den Hort herzuführen. Längst wußte der König, daß der Schatz im Rhein versenkt war und nur Kriemhilds Brüder und Hagen die Stelle kannten. Von ihnen wollte er das Recht einfordern. Aber auch Kriemhild selbst verlangte inzwischen den Hort, der würde ihr am Hofe noch mehr Macht verleihen.

»Vielliebe Frau«, sagte Etzel, »wenn es deinen Verwandten nicht zu weit ist, würde ich alle, die du gern hier siehst, über den Rhein zu uns einladen.«

Kriemhild freute sich, daß der König auf ihren Wunsch einging:

»Wollt Ihr Euch treu erweisen, sendet Boten nach Worms.«

»Gefällt es dir, meine vielliebe Frau«, erklärte der König, »sende ich meine Fiedler an den Rhein.«

Am nächsten Tag wurden die Spielleute herbeigerufen.

»Ich entbiete meinen Verwandten Heil und Glück«, trug der König ihnen auf, »sagt ihnen, wir erwarten sie an meinem Hofe. Nehmen meine Schwäger die Einladung

an, mögen sie noch in diesem Sommer zu einem großen
Fest kommen.«

»Wann wird das gefeiert?« fragte Schwämmel.

»Zur nächsten Sonnenwende«, bestimmte Etzel.

»Wir tun alles, was Ihr gebietet«, versicherte Wärbel.

Für die beiden Boten wurden prächtige Gewänder ge-
fertigt. Auch die vierundzwanzig Recken, die sie begleiten
sollten, erhielten neue Kleidung.

Die Königin empfing Wärbel und Schwämmel heimlich
in ihrer Kemenate und versprach ihnen, handelten sie nach
ihrem Willen, reiche Geschenke und kostbare Kleidung.

»Gebt in Worms nicht zu erkennen«, bat sie, »daß ihr
mich hier je betrübt gesehen. Bittet, der Einladung des
Königs zu folgen. Sagt, die Hunnen glauben, ich hätte
keine Verwandten. Wenn ich ein Recke wäre, hätte ich
Worms längst besucht. Und versichert Gernot, meinem
edlen Bruder, daß ihm auf der Welt niemand gewogener
sei, und bittet ihn, die engsten Verwandten mitzubringen.
Sagt auch Giselher, meine Augen wollen ihn hier sehen.
Berichtet meiner Mutter Ute, wie ehrenvoll ich hier als
Königin lebe. Und wenn Hagen von Tronje sich weigert
mitzukommen, dann fragt: wer soll durch das Land
führen? Er kennt die Wege zu den Hunnen aus seiner
Kindheit.«

Warum Hagen unbedingt mitkommen sollte, erfuhren
die Boten nicht. Später wurden durch ihn viele Recken in
den Tod gerissen.

Kriemhild übergab Schwämmel noch ein mit Goldfa-
den verschnürtes Päckchen für Giselher. Sie befürchtete,
wegen des Hortes könnte Etzel geheime Anschläge gegen
ihre Brüder hegen. Ihr Kämmerer Eckewart hatte sie gewarnt.

Reich gekleidet brachen die Boten mit ihren Begleitern auf. Von Etzel und insgeheim auch von Kriemhild, also doppelt, mit Gold und Reisegut ausgestattet, konnten sie fröhlich leben und hatten keinen Grund, sich zu beeilen.

26

Schwämmel und Wärbel überbringen die Botschaft

Die Abgesandten rasteten in Bechlaren, wurden von Rüdeger und Gotelind freundlich empfangen und beschenkt. Das Markgrafenpaar entbot Grüße nach Worms und ließ Ute und ihren Kindern bestellen, kein Markgraf könne ihnen gewogener sein.

In Passau erhielten die Boten von Bischof Pilgrim den Auftrag, seinen Verwandten auszurichten:

»An den Rhein kommen werde ich wohl nicht. Aber sollten die Söhne meiner Schwester durch Passau reiten, wäre ich sehr froh.« Was er noch bestellen ließ, ist unbekannt. Auch über den Weg der Boten durch Bayern kann ich nichts mitteilen. Vielleicht versuchte aus Furcht vor der Macht des Hunnenkönigs niemand, ihnen Silber und Gewänder zu rauben.

Als die Spielleute in Worms vor die Königsburg ritten, wußte keiner Gunter etwas über ihre Herkunft zu sagen. Wieder mußte Hagen aus dem Fenster blicken.

»Das sind Etzels Spielleute Wärbel und Schwämmel, die sandte Eure Schwester an den Rhein. Um ihres Herren willen sollten sie uns willkommen sein.«

Noch nie kamen Spielleute herrlicher daher. Das Gesinde des Königs empfing die Boten und gab ihnen gute
Herberge. Ihre Reisekleidung wäre reich und edel genug
gewesen, um damit vor den König zu treten; aber die verschenkten sie und legten für den Empfang bei Hofe noch
prächtigere Gewänder an.

Als die Gesandten in den Saal Gunters traten, sprang
Hagen von seinem Sitz auf, eilte ihnen entgegen und empfing sie herzlich.

»Wie geht es Etzel und seinen Mannen?« begann er zu
fragen.

»Nie stand das Land so in Blüte«, berichtete Schwämmel, »noch nie waren die Leute fröhlicher.« Von Kriemhild schwieg er.

Dann traten die Boten auf den König zu, der sie begrüßte:

»Seid willkommen, Spielleute König Etzels.«

Die Boten verneigten sich vor dem König.

»Mein Herrscher und Kriemhild, Eure Schwester«,
sprach Wärbel, »entbieten Euch Grüße und versichern
Euch ihrer Treue.«

»Ich bin froh über Eure Nachricht«, sagte der König,
»wie lebt es sich bei König Etzel und meiner Schwester im
Hunnenland?«

»Beiden ging es nie besser«, versicherte Schwämmel,
»auch ihren Verwandten und Recken nicht.«

Der König dankte für die Grüße.

Inzwischen waren auch die beiden jungen Könige erschienen.

Noch einmal beteuerte Schwämmel die liebevolle Ver-
bundenheit Kriemhilds und wie sie den Brüdern gewogen
sei. »Doch zuvörderst«, betonte er, »sandte uns der König

wegen einer Einladung. Er bittet Euch, in sein Land zu
reiten. Wenn Ihr schon Eure Schwester meidet, so möchte
er gern wissen, was er Euch angetan, daß Ihr Euch von
seinem Land fernhaltet. Wäre die Königin Euch auch unbekannt, so hätte der mächtige König der Hunnen einen
Besuch verdient. Jedenfalls bereitete ihm das eine große
Freude.«

Die Königsbrüder wurden still. Ihre Recken schwiegen.
Wer wollte wagen, die Einladung des größten Herrschers
ihres Teiles der Welt abzuweisen?

»In sieben Tagen«, erklärte Gunter, »verkünde ich
Euch, was ich mit meinem Rat bedacht habe. Geht inzwischen in Eure Herberge und ruht Euch aus.«

Ehe die Boten sich in ihre Gemächer zur Ruhe begeben
wollten, bat Wärbel noch darum, Königin Ute aufsuchen
zu dürfen. Das wurde ihnen gewährt.

Die Erfahrensten in Gunters Rat versicherten ihm, er
könne unbekümmert in Etzels Land fahren. Nur Hagen
wandte sich grimmig dagegen und flüsterte dem König
zu:

»Wir wissen, was wir getan haben. Ich erschlug Siegfried. Wir dürfen uns nicht in Etzels Land wagen.«

»Meine Schwester gab ihren Zorn auf«, meinte Gunter,
»verzieh uns zum Abschied mit ihrem liebevollen Kuß. Es
sei denn, sie will allein Euch verderben.«

»Täuscht Euch nicht«, beharrte der Tronjer, »Ihr könnt
Ehre und Leben verlieren. Nicht nur Kriemhilds Rache ist
unversöhnlich. Um das Versteck des Hortes zu erpressen,
kann Etzel uns in sein Land locken. Ich kenne den Hunnenherrscher. Er ist nie reich und mächtig genug.«

»Dreizehn Jahre hat er den Hort nicht gefordert«, hielt
Gernot entgegen, »warum jetzt? Etzel ist selber reich und

mächtig. Oder fürchtet Ihr den Tod im hunnischen Reich? Warum sollten wir unsere Schwester nicht sehen? Wir wären üble Gesellen.«

Ehe Hagen erwidern konnte, warf Giselher ein: »Wir sind über Kriemhild mit Etzel verwandt, also seine Schwäger. Warum sollte er gegen uns Gewalt üben, im Angesicht unserer Schwester? Und da Ihr Euch schuldig wißt, Freund Hagen, so bleibt in Worms und macht Euch schöne Tage, aber hindert nicht jene, die den Mut haben, mit uns zu unserer Schwester zu reiten.«

»Nennt mich nicht feig!« rief der Tronjer zornig. Dieser Vorwurf kränkte ihn tief. »Vermag Euch jemand ins Land der Hunnen zu führen, der Kühneres wagt als ich? Laßt Ihr von Eurer Reise nicht ab, so beweise ich es.«

Erst jetzt mischte sich Rumold in den Streit ein und redete bedächtig: »Ich glaube, noch kein Rat Hagens hat Euch geschadet. Folgt Ihr ihm nicht, so hört, was Rumold rät: König Gunter hat ein reiches Land. Er ist mächtig. Hier kann ihm und den Seinen nichts widerfahren. Hier gibt es vorzügliche Speisen, schöne Frauen und Mädchen und den besten Wein. Was Euch bei Etzel erwartet, kennt Ihr nicht. Als Meister von Küche und Hof weiß ich von Vertrauten: mit Hilfe des Hortes will Etzel der mächtigste Mann der Welt werden.«

»Meine Schwester und der König luden uns freundlich ein«, erwiderte Gernot. »Ich vertraue dem Herrscher der Hunnen. Wer nicht gern mitkommen will, bleibe zu Hause.«

»Nur wir in Worms wissen, wo der Schatz in den Fluten ruht«, unterbrach Giselher. »Wenn wir ihn heben, kann uns nicht mal Etzel besiegen.«

König Gunter war noch unentschieden. »Droht aber Gefahr, bricht ein Held erst recht auf!« entschloß er sich.

»Je höher das Wagnis, desto ruhmreicher der Sieg.« Und
er dachte an die Kampfspiele mit Brünhild.

»Laßt Euch nicht durch mich abhalten«, lenkte Hagen
ein, »sehen wir, wie es ausgeht. Aber in Treue rate ich
Euch: wollt Ihr heil zurückkehren, reitet in Wehr und
Waffen. Wollt Ihr von der Fahrt nicht lassen, so ruft die
besten Recken zusammen, ich wähle die tausend tapfersten aus; wie an einem Schild sollen da Kriemhilds Anschläge abprallen.«

Gunter befolgte diesen Rat.

Auch aus Furcht vor ihrem Herrn verdroß es die Gesandten Etzels, nicht längst mit einer Botschaft abreisen
zu können. Aber Hagen hielt sie durch List zurück. »Laßt
sie erst ziehen, wenn wir selber in sieben Tagen bereit sind
auszureiten«, riet er dem König, »dann bleibt Kriemhild
nicht genug Zeit, gegen uns zu rüsten. Aber falls sie doch
etwas gegen uns im Schilde führt, so haben wir über tausend kampferprobte Mannen.«

Als Gunter seine Recken gut genug vorbereitet hatte, ließ
er die Boten rufen. Hagen hatte seinen Bruder Dankwart geheißen, achtzig Mannen an den Rhein zu führen. Volker von
Alzey, der Spielmann, kam mit dreißig seiner Kämpfer. Gernot teilte den Boten mit, die Burgunden würden der Einladung folgen und zur nächsten Sonnenwende eintreffen.

Dann ließ Gunter auf breiten Schilden Gold vor die
Boten tragen. Auch Gernot, Giselher, Gere, Ortwin und
andere boten Geschenke.

»Großer König, laßt Eure Gaben im Land«, wehrte
Schwämmel erschrocken ab, »mein Herr verbot uns, Geschenke zu empfangen.«

Darüber wurde Gunter sehr aufgebracht. Um ihn nicht
noch mehr zu erzürnen, nahmen die Boten die Gaben doch.

Dann geleitete Gernot die Gesandten bis nach Schwaben. Unterwegs verbreiteten sie, die Burgunden hätten vor, bald ins Hunnenland zu reisen. So erfuhren es auch Bischof Pilgrim und Markgraf Rüdeger.

Die Gesandten erreichten Etzel in Gran und bestellten Grüße über Grüße; da wurde, wie es heißt, sein Antlitz vor Freude rot. Als die Königin erfuhr, daß ihre Brüder kommen würden, belohnte sie die Spielleute reich. Dann fragte die Königin nach ihrem Feind.

»Hagen kam am frühen Morgen zum Rat«, berichtete Wärbel, »und sprach dagegen. Und als sich die anderen über die Reise zu den Hunnen einigten, da hieß das für den grimmen Mann schon, dem Tod entgegenzureiten.« Und Volker komme noch mit, mehr wisse er nicht, schloß Wärbel.

»Den kann ich entbehren«, erwiderte Kriemhild. »Aber Hagen bin ich gewogen«, log die Königin, »er ist ein großer Held.«

Etzel ließ in seiner Burg das Fest vorbereiten.

27

Die Burgunden fahren zu den Hunnen

In Worms wurden eifrig Sattel- und Zaumzeug über die Höfe geschleppt, die Waffen geschärft und die Rüstungen vervollständigt. Gunter ließ seine eintausend und sechzig Mannen prächtig kleiden. Nie ritten Recken herrlicher in eines anderen Königs Land. Auch neuntausend Knappen bereiteten sich zum Aufbruch vor. Die sie zu Hause ließen, mußten das später beweinen. Was es mit dem Kaplan für eine Bewandtnis haben würde, ahnte noch keiner.

»Bleibt hier, teure Helden«, warnte Ute ihre Söhne, »mir träumte heute nacht, alle Vögel fielen tot vom Himmel.«

Hagen, der bei den Königsbrüdern stand, lästerte:

»Wer sich nach Träumen richtet, der weiß nichts von der Ehre eines Recken. Ich wünsche, mein Herr bräche bald auf. Mein Schwert hat lange kein Blut mehr gekostet.«

Nun riet also auch Hagen zu der Reise. Später bereute er das, wird erzählt. Nur weil Gernot hartnäckig an seine Untat erinnerte, habe er auf die Fahrt gedrängt.

»Meint Ihr, Hagen von Tronje zittert vor Angst?« rief er. »Wann brechen wir endlich auf?«

Die Schiffe lagen bereit, die Recken mit ihren Pferden und Rüstungen über den Rhein zu setzen. Auf dem Gras wurden Zelte und Hütten errichtet. Am Morgen erklangen zum Aufbruch Flöten und Posaunen. Wer eine Geliebte im Arm hatte, umschlang sie noch einmal. Für manchen Recken war das die letzte Liebesnacht.

Rumold, der den Söhnen Utes tapfer und in Treue diente, wandte sich vertraulich an den König: »Ich bin in großer Sorge, daß Ihr zum Hofe Etzels fahrt. Wem wollt Ihr Land und Leute überlassen?«

»Das Land und mein Kind befehle ich dir an«, entschied der König. »Und schütze die Frauen! Das ist mein Wille. Wenn sie weinen, tröste sie. Kriemhild vermag uns kein Unheil zuzufügen.«

Mit Küssen verabschiedeten sich die Könige und ihre Mannen von ihren Frauen und gingen zu ihren Rossen. Beiderseits des Rheins weinten burgundische Männer und

Frauen. Manche ahnten wohl, daß die Helden nicht zurückkehren würden. Aber die drei Könige zogen fröhlich mit ihren Scharen von dannen.

Gunter ließ Hagen den Zug führen; und Dankwart war Marschall. Am zwölften Morgen erreichten sie die Donau. Hagen, an der Spitze der Scharen, stand am Fluß. Der war angeschwollen und über die Ufer getreten. Weit und breit war kein Boot zu sehen. Wie würden sie übersetzen?

»König von Worms«, wandte sich Hagen an Gunter, »wie du selber siehst, ist der Strom reißend, er wird manchen von uns in den Tod ziehen.«

»Was wirfst du mir vor?« entgegnete der König, »suche uns lieber eine Furt, damit wir unsere Rosse und Rüstung ans andere Ufer bringen.«

»Um in den Fluten zu ersaufen, ist mir mein Leben zu schade«, erwiderte Hagen, »da laufen noch viele Hunnen in Etzels Landen, deren Schädel zu spalten sind. Wartet hier am Ufer, ich will Fährleute suchen.«

Hagen nahm seinen Schild auf und ging in Helm und Waffen den Strom entlang. Nach einiger Zeit hörte er Quellwasser rauschen. Dort badeten weise Meerfrauen. Hagen schlich sich heran, da flohen sie und waren froh, ihm entronnen zu sein. Er aber nahm ihre Kleider an sich.

Da rief eine Meerfrau, Hadeburg genannt:

»Edler Recke Hagen, gebt uns die Gewänder zurück, dann tun wir Euch kund, wie Eure Fahrt zu den Hunnen ausgehen wird.«

Die Meerfrauen schwammen leicht im Wasser, schwebten wie Vögel. Auch deshalb hielt Hagen sie für gut und weise. Was sie schauten, wollte er glauben. Also bat er darum.

»Reitet in Etzels Land«, sprach die Meerfrau. »Ich verbürge mich dafür, nie gelangten Helden reicher und ehrenvoller in ein Königreich.«

Diese Worte waren nach Hagens Sinn. Er gab ihnen ihre Kleider zurück. Aber als die Meerfrauen ihre wunderlichen Gewänder übergestreift hatten, verkündeten sie ihm die Wahrheit. Sigelint, die andere Meerfrau, sprach:

»Ich warne dich, Hagen, Aldrians Sohn. Nur der Kleider zuliebe log meine Muhme. Kommst du zu den Hunnen, geht es für dich schlecht aus. Kehre um, Hagen, noch ist Zeit. Um zu sterben, lud man euch in Etzels Land. Wer dorthin reitet, den hat der Tod schon bei der Hand.«

»Täuscht mich nicht!« schrie Hagen. »Wie könnte es geschehen, daß wir alle umkommen, durch den Haß eines einzigen Menschen?«

»Es wird so sein, daß keiner zurückkehren wird«, prophezeite sie genauer, »nur der Kaplan des Königs. So ist es uns bekannt. Nur er gelangt gesund heim in Gunters Land. Und du, Hagen, kennst den König der Hunnen. Hüte dich auch vor ihm.«

»Wie bitter wäre es, meinem König zu verkünden«, antwortete Hagen grimmig, »daß wir alle unser Leben lassen müßten. Aber jetzt, weise Meerfrau, wie gelangen wir über den Fluß?«

»Da du schon unseren Rat ausschlägst, dort beim Ufer ist eine Herberge, da wohnt weit und breit der einzige Fährmann.«

Und die zweite Meerfrau rief dem zornigen Recken nach:

»Herr Hagen, wartet noch, hört! Wenn Ihr ans andere Ufer kommt, dort herrscht Markgraf Else. Sein Bruder heißt Gelpfrat, ein Herr im Bayernlande. Wollt Ihr durch

seine Mark, hütet Euch! Begegnet dem Fährmann ohne
Hochmut, denn der ist grimmig. Nur wenn Ihr guten Sinnes seid, läßt er Euch ungeschoren. Bietet ihm Fährmannssold. Ist er säumig, so ruft über den Fluß, Ihr heißet
Amelrich, dieser Held wurde außer Landes getrieben.«

Hagen verneigte sich vor den Meerfrauen, sie glitten davon. Er ging am Wasser einen Hang hinan und sah auf
dem anderen Ufer ein Haus.

»Hol mich über, Fährmann!« rief Hagen, »hier, mein
Fährlohn ist ein goldener Armreif!«

Der Fährmann war so reich, daß er niemanden übersetzen brauchte. Auch seine Knechte waren hochmütig.

Hagen stand am Ufer und schrie so laut über den Fluß,
daß es im Tal widerhallte und die Wellen davon noch
höher schlugen:

»Ich bin Amelrich, der Lehnsmann Elses, ich mußte vor
starken Feinden fliehen!« Er steckte den Armring auf die
Spitze seines Schwertes, hielt es hoch, daß das Gold über
den Fluß leuchtete. Da stieg der Fährmann doch in sein
Boot und nahm das Ruder. Erst vor kurzem hatte er ein
schönes Weib heimgeführt und wollte für sie den Lohn erwerben. Also ruderte er mit kräftigen Zügen über den
Fluß, aber als er den Tronjer erblickte, rief er:

»Wohl mögt Ihr Amelrich heißen, doch jenem, den ich
erhoffte, gleicht Ihr nicht. Von Vater und Mutter her war
er mein Bruder. Da Ihr mich betrogt, bleibt auf Eurem
Ufer!«

»Ich bin ein fremder Recke, sorge mich um meine Gefährten«, beteuerte Hagen, »nehmt den Lohn, ich bin
Euch gewogen.« Und ehe der Fährmann zurückrudern
konnte, sprang Hagen in das Boot.

»Bleib draußen!« wehrte der Fährmann ab, »meine Herren haben viele Feinde, Fremde setze ich nicht über. Verlasse mein Boot!«

»Nehmt mir zuliebe das Gold. Bringt tausend Mann mit Rossen über den Fluß«, bat Hagen ihn.

Aber der Fährmann hob sein schweres, breites Ruder und schlug nach Hagen, daß der strauchelte und in die Knie ging. So einem furchtbaren Fährmann war der Tronjer noch nie begegnet. Um den Eindringling zu vertreiben, hieb der starke Schiffer ihm eine Ruderstange über den Kopf, daß sie auf dem Helm zerbarst. Trotzdem zog Hagen sofort sein Schwert, was den Fährmann überraschte, schlug ihm zornentbrannt den Kopf ab und warf den in die Flut.

Inzwischen hatte die Strömung das Boot abgetrieben. Hagen ruderte so heftig zurück, daß der Riemen unter seinem starken Druck riß. Rasch ersetzte er ihn durch seinen Schildriemen und steuerte auf einen Uferwald zu, wo das Heer lagerte. Einige Recken eilten herzu, empfingen ihn fröhlich und sahen in dem Boot das Blut dampfen, das aus dem Rumpf des Fährmannes quoll.

Als Gunter das heiße Blut im Boot rinnen sah, fragte er: »Sagt mir, wo ist der Fährmann? Ich glaube, Ihr habt ihn geköpft.«

»Als ich das Boot festgebunden fand«, log Hagen, »löste ich es, kein Fährmann war weit und breit, durch mich erlitt niemand Schaden.« Und ehe andere Recken nähertraten, kippte Hagen rasch den Rumpf über Bord.

»Ich glaube, dir ist nur wohl, wenn du Unheil stiftest«, meinte Gunter.

»Da wir keinen Schiffer haben«, warnte Gernot, »könnten viele von uns im Hochwasser ertrinken.«

»Ich gelte als der beste Fährmann vom Rhein«, beteuerte Hagen, »und bring Euch sicher in Gelpfrats Land.«

Damit die Pferde rascher hinüberschwammen, peitschten die Knechte sie in den Fluß. Gewänder, Gut und Waffen wurden in das Boot geladen. Hagen brachte auch die tausend Recken und neuntausend Knechte über den reißenden Strom. Die Weissagung der Meerweiber ging ihm nicht aus dem Sinn. Als der Kaplan sich auf seine heiligen Gerätschaften stützte, stieß Hagen ihn aus dem Boot. Einige verlangten, ihn zu retten. Und Giselher wurde sehr zornig. Aber der Tronjer ließ nicht davon ab, den Kaplan mit dem Ruder vom Boot fern zu halten.

»Was nützt Euch der Tod des Geistlichen?« entrüstete sich Gernot. »Was hat er Euch getan?«

Der Priester planschte um sein Leben, keiner wagte ihm zu helfen. Hagen stieß ihn sogar unter Wasser. Als keiner den armen Mann aus dem Wasser zog, kehrte er um und strebte zurück. Obwohl er nicht schwimmen konnte, half ihm, wie es in dem großen Lied heißt, Gottes Hand, das verlassene Ufer wieder zu erreichen. Als Hagen dann den Kaplan am Ufer stehen und sich wie ein Hund das Wasser abschütteln sah, wußte er, die Voraussagen der Meerweiber würden eintreffen.

Nach dem letzten Entladen des Schiffes schlug Hagen es in Stücke und warf diese in die Strömung. Die Könige und ihre Recken sahen ihn entsetzt an.

»Was tust du, Bruder?« fragte Dankwart erschrocken, »wie werden wir bei der Heimfahrt übersetzen?«

»Wer unser Heer aus Feigheit verläßt, wird in der Flut ersaufen.«

Volker, der Held und Spielmann, lobte alles, was Hagen unternahm, so auch diese Tat.

Wieder wurden die Saumtiere beladen. Die Recken wollten aufsitzen und weiterreiten. Trotz der überfluteten Donau hatte der Zug der Könige noch keinen Schaden genommen. Nur der Kaplan des Königs mußte zu Fuß wieder an den Rhein zurück.

28

Der Kampf in Bayern

Als die Burgunden bei Mehringen die Donau überquert hatten und weiterziehen wollten, fragte Gunter:

»Wer kann uns den rechten Weg weisen?«

»Ich werde Euch führen«, versicherte der starke Volker.

Recken und Knechte schwangen sich bereits auf ihre Pferde, da bat Hagen, noch innezuhalten:

»Ich muß Euch Unheil voraussagen, nimmermehr werden wir ins Land der Burgunden heimkehren.« Und Hagen berichtete von der Weissagung der Meerfrauen. »Um sie Lügen zu strafen«, fuhr er fort, »habe ich versucht, den Kaplan zu ertränken; denn die Weiber behaupteten, nur er allein käme lebend zurück. Also wappnet Euch, Ihr Helden, wir haben hier starke Feinde.«

Wie ein Schwarm Vögel flogen diese Warnungen zu den Recken und Knappen. Auch die tapfersten Helden erblaßten.

Hagen sprach davon, auch wie er den Fährmann erschlagen mußte, einen Mann des Markgrafen Gelpfrat, und daß dieser sich rächen und die Burgunden angreifen werde. »Und laßt die Pferde langsamer gehen«, riet er, »damit niemand glaubt, wir würden fliehen.«

Volker, der Spielmann, dem die Wege hier bekannt waren, band sich den Helm fester und ritt herrlich gerüstet voran. An seinem Speer flatterte ein rotes Fähnchen.

Markgraf Gelpfrat und Else sandten nach dem Tod ihres Fährmannes Boten zu ihren Recken und sammelten in Kürze siebenhundert Mann, die als Kämpfer berüchtigt waren. Geführt von ihren Herren, preschten sie den Fremden nach und wollten ihren Kampfesdurst stillen.

Hagen hatte es so gefügt, daß er mit Dankwart und seinen Mannen die Nachhut bildete. Der Tag war vergangen, der letzte Abendschimmer verlosch. Hagen fürchtete um seine Gefährten. Sie ritten gedeckt von ihren Schilden. Da hörten sie beiderseits der Straße und hinter sich Hufgetrappel.

»Bindet die Helme auf!« rief Dankwart.

Wie bei der Nachhut üblich, hielten sie an und sahen in der Finsternis Schilde blinken. Hagen duldete keinen Aufschub und rief:

»Wer jagt uns auf der Straße nach?«

»Wir verfolgen unsere Feinde. Ich weiß nicht, wer meinen Fährmann erschlug.« Das konnte nur Gelpfrats Stimme sein.

»War der Fährmann dein?« vergewisserte sich Hagen, »er weigerte sich, uns überzusetzen, die Schuld liegt deshalb bei mir.« Nur weil der Schiffer ihn mit dem Ruder niedergeschlagen habe, versicherte Hagen, habe er ihn in Notwehr töten müssen. Dafür biete er nun Sühne an.

Gelpfrat wies dieses Ansinnen schroff zurück:

»Als Gunter hier mit seinen Leuten heranritt, wußte ich, Hagen von Tronje würde uns schaden. Er bezahle den Tod des Fährmanns mit dem Leben.«

Da neigten Gelpfrat und Hagen die Speere über ihre Schilde und preschten gegeneinander los. Auch Else und Dankwart begannen hart miteinander zu kämpfen.

Hagens Pferd barst der Vordergurt, so gelang es Gelpfrat mit einem starken Stoß, den Tronjer zu Fall zu bringen. Nun wurde Hagen gelehrt, was kämpfen heißt. Auch von den Recken beider Scharen war das Krachen der Speere zu hören. Hagen erholte sich rasch und kam mit bitterem Haß auf den Bayern wieder auf die Füße. Beide standen sich nun gegenüber und griffen einander mit ihren Schwertern an. Auch ihre Recken kämpften Mann gegen Mann. Mit welcher Gewalt Hagen gegen Gelpfrat auch anrannte, der Markgraf schlug ihm ein großes Stück aus dem Schild, daß es wie Feuer lohte und Gunters Gefolgsmann fast sein Leben verlor.

»Zu Hilfe, lieber Bruder!« rief Hagen Dankwart zu, »ein Teufel greift mich an, der wird mich töten.«

Sofort sprang sein Bruder herbei und versetzte dem Bayern mit seinem Schwert einen solchen Hieb, daß der mit gespaltenem Helm tot zusammenbrach.

Nun wollte Else seinen Bruder rächen, wurde aber selbst verletzt; und viele seiner achtzig Mannen lagen auf dem Kampfplatz. Ihnen blieb nur die Flucht vor Hagens Mannen. Die jagten ihren Feinden nach. Harte Schwertschläge hallten aus dem Wald, und noch mancher Bayer mußte sein Leben lassen.

»Kehren wir auf die Straße zurück!« gebot Dankwart bald, »laßt sie reiten, sie haben genug geblutet.« Als sie zum Kampfplatz zurückkamen, hielt Hagen sie an, die Gefallenen zu zählen. Seine Nachhut hatte nur vier Recken verloren, auf die kamen einhundert aus dem Bayernlande. Blut der Erschlagenen klebte auf den Schilden der

Tronjer. Manchmal brach heller Mondschein durch die
Wolken. Da schimmerte es; von den rot und trüb verkru-
steten Schilden schien es noch zu tropfen.

Hagen befahl seinen Leuten, dem König bis zum Morgen den Kampf zu verschweigen. Vom Gefecht war die
Nachhut müde, mußte aber mit der Hauptmacht in der
Nacht weiterreiten. Erst als die Sonne aufgegangen war
und die Berge aufleuchten ließ, sah Gunter die Blutspuren
auf Brünnen und Schilden. Zornig fragte er:

»Was ist das, Freund Hagen? Warum gabst du mir
keine Nachricht, als ihr die Schwerter ziehen mußtet? Wer
tat das?«

Hagen gab Bericht von dem Angriff.

Inzwischen war überall bekannt, auch in Passau, daß
die Söhne Königin Utes zu einem Fest bei den Hunnen
zogen. Bischof Pilgrim empfing seine Neffen festlich. Die
Stadt war zu klein; auf einem Feld über dem Fluß wurden
Zelte aufgespannt. Die Mannen des Königs mußten eine
Nacht und einen Tag bleiben und sich reich bewirten
lassen.

Als sie dann weiterritten und an die Grenzmark kamen,
fanden sie einen Recken schlafend, dem nahm Hagen sein
starkes Schwert ab. Eckewart erwachte, sah sich vor den
Fremden ohne Waffe und klagte:

»Wehe, diese Schande! Warum zieht Ihr in dieses Land?
Seit ich Siegfried verlor, bin ich ohne Freude und Glück.
Ach, Markgraf Rüdeger, ich sollte deine Grenze bewa-
chen. Wie verging ich mich gegen dich!«

Als Hagen hörte, daß der Held drei Tage und Nächte
nicht geschlafen, sondern nur gewacht hatte, gab er ihm
seine Waffe zurück und sechs Armringe von rotem Gold
dazu. »Als Zeichen, daß ich dein Freund bin«, tröstete der

Tronjer ihn, »bewachst allein die Grenze, bist ein kühner Recke!«

»Das lohne Euch Euer Gott«, dankte Eckewart, »doch daß Ihr zu den Hunnen fahrt, betrübt mich sehr. Du hast Siegfried erschlagen, nun wirst du hier gehaßt. Auch Etzel ist heimtückisch. Hütet Euch.«

»Behüte uns Gott«, erwiderte Hagen, »und Dank für den Rat. Aber jetzt ist unsere Sorge: Wo finden der König und seine Mannen für diese Nacht Herberge? Unsere Rosse sind erschöpft, die Vorräte verzehrt, zu kaufen ist nichts, ein Wirt täte uns not.«

»Ich zeig Euch einen«, erwiderte Eckewart, »wie Ihr keinen besseren findet, meinen Herrn Markgrafen Rüdeger. Wie der herrliche Mai auf dem Gras Blumen sprießen läßt, so entfaltet er seine Freigebigkeit.«

»Wollt Ihr uns führen?« fragte König Gunter, »und nachforschen, ob Rüdeger mich und meine Recken aufnehmen kann?«

»Der Bote bin ich gern«, erwiderte Eckewart und preschte los.

Rüdeger stand auf dem Turm seiner Burg und sah einen Recken herangaloppieren, als würde er verfolgt. »Dort kommt Eckewart, Kriemhilds Recke!« rief der Markgraf und stieg zum Tor hinab.

Während Eckewart den Gurt des Schwertes löste und es aus der Hand legte, übermittelte er die Botschaft König Gunters.

»Welch ein Glück«, antwortete Rüdeger lachend, »daß ich die drei Königsbrüder empfangen darf. Ich bin froh, daß sie in mein Haus kommen.« Gern wurde auch der Bitte des Marschalls Dankwart entsprochen, die über tausend Recken und neuntausend Knappen aufzunehmen.

29

Empfang in Bechlaren

Der Markgraf kündigte den Besuch in den Frauengemächern an. Aus den Truhen wurden die festlichsten Kleider geholt. Die Frauen schmückten sich durch prächtigen Kopfputz mit goldleuchtenden Bändern; ihr schönes Haar sollte nicht vom Wind zerzaust werden. Am Burgtor begrüßte Rüdeger die Burgunden:

»Seid mir willkommen, Ihr Herren, auch Eure Mannen. Mit großer Freude sehe ich Euch hier!«

Die Gäste verneigten sich dankbar. Besonders grüßte der Markgraf Hagen, mit dem er die Jugend am Hofe Etzels verbracht hatte. Auch für die über tausend Recken wurde gesorgt. »Ihr Knechte«, wandte sich Rüdeger an diese, »spannt Zelte auf, zäumt die Pferde ab und laßt sie frei laufen.« Das war von noch keinem Herrn erlaubt worden.

Auch die Markgräfin und ihre Tochter waren ans Tor getreten, umgeben von sechsunddreißig schönen Mädchen und vielen Frauen mit herrlichen Gewändern und goldenen Armringen. Das Feuer von Edelsteinen lohte an der prächtigen Kleidung. Nach der Mutter küßte auf Geheiß des Vater auch die junge Markgräfin die drei Königsbrüder. Rüdeger befahl seiner Tochter, auch Hagen zu küssen. Sie blickte ihn an; er erschien ihr so furchtbar, da hätte sie es gern unterlassen. Aber der Vater verlangte, seinen Jugendfreund gemäß höfischer Sitte zu begrüßen. Ihr Gesicht wechselte dabei die Farbe, wurde erst bleich, dann rot. Rasch küßte sie dann Dankwart und den Spielmann.

Die Markgräfin nahm König Gunter bei der Hand und führte ihn in den weiten Festsaal der Burg, die schöne Tochter geleitete Giselher, und der Markgraf nahm Gernot an eine Seite. Auch andere Recken und Frauen nahmen in dem Saal Platz. Den Gästen wurde bester Wein eingeschenkt. Niemals dürften Helden besser bewirtet worden sein.

Viele Recken sahen Rüdegers Tochter liebevoll an; ihre Schönheit und Anmut weckten Begehren. Nach dem Brauch gingen Frauen und Recken bald auseinander, und im Saal wurden die Tische für ein festliches Mahl gerichtet. Zu Ehren der Gäste setzte die Markgräfin sich dazu. Da die Tochter bei den Mädchen bleiben mußte, konnten die Recken sich nicht an ihrem Anblick erfreuen. Als die Gäste getafelt hatten, wurde die Schöne wieder in den Saal gerufen. Die Recken empfingen sie, schon heiter vom Wein. Nach dem Spiel auf seiner Fiedel unterhielt Volker mit lustigen Sprüchen.

»Mächtiger Markgraf!« rief er dann aber, »wie gnädig ist Euch Gott, schenkte Euch ein so schönes Weib und ein so glückliches Leben. Wäre ich ein König und dürfte eine Krone tragen, wollte ich Eure schöne Tochter zur Frau. Sie ist so edel und anmutig. Nichts wünschte ich mir mehr.«

»Wie könnte es geschehen«, erwiderte der Markgraf, »daß je ein König meine liebe Tochter begehrte? Meine Frau und ich sind heimatlos. König Etzel nahm uns auf. Was nutzt da die schönste Tochter?«

»Sollte ich mir eine Frau wählen«, erwog Gernot, »wäre ich über eine solche Tochter froh.«

»Mein Herr Giselher sollte sich bald ein Weib nehmen«, pflichtete Hagen mit Eifer bei, »die junge Markgräfin ist nicht nur von großer Schönheit, sondern auch von hohem

Adel. Trüge sie in Worms die Krone, dienten ich und meine Mannen ihr gern.«

Markgraf Rüdeger und Gotelind hörten das mit Freude und fühlten sich geehrt. König Gunter und Gernot lobten den Vorschlag. Giselher errötete vor Scham und Freude und war Hagen, dem er oft feindlich gesonnen, dankbar. Aber auch Gunter und Gernot ahnten nicht, was der Tronjer mit dieser Verbindung im Schilde führte.

Rüdeger hieß die Jungfrau vor den König rufen. Und man schwor, Giselher die Schöne zu geben. Auch er gelobte sie zu ehelichen. Als Morgengabe beschied man der Tochter Burgen und Land. König Gunter und Gernot bekräftigten das durch Eide.

»Da ich keine Burgen habe«, sagte der Markgraf, »versichere ich Euch meine Treue. Und ich gebe meiner Tochter so viel Gold und Silber, wie hundert Saumtiere tragen können.«

Nach alter Sitte mußte das Paar in einen Ring treten, den Vornehme bildeten. Viele junge Recken blickten neidvoll auf Giselher.

Das liebliche Mädchen wurde gefragt, ob sie den König wolle. Obwohl sie Giselher sehr mochte, schämte sie sich der Frage. Vater Rüdeger riet ihr, mit einem Ja zu antworten und zu sagen, daß sie ihn gern nehme. Daraufhin umschloß Giselher sie mit seinen weißen Händen.

»Ihr edlen Könige«, erklärte der Markgraf, »wenn Ihr wieder heim nach Worms reitet, so könnt Ihr mein Kind mitführen.«

Nach und nach verklang der Lärm des Festes. Am nächsten Morgen wollten die Burgunden aufbrechen.

»Das lasse ich nicht zu«, hielt Markgraf Rüdeger sie zurück, »so liebe Gäste hatte ich noch nie.«

»Ausgeschlossen«, entgegnete Dankwart, »woher wollt Ihr Speise, Brot und Wein nehmen, um so viele Recken und Knappen länger zu bewirten?«

»Das muß Euch nicht kümmern«, beharrte Rüdeger, »meine viellieben Herren, verwehrt mir das nicht, Speisen und Wein reichen für Euch vierzehn Tage. Bisher forderte Etzel nichts von mir.« So sehr sich die Burgunden sträubten, sie mußten bis zum vierten Morgen bleiben. Ob Giselher es war, der Dankwart und Gunter doch umgestimmt hatte, wissen wir nicht. Dann rüsteten sie, von Rüdeger reich beschenkt, zum Aufbruch. Gerühmt wird die Freigebigkeit des Markgrafen. Giselher hatte Rüdegers schöne Tochter bekommen. Gunter, der als König selten Gaben annahm, erhielt eine Rüstung und verneigte sich dankend. Gernot bekam ein scharfes Schwert, ein Geschenk der Markgräfin, durch das Rüdeger bald selbst den Tod finden sollte. Nachdem der König eine Gabe angenommen hatte, bot Gotelind auch Hagen ein Geschenk. Zunächst schlug der es aus, kam aber dann der Markgräfin entgegen:

»Von allem, was ich jemals sah, begehre ich nichts mehr als jenen Schild dort an der Wand; den trüge ich gern in Etzels Land.«

Da begann Gotelind zu weinen. Denn sie dachte an Naudung, der von Witege erschlagen worden war. Wieder überkam sie Leid und Jammer wegen dessen Tod. Dennoch ging die Markgräfin zur Wand, nahm mit ihren weißen Händen Naudungs Schild und gab ihn Hagen. Das kostbare Stück war mit weißer Seide bespannt und mit glitzernden Edelsteinen besetzt. Noch nie hatte Tageslicht einen besseren Schild beschienen. Wer ihn kaufen wollte, mußte wohl tausend Goldmark bezahlen.

Dankwart beschenkte Rüdegers Tochter mit prächtigen Kleidern.

Zum Abschied trat Volker vor Gotelind und spielte Liebeslieder. Aus Dank ließ die Markgräfin eine Lade hereintragen, nahm zwölf Armringe heraus, streifte sie dem Spielmann über die Hand und sagte: »Tragt sie mir zu Ehren am Hofe Etzels.«

Um den Burgunden das Geleit zu geben, hatte Rüdeger fünfhundert seiner Mannen zum Aufbruch rüsten lassen. Keiner von ihnen sollte je lebend zurückkehren.

Ehe sich Rüdeger auf sein Pferd schwang, küßte er Gotelind und schloß sie in die Arme. Die junge Markgräfin wollte Giselhers Hand nicht loslassen. Überall wurden die Fenster aufgetan. Als die Recken aus der Burg ritten, weinten Mädchen und Frauen. Manche ahnten Unheil. Doch Rüdeger und die Burgunden ritten mit ihren Scharen freudig ins hunnische Land. Rüdeger sandte Boten voraus an Etzels Hof.

30

Ankunft bei den Hunnen

An einem Fenster der Burg Etzels hielt Kriemhild Ausschau und sah ein Heer, wohlgerüstet, heranreiten, da rief sie:

»Wie viele neue Schilde und silbrige Halsbergen tragen meine Verwandten!«

Als Etzel die Burgunden kommen sah, begann er zu lachen; ob aus Freude oder Heimtücke, wird nicht berichtet.

Hildebrant meldete seinem Herrn die Ankunft der Burgunden. Dietrich von Bern hieß die Gäste wohl empfangen und ritt ihnen mit seinen Mannen entgegen. Auf einem Feld, wo die Burgunden ihre Zelte auf Saumtiere banden, sah Hagen von Tronje Dietrich mit seinen Leuten herankommen und sagte zu seinen Herren:

»Ihr solltet Euch von Euren Sitzen erheben. Es sind Recken aus dem Amelungenland.«

Dietrich stieg mit seinen Begleitern von den Pferden, ging den Gästen entgegen und begrüßte sie. Nun sollt ihr hören, was Dietrich zu den drei Königen sagte; denn der Besuch mißfiel ihm, und er glaubte, Rüdeger hätte sie vor der Gefahr gewarnt.

»Seid willkommen, Gunter und Giselher, Gernot und Hagen, auch Volker und Dankwart! Ist Euch nicht bekannt, wie sehr Kriemhild noch immer um Siegfried weint?«

»Soll sie ihre Tränen vergeuden! Nun liebe sie den König der Hunnen«, entgegnete Hagen, »Siegfried ist seit langer Zeit begraben, er kehrt nicht zurück.«

»Warum an Siegfrieds Wunden rühren?« meinte Dietrich. »Aber solange Kriemhild lebt, stiftet sie Unheil. König der Burgunden, davor hüte dich.«

»Wie soll ich das?« erwiderte Gunter. »Etzel sandte uns Boten, er und unsere Schwester luden uns ein in sein Land.«

»Ich rate Euch«, drängte Hagen, »bittet Herrn Dietrich, Genaueres zu offenbaren.« Daraufhin gingen die drei mächtigen Könige, Gunter, Gernot und Dietrich, zu einer geheimen Unterredung beiseite.

»Ich höre jeden Morgen«, warnte Dietrich, »wie Etzels Weib über Siegfrieds Tod klagt und weint.«

»Was wißt Ihr noch?« forschte Gernot weiter.

»Auch über den Verlust des Hortes klagt sie. Etzel will ihn fordern.«

In Sorge kehrten die beiden burgundischen Könige zu ihren Gefährten zurück. Aus einem Lederbeutel zog Giselher den Goldring, der mit Wolfshaar umwickelt war, und gestand:

»Hätte ich Euch den in Worms gezeigt! Dieses Geschenk Kriemhilds steckten die Boten mir heimlich zu. Erst jetzt verstehe ich seinen Sinn.«

»Da drüben steht Etzels Burg«, sagte Volker, »nun können wir nicht mehr zurück; reiten wir zu Hofe und sehen, was geschieht.«

Das taten sie und zogen prächtig, wie in ihrem Lande Sitte, in die Burg ein. Neugierige Hunnen fragten einander, wer wohl jener Hagen sei, der Siegfried, den stärksten aller Helden, erschlagen habe. Sie zeigten einander den Tronjer. Er war wohlgewachsen, hatte eine breite Brust, sein Haar zierten graue Strähnen, er hatte lange Beine, sein Blick war furchtbar, aber sein Gang herrlich.

Die Burgunden bekamen Herbergen zugewiesen; Gunters Knechte wurden gesondert untergebracht. So war es am Hofe Etzels bestimmt worden. Gunter vertraute Dankwart, seinem Marschall, die Knappen an.

Dann kam die Königin mit ihrem Gefolge und empfing die Gäste mit tückischem Sinn. Sie küßte nur Giselher und nahm ihn bei der Hand.

Als Hagen das sah, band er seinen Helm fester und raunte:

»Nach solcher Begrüßung nehmt Euch in acht. Schon Könige werden unterschiedlich empfangen. Wir waren schlecht beraten, zu diesem Fest zu fahren.«

»Nun seid dem willkommen, der Euch gerne sieht«, sagte Kriemhild, »nicht aus Freundschaft grüß ich Euch. Sagt, was bringt Ihr mir von Worms über den Rhein?«

»Hätte ich gewußt, daß Ihr von Recken ein Geschenk wollt, trüg ich eins bei mir«, beteuerte Hagen, »ich bin reich genug.«

»Laßt mich wissen: Wo habt Ihr den Hort der Nibelungen? Wie Euch bekannt, ist der mein eigen. Den solltet Ihr mir herführen in Etzels Land.«

Daß ihre Schwester sogleich den Hort fordern würde, hatten die Könige nicht erwartet.

»Wahrhaftig, Herrin Kriemhild«, fand Hagen zuerst Worte, »wie viele Tage gingen ins Land, seitdem ich nichts mehr vom Hort hörte. Meine Herren ließen ihn in den Rhein versenken, dort ruht er bis zum Jüngsten Tag.«

»Es ist, wie ich mir's dachte!« rief die Königin aufgebracht, »obwohl der Hort mein eigen ist, haltet Ihr ihn zurück. Das werdet Ihr mir bezahlen.«

Als die Burgunden gerüstet ins Innere der Burg wollten, hielt Kriemhild ihnen entgegen: »In Etzels Königsaal trägt man keine Waffen, gebt sie mir in Verwahrung.«

»Wollt Ihr als Königin meinen Schild und meine Waffen zur Herberge schleppen?« verwunderte sich Hagen.

»Weh mir!« rief Kriemhild, »warum behalten meine Brüder und Hagen ihre Schwerter? Wüßte ich, wer sie gewarnt hat, der hätte den Tod verdient.«

»Ihr sollt's erfahren, ich warnte die Könige und den tapferen Hagen«, antwortete trotzig Dietrich von Bern, »nur zu, wenn Ihr strafen wollt.«

Kriemhild fürchtete König Dietrich und schämte sich. Sie sagte nichts mehr und warf im Gehen ihren Feinden böse Blicke zu. Und sie erfuhr später, daß sich Dietrich

von Bern und Hagen an der Hand faßten, was großes
Aufsehen erregte. Denn von den Schlachtfeldern her gelten Helden als hart und kaum zu solcher Vertrautheit
fähig.

»Wie schroff war die Königin soeben«, bedauerte Dietrich; »daß Ihr zu den Hunnen gekommen seid, schmerzt
mich.«

»Alles wird sich finden«, meinte Hagen.

Auch Etzel sah die beiden im Gespräch, erkannte sie
wegen ihrer tief herabreichenden Helme nicht sogleich
und fragte: »Ich wüßte gern, wer jener Recke ist, mit dem
Dietrich so freundschaftlich spricht.«

»Er stammt aus Tronje, sein Vater heißt Aldrian«, erklärte ein Gefolgsmann Kriemhilds, »jetzt gibt er sich heiter, aber er ist grimmig.«

»Wohl kenne ich Aldrian«, erinnerte sich Etzel, »der
war mein Gefolgsmann, gewann bei mir Ruhm und Ehre;
ich beschenkte ihn reich mit Gold. Auch Helche mochte
ihn sehr. Sein Sohn und der Spanier Walter wurden mir als
Geiseln gesandt. Hagen focht für mich, später sandte ich
ihn wieder heim. Walter floh mit Hildegund.«

31

Kriemhild will Hagen töten lassen

Nach seinem vertraulichen Gespräch mit Dietrich von
Bern schaute sich Hagen über die Schulter nach einem
Kampfgefährten um, sah Volker neben Giselher und bat
den Spielmann mitzukommen. Beide verließen die ande-

ren Recken, erkundeten den weiten Platz, gelangten zu
einem Palas und setzten sich gegenüber auf eine Bank.
Kriemhild erspähte die beiden vom Palas aus; wie wilde
Tiere wurden sie von den Hunnen begafft. Ihre herrlichen
Brünnen glänzten und leuchteten. Aber Kriemhild begann
zu weinen. Etzels Mannen fragten, warum sie so plötzlich
in Tränen ausbreche.

»Wegen Hagen, ihr kühnen Helden«, schluchzte Kriemhild.

»Wie kommt das?« fragten die Recken, »vor kurzem
sahen wir Euch noch so froh. Hätte Euch der Tapferste
gekränkt und Ihr hießet es rächen, so ginge es ihm ans
Leben.«

»Wer meine Rache stillt, dem lohne ich das immer. Ich
fall vor Euch auf die Knie«, flehte die Königin, »rächt
mich an Hagen, tötet ihn!«

Nach Kriemhilds Willen rüsteten sich rasch sechzig
kühne Recken. Die Königin wies die kleine Schar grimmig ab:

»Was wollt ihr mit so wenig Leuten gegen Hagen ausrichten? So tapfer er sein mag, noch viel gefährlicher ist
jener, der bei ihm sitzt, Volker der Spielmann.«

Also rüsteten sich eilig vierhundert Recken. Als die Königin genügend Gewaffnete sah, sagte sie:

»Wartet noch eine Weile, ich will mit der Krone vor
meine Feinde treten. Der Mörder wird zu stolz sein, seine
Tat zu leugnen.«

Dann stieg Kriemhild mit ihren Recken die Treppe hinunter in den Hof. Da sagte Volker zu Hagen:

»Seht, wie sie daherschreitet, die uns treulos in ihr Land
lockte. Noch nie sah ich die Frau eines Königs mit so viel
Bewaffneten, kampfgierig, mit blankem Schwert. Freund

Hagen, manche haben eine zu breite Brust. Unter ihren Gewändern schimmern blanke Brünnen. Gegen wen ziehen sie?«

»Die Schwerter sind auf mich gerichtet«, erwiderte Hagen zornig. »Nun sagt mir, Freund Volker, wenn Kriemhilds Mannen mich angreifen, steht Ihr mir bei? Ich würde es Euch nie vergessen.«

»Seid dessen gewiß«, beteuerte Volker, »und rückte der König mit allen seinen Mannen gegen uns; so lange ich lebe, ohne Furcht wiche ich keinen Fußbreit von Euch.«

»Das lohn Euch unser Gott im Himmel, vieledler Volker. Wollt Ihr mit mir kämpfen, was brauch ich mehr!«

Die Königin näherte sich mit ihren Recken.

»Nun laßt uns aufstehen«, riet Volker, »sie ist eine Königin, grüßen wir sie in Ehren.«

»Aus Liebe zu mir, nein!« bat Hagen, »sonst glauben ihre Recken, wir hätten Angst. Warum sollte ich jene ehren, die mich haßt? Das tue ich nimmer, so lange ich lebe.«

Trotzig legte Hagen ein Schwert über seine Knie, eine lichte Waffe. An seinem Knauf leuchtete ein glänzender Jaspis, grüner als Gras. Kriemhild erkannte Siegfrieds Schwert Balmung, sah den goldenen Griff, die Scheide mit roter Borte. Da überfiel sie ein Weinkrampf, und vielleicht war das Hagens Absicht.

Und Volker zog von der Bank seinen Fiedelbogen auf seine Knie; der war stark und lang und sah aus wie ein scharfes, breites Schwert. Nun saßen die beiden Helden furchtlos nebeneinander und dünkten sich so erhaben, daß sie vor niemandem in der Welt, auch keinem Kaiser, aufgestanden wären.

Die Königin faßte sich, trat zornig vor beide und begrüßte sie feindselig:

»Wie konntet Ihr wagen, in dieses Land zu reiten? Wo Ihr doch wißt, was Ihr getan habt! Ihr wärt bei mehr Klugheit besser in Worms geblieben.«

»Nach mir hat niemand gesandt«, entgegnete Hagen, »Etzel hat drei Könige geladen, die sind meine Herren, so bin ich ihr Mann. Noch bei keiner Reise zu Hofe fehlte ich an ihrer Seite.«

»Warum tatet Ihr, weswegen ich Euch hasse?« schrie Kriemhild. »Warum habt Ihr Siegfried erstochen, meinen lieben Mann, hinterrücks? Bis an mein Lebensende muß ich ihn beweinen.«

»Was soll es noch?« erwiderte Hagen, »geredet ist genug; ich bin noch immer Hagen, der den Helden Siegfried erschlug. Wie sehr mußte der Held büßen, daß die Herrin Kriemhild die schöne Brünhild schalt. Ich bekenne, ich allein bin schuld an Eurem Unglück. Nun räche es, wer will. Ich bestreite nicht, ja, ich tat Euch schweres Leid an.«

Nun glaubte Kriemhild, ihre Recken hätten mit eigenen Ohren genug gehört, und rief:

»Nun, Ihr Helden, er leugnet nicht. Auf, Etzels Mannen, laßt ihn für seine Untat büßen!«

Hagen und Volker saßen so entschlossen und kampfbereit, daß Etzels Recken noch keinen Angriff wagten; sie sahen, solche Helden würde es nie wieder geben. Etzels Mannen blickten einander scheu und fragend an.

»Warum starrt Ihr so fordernd?« fragte ein Recke seine Königin, »was ich vorhin gelobte, davon gehe ich ab. Für kein Geschenk lasse ich mein Leben.«

»Böte man mir Türme voll roten Goldes«, warf ein zweiter ein, »schon wegen seiner furchtbaren Blicke zöge ich kein Schwert gegen diesen Spielmann.«

»Ich kenne Hagen aus seiner Jugend«, fuhr ein anderer fort, »wir kämpften zusammen in zweiundzwanzig Schlachten. Keiner kann jene zählen, die von seiner Hand fielen. Mit Walter von Spanien siegte er in mancher Schlacht für Etzel. Schon damals, als Hagen fast noch ein Kind war, wurde er gerühmt. Jetzt ist er grau und klug und grimmig. Und seht, er trägt Balmung, das er von Siegfried erbeutet.«

Als das berühmte Schwert genannt wurde und Etzels Recken es stahlblinkend auf Hagens Knien sahen, zögerten auch die Hitzköpfe unter Kriemhilds Mannen und steckten ihre Waffen weg.

Vor Schmerz und Zorn krampfte sich Kriemhilds Herz zusammen. Die vierhundert hunnischen Recken fürchteten den Tod, kehrten um und schlichen vom Hof.

»Nun sahen wir unsere Feinde«, meinte Volker, »eilen wir zu unseren Königen, dann wagt keiner, sie anzugreifen.« Hagen folgte ihm zu den burgundischen Helden, die noch zum großen Empfang auf dem Hofe standen.

»Wie lange wollt Ihr noch im Gedränge ausharren?« rief Volker laut, »Ihr solltet in den Palast gehen und vom König hören, wie er uns gesonnen ist.«

Da bildete sich ein Zug. Je einer vom Hofe Etzels nahm einen der Gäste bei der Hand. Dietrich von Bern ging mit König Gunter an der Seite. Irnfried von Thüringen führte Gernot. Rüdeger sah man mit Giselher gehen. Wer sich zu wem auch gesellte, Hagen und Volker trennten sich niemals mehr, bis zu ihrem letzten Kampf und Tod.

Außer den Königen gingen tausend tapfere Recken und sechzig Mann aus Hagens Gefolge mit zu Hofe. Hawart und Iring, zwei auserwählte Recken, sah man an der Seite ihres Königs.

Als Gunter mit seinen Begleitern in Etzels Saal trat, erhob sich der Hunnenherrscher von seinem Sessel und begrüßte die Gäste:

»Seid willkommen, Herr Gunter, und auch Herr Gernot und Euer Bruder Giselher. Ich entbot Treue und Freundschaft nach Worms an Euren Hof. Besonderen Gruß Euren zwei Helden Hagen und Volker.«

»Dank für die Botschaft«, erwiderte Hagen. »Wäre ich nicht mit meinen Herren bei Euch, käme ich Euch zu Ehren allein.«

Etzel nahm die Gäste bei der Hand und führte sie zu seinem Herrschersitz. Dann wurde ihnen in weiten goldenen Schalen Met, Maulbeertrank und Wein gereicht.

»Ich gestehe«, sagte König Etzel, »nichts ist mir lieber auf der Welt, als daß Ihr burgundischen Helden bei mir weilt. Auch die Königin befreit Ihr von ihrer Trauer.«

Nicht nur Hagen, auch die Könige hörten aus diesen Worten Hohn. Denn der Tronjer hatte von der Begegnung mit Kriemhild am Palas erzählt.

Am Sonnenwendabend waren die Burgunden mit ihren Recken am Hofe Etzels eingetroffen. Daß Helden in solch einer Weise empfangen wurden, ist nirgends sonst berichtet. Essen und Trinken gab es im Überfluß. Und was die Gäste auch begehrten, war für sie bereit.

32

Hagen und Volker halten Schildwache

Nach der langen Reise und dem üppigen Gelage waren die Recken müde und brauchten Nachtruhe. Auf dem Wege dahin wurden die Burgunden von den Hunnen bedrängt. Volker herrschte sie an: »Was tretet Ihr uns fast auf die Füße! Laßt das, sonst versetze ich Euch mit meinem Fiedelbogen einen kräftigen Hieb, und Eure Frauen haben zu weinen. Geht aus dem Weg!«

Auch Hagen wandte sich um und rief: »Der tapfere Spielmann rät Euch, Ihr Helden Kriemhilds, kriecht in Eure Löcher! Was Ihr im Schilde führt, gelingt nicht. Wenn Ihr etwas wollt, so kommt morgen früh! Gönnt uns Fremden die Nachtruhe!«

Die Gäste wurden in einen weiten Saal gebracht. Dort fanden sie überall lange und breite Betten aufgestellt; kostbar von Arraras gesteppte Decken gab es, gefüttert mit lichtem Samt, Tücher von feinster arabischer Seide, mit leuchtenden Borten besetzt, Bettdecken aus Hermelin und schwarzem Zobel. Nie hat ein König mit seinem Gefolge so prächtig geruht.

»Weh, was für ein Schlafgemach!« rief Giselher, »und wehe meinen Freunden, die mit uns gekommen sind. Wie herrlich bereiteten das Etzel und meine Schwester! Aber ich fürchte, wir müssen darin sterben.«

»Habt keine Furcht«, versuchte Hagen die Recken zu beruhigen, »ich wache heute nacht.«

Die Burgunden verneigten sich dankbar und legten sich schlafen. Hagen begann sich zu waffnen.

»Wenn Ihr erlaubt, Hagen, so halte ich mit Euch bis morgen früh Schildwache.« Hagen dankte seinem Freund:

»Das lohn dir dein Gott im Himmel, viellieber Volker, in der Not wünsche ich mir allein dich zum Gefährten. So lange der Tod mich nicht hindert, werde ich dir beistehen.«

Beide legten ihre glänzenden Rüstungen an, jeder nahm seinen Schild; so traten sie vor die Tür des Saales und wachten. Dann lehnte Volker seinen Schild an die Wand, holte seine Fiedel, setzte sich unter die Tür auf einen Stein und begann zu spielen. Die liebliche Musik erschallte im ganzen Haus, bis auch die sorgenvollen Recken schliefen. Als keiner mehr wach lag, nahm Volker wieder seinen Schild in die Hand und stellte sich vor die Tür.

Um Mitternacht oder kurz davor sah Volker in der Dunkelheit einen Helm blinken und flüsterte: »Vor dem Haus stehen Bewaffnete.«

»So schweigt«, flüsterte Hagen, »laßt sie näher heran.«

Einer der Späher erkannte, daß die Tür bewacht war, und sagte:

»Der Fiedler hält Schildwache, sein Helm glänzt gefährlich, seine Panzerringe leuchten wie Feuer. Auch Hagen ist bei ihm, wir sollten von unserem Vorhaben ablassen.«

Die Hunnen entfernten sich wieder vom Hause. Volker wollte sie verfolgen und zur Rede stellen, aber Hagen hielt ihn zurück: Sie könnten beide in einen Kampf verstrickt werden, die Tür wäre dann ungedeckt, und die Hunnen könnten die Schläfer überfallen.

»Aber laß sie wenigstens merken, daß ich sie gesehen habe, sonst leugnen Kriemhilds Mannen ihre tückische Absicht«, beharrte Volker.

Hagen gab ihm dafür ein Zeichen der Zustimmung.

»Wer schleicht hier in Waffen?« rief Volker spottend. »Reitet ihr tapferen Recken auf Raub? Sollen wir euch helfen?«

Da keiner antwortete, rief Volker: »Pfui, ihr Feiglinge, wollt ihr uns im Schlaf erschlagen? Das hat Recken noch keiner zugemutet.«

Als die Königin erfuhr, daß ihre Mannen auch diesmal nichts ausrichten konnten, wurde sie, nach jüngeren Berichten, sehr zornig. Aber nach alten Erzählungen hat auch Etzel hinter den Anschlägen gesteckt und neue Fäden gesponnen. Wem von beiden welche Tat zuzuschreiben ist, bleibt im Dunkel.

33

Das Kampfspiel

»Mir wird kalt«, sagte Volker in seinem Ringpanzer, »ich glaube, die Nacht vergeht, der Morgen dämmert, ich spüre es am Wind.«

Das Morgenlicht blendete die Schläfer durch die Saalfenster. Hagen weckte die Recken und fragte, ob sie zur Messe gehen wollten. Da begannen einige Helden ihre festlichen Gewänder anzulegen; die waren prächtig, solche hatten Recken noch nie in ein Königsland mitgebracht. Hagen sah das und rief verärgert:

»Werft Rosen und Stirnreif mit Edelsteinen beiseite, greift nach Waffen und Helmen! Laßt Euch sagen, noch heute müssen wir kämpfen. Legt statt Seidenhemden die Halsberge an! Nehmt statt der kostbaren Mäntel breite Schilde! Geht in die Kirche, klagt dem mächtigen Gott Eure Ängste!«

So schritten die Könige mit ihren Mannen zum Münster. Hagen hielt sie an, beisammen zu bleiben, denn keiner wisse, was die Hunnen im Schilde führten. Hagen und Volker gingen voran, denn sie befürchteten, die grimmige Königin könnte sie im Gedränge angreifen lassen.

Auch Etzel kam mit seiner Gemahlin und viel Gefolge; alle waren prächtig gekleidet. Als der König der Hunnen die Burgunden und ihre Recken gewaffnet sah, sprach er:

»Warum gehen meine Freunde unter Helmen? Wollte ihnen jemand etwas antun, kränkte mich das. Sollte etwas geschehen sein, so will ich es vergelten. Was Ihr auch gebietet, ich bin zu allem bereit.«

»Wer sollte uns etwas antun?« erwiderte Hagen. »Bei meinen Herrn ist es Sitte, daß wir zu Festen drei Tage in Waffen gehen. Wäre uns etwas zugestoßen, erführe es der König.«

Kriemhild blickte den Tronjer feindselig an, verriet aber nicht, was tatsächlich im Lande der Burgunden üblich war. Als die Königin mit ihrem Gefolge in das Münster ging, blieben Hagen und Volker an der Tür stehen, wichen keinen Fingerbreit zurück. Kriemhild mußte sich mit ihrem Gefolge wie zwischen Säulen hindurchdrängen; zum Ärger ihrer Kämmerer, aber in Gegenwart Etzels wagten sie keine Beschwerde. Zunächst gab es nur großes Gedränge, sonst geschah weiter nichts.

Nachdem Gott gedient war, begannen Kampfspiele im Hof. Kriemhild setzte sich mit ihren Frauen neben Etzel ins Fenster. Auch Dankwart, der Marschall, kam mit Knappen herbei, um Buhurt zu reiten. Hagen meinte, man solle wie im Burgundenland buhurtieren. Auch die Könige von Worms waren dabei und viele ihrer Recken. Der Lärm vom Kampfspiel scholl über den weiten Hof. Sechshundert Recken Dietrichs preschten auf die Burgunden zu. Aber Dietrich ritt dazwischen und verbot seinen

Mannen, gegen die Burgunden anzutreten. Nachdem Dietrichs Leute abgerückt waren, kamen fünfhundert Mannen Rüdegers von Bechlaren mit Schilden und in Waffen. Auch Rüdeger preschte wohlweislich durch seine Scharen und hielt sie davon ab, mit den aufgebrachten Mannen Gunters zu buhurtieren.

Wie uns erzählt wird, kamen dann die Thüringer und tausend dänische Recken. Endlich ritten die Scharen ineinander. Speere brachen, Splitter flogen durch die Luft. Irnfried und Hawart stürmten in den Buhurt. Die Burgunden lieferten sich mit ihnen auch manchen Zweikampf mit Speeren. Das erfreute Etzel und Kriemhild in ihrem Ausblick. Dann folgte Blödel mit dreitausend hunnischen Recken und stellte sich den Burgunden zum Kampfspiel. Gebrochene Speerschäfte flogen bis hoch über die Wand des Königssaals. Beinahe hätte ein Splitter Kriemhild verletzt.

So viel auch gestochen und gehauen wurde, so laut es auch von den Schlägen dröhnte im Hof, es blieb bei Spiel und großem Getöse. Durch verzierte Samtdecken rann den Pferden blanker Schweiß. Alle, die zuschauten, spendeten den Burgunden Lob und Beifall: sie hätten den Siegerpreis verdient.

Da sahen die Burgunden einen Hunnen anmaßend und selbstgefällig daherreiten wie keinen zweiten, als habe er sich kürzlich verliebt und weibisch herausgeputzt und wolle sogleich um die Hand eines Helden anhalten.

»Wie könnte ich widerstehen, diesen Frauenhelden zu rammen?« meinte Volker.

»Unterlaßt das!« warnte König Gunter, »beginnen wir, haben wir Schuld. Laß die Hunnen anfangen, das fügt sich besser.«

König Etzel und Kriemhild beobachteten das von ihrem Fenster.

»Ich reite in den Buhurt«, rief Hagen, »die edlen Frauen und Recken sollen sehen, wie wir kämpfen. Den Preis bekommen Gunters Mannen sowieso nicht.«

Da preschte Volker im Buhurt gegen den Schönling und bohrte ihm den Speer durch den Leib. Sofort jagte Hagen mit seinen sechzig Recken an die Seite des Spielmannes. Auch die drei Könige deckten ihn mit ihren Mannen. Schon waren tausend burgundische Recken auf dem Platz.

Verwandte des Durchbohrten klagten und riefen nach Rache für ihren Markgrafen. Dessen Mannen wollten nun Volker töten. Etzel hatte alles gesehen und eilte hinunter in den Hof, riß einem Verwandten des Gefallenen das Schwert aus der Hand und trieb die Rachelüsternen beiseite.

»Erschlügt Ihr den Spielmann, würde meine Königspflicht verletzt!« rief Etzel. »Ich sah, er stach ohne Absicht, sein Pferd strauchelte.«

Etzel gab dann den Gästen das Geleit und lud sie zu Speise und Trank in den Festsaal der Burg.

Nachdem ihre Recken erneut versagt hatten, wandte sich Kriemhild an die Fürsten und nahm bei der Tafel zunächst Dietrich beiseite:

»König von Bern, ich suche deinen Rat, deine Hilfe, deinen Beistand.«

»Wer die Burgunden angreifen will, tue das ohne mich«, kam Hildebrant, der nicht von Dietrichs Seite wich, ihm zornig zuvor, »behalte deine Schätze, noch stehen die Helden unbezwungen.«

Nach alten Berichten bot die Königin Dietrich viel mehr:

»Ich gebe dir so viel Gold und Silber, wie du selbst festsetzt. Willst du über den Rhein vorstoßen, um dich an deinen Feinden zu rächen, stehe ich dir bei.«

»Mächtige Königin, laßt diese Bitten!« entgegnete Dietrich von Bern, »deine Verwandten taten mir nichts; die Burgunden sind meine besten Freunde. Meine Hand wird Siegfried nicht rächen.«

Nach alten Berichten wandte sich Kriemhild dann an Etzel: »Wo sind die Wagen voll Gold, die meine Brüder uns mitbrachten?«

»Ich habe keine gesehen.«

»Mein König, wer wird Siegfrieds Tod rächen?« bedrängte Kriemhild ihren Gemahl. »Tue du es aus Liebe, und du erhältst den ganzen Nibelungenhort.«

»Deine Rache ehrt dich. Aber deine Brüder genießen meine Gastfreundschaft.« Nach jüngeren Erzählungen wies Etzel Kriemhild ab; sie loben ihn als König ohne Argwohn und Hintergedanken, nennen ihn mild und friedfertig, ohne die Absicht, den unermeßlichen Hort zu erlangen. Dies scheint uns eine Beschönigung zu sein.

Wie weltfremd wäre ein Herrscher, ließe er sich den unermeßlichen Schatz entgehen? Aber so wie Kriemhild den Saal für ihre Verwandten mit Hermelin und Zobel schmückte, begrüßte der mächtige Etzel die Schwäger mit besonderen Ehren. Kriemhilds Bitte, ihre Brüder offen anzugreifen, würde er nicht folgen, aber heimlich seinen Bruder Blödel einweihen. Und als Kriemhild sich an diesen wandte, wußte der um die Absicht des Königs.

»Herr Blödel, Ihr müßt mir helfen, in diesem Hause sitzen meine Feinde. Sie haben meinen Mann erschlagen. Wer mir das zu rächen hilft, dem werde ich immer untertan sein.«

»Nun, Herrin, Ihr wißt, gegen Etzels Willen kann ich nichts tun«, wandte Blödel zunächst ein, »das würde der König mir nie verzeihen.«

Vielleicht vermutete Kriemhild List hinter Blödels Weigerung und versprach:

»Darum sorget nicht, Herr Blödel. Ich würde dir immer ergeben sein, erhältst zum Lohn Gold und ein schönes Mädchen. Naudungs Verlobte, die magst du gern in Liebe umarmen. Land und Burgen gebe ich dazu. Gewinnst du die Grenzmark, in der einst Naudung herrschte, lebst du in Freuden. Das alles gelobe ich dir.«

Als Blödel den Preis erfuhr, vor allem das herrliche Mädchen, fiel er in Kampfesfieber. Vielleicht lockte ihn doppelter Lohn; denn auch Etzel wird seinem Bruder einen Teil des Hortes versprochen haben.

»Geht wieder in den Saal«, bat Blödel die Königin, »bald hört Ihr Kampflärm. Für seine Tat soll Hagen büßen. Ich werfe Euch den Mörder gebunden vor die Füße.«

Blödel hieß seine Mannen sich waffnen.

Kriemhild ging wieder an den Tisch des Königs und ließ ihren Sohn holen.

Vier Mannen trugen Ortlieb, den jungen König, an den Tisch Etzels, an dem auch Hagen saß.

Als der König seinen Sohn erblickte, sagte er zu seinen Schwägern:

»Nun seht, meine Freunde, das ist mein einziger Sohn und der Eurer Schwester. Gerät er nach Eurem Geschlecht, wird er ein kühner Held, edel und mächtig, schön und stark. Lebe ich noch eine Weile, bekommt er zehn Länder, dann mag der junge Ortlieb Euch nützlich sein. Wenn Ihr wieder an den Rhein reitet, könntet Ihr ihn mit nach Worms nehmen und zu einem tapferen, ehrbaren

Recken erziehen. Ist er erwachsen, könnte er Euch im
Kampf gegen Eure Feinde helfen.«

Wie Kriemhild diese Worte aufnahm, wissen wir nicht.
Vielleicht hielt Hagen sie für tückisch und erwiderte deshalb:

»Da müßte Ortlieb zum Manne heranwachsen. Aber
wie ich sehe, ist der junge König eher vom Tode gezeich-
net.«

Etzel blickte Hagen furchtbar an und strafte ihn durch
kaltes Schweigen. Was nahm sich der Untergebene Gunters heraus! Und die Könige vom Rhein gaben sich zwar
gekränkt, aber Widerspruch ist nicht überliefert. Das wird
Etzel noch mehr gegen die Burgunden aufgereizt haben.
Noch wußte keiner, was Hagen weiter anstiften würde.

34

Die burgundischen Knappen werden überfallen

In der Herberge der Knappen saß deren Marschall Dank-
wart mit seinen Recken und Knechten zu Tische. Da trat
Blödel mit einigen seiner Mannen ein und wandte sich an
Dankwart, der ihn freundlich empfing:

»Willkommen hier im Hause, mein Herr Blödel, mich
wundert nur, wieso Ihr so hereinstürmt.«

»Du brauchst mich nicht zu grüßen«, erwiderte Blödel.
»Daß ich zu dir eindringe, wird dein Ende sein. Dein Bruder Hagen hat Siegfried erschlagen.«

»Nein, Herr Blödel«, entgegnete Dankwart, »wie müßten wir unsere Fahrt zum Hofe Etzels bereuen. Ich war

nicht auf jener Jagd, bei der Siegfried zu Tode kam. Warum sollte Kriemhild sich an mir rächen?«

»Mehr weiß ich nicht«, sagte Blödel, »deine Verwandten taten es, Gunter und Hagen. Nun wehrt euch, fremde Recken!«

»Wollt Ihr davon nicht ablassen«, empörte sich Dankwart, »dann reut es mich, daß ich freundlich zu Euch war.« Blitzschnell sprang der Held von seinem Tische auf, zog sein scharfes Schwert und schlug, ehe Blödel sich wehren konnte, ihm den Kopf ab, daß der vor dessen Füße rollte.

»Das ist deine Morgengabe für Naudungs Braut«, spottete Dankwart, »morgen mag sie einen anderen nehmen.« Ein getreuer Hunne hatte ihm verraten, was die Königin im Schilde führte.

Als Blödels Mannen sahen, daß ihr Herr ohne Kopf im eigenen Blute lag, zogen sie ihre Schwerter und sprangen mit grimmigem Haß gegen die Knappen.

»Ihr seht, Knappen, was geschieht, nun wehrt euch, wie ihr könnt!« rief der Marschall.

Wer kein Schwert erreichen konnte, zog unter den Tischen schwere Schemel hervor und schlug den Hunnen Beulen in Helme und Köpfe. Wild kämpfend setzten sich die überraschten Knappen zur Wehr und trieben die bewaffneten Hunnen aus dem Haus. Aber fünfhundert und mehr blieben drinnen tot zurück. Von deren Blut waren viele Burgunden bespritzt. Aber die Feinde gönnten den Knappen keine lange Pause. Als die Hunnen vom Tode Blödels und seiner Mannen erfuhren, stürmten bald zweitausend und mehr haßerfüllt und gut bewaffnet in die Herberge der Knappen. Diesen Scharen waren die Knappen nicht gewachsen. Obwohl sie, schlecht bewaffnet, sich

tapfer wehrten und zahllose Hunnen erschlugen, fielen sie
alle gegen die Übermacht. Nun hört das Ungeheuerliche:
Neuntausend Knappen lagen erschlagen, dazu neun edle
Recken Dankwarts.

Als der letzte gefallen war, legte sich der Kampflärm –
es herrschte einige Augenblicke Stille. Der Held Dankwart blickte sich über die Schulter nach seinen Kämpfern
um und rief:

»O weh, ich habe meine Freunde verloren! Nun stehe
ich allein unter meinen Feinden!«

Kaum hatte er die Worte gesprochen, mußte er sich
wieder gegen Schwertschläge decken, hielt seinen Schild
höher und hieb mit seinem Schwert gegen manchen
Brustpanzer, daß dessen Träger zu Boden ging.

»Weicht zurück, ihr Hunnen!« rief Dankwart, »mir ist
heiß vom Kampf, laßt mich an die kühle Luft!«

Da bildete die Schar der Feinde eine Gasse und ließ den
Helden ins Freie schreiten. Jene Hunnen draußen, die ihn
noch keine Schädel spalten sahen, sprangen gegen ihn an.
Der Lärm ihrer Schwerter dröhnte auf seinem Helm.

»Hätte ich einen Boten«, erscholl Dankwarts Stimme,
»der meinem Bruder zuriefe, wie ich hier bedrängt werde,
Hagen würde mich heraushauen oder neben mir fallen!«

»Du wirst selber Bote sein«, kreischten die Hunnen,
»wenn wir deine Leiche deinem Bruder vor die Füße werfen.«

»Haltet euer Großmaul, macht den Weg frei, sonst wird
es gleich da unten Blut saufen, während der Panzer euch
noch aufrecht hält.« Dankwart köpfte noch einige, dann
wahrten sie Abstand und schossen aus sicherer Entfernung so viele Speere in seinen Schild, daß er ihm, so be-
schwert, aus der Hand sank.

Nun glaubten die Hunnen den Marschall zu bezwingen, aber ungedeckt schlug er um so heftiger um sich. Als die Feinde wieder von beiden Seiten gegen ihn vorsprangen, wich er vor ihnen aus wie ein Eber im Wald vor einer Hundemeute. Bis er den Aufgang zum Königssaal erkämpfte, wurde sein Weg immer wieder von heißem Blut getränkt. Truchsessen und Schenke, vom Lärm der Schwerter aufgeschreckt, warfen Speisen und Getränke von sich und liefen davon. Wächter sperrten die Treppe zum Saal.

»Schleppt nur eure Speisen«, rief Dankwart, »aber laßt mich meinen Königen berichten!« Wer sich ihm dennoch in den Weg stellte, den vertrieb er oder hieb ihn nieder, bis er endlich kampfmüde und mit bluttriefender Rüstung in die Saaltür trat.

35

Der Kampf im Saal

»Verrat! Bruder Hagen!« rief Dankwart, »Ihr tafelt hier beim Wein, und draußen liegen alle unsere Knechte erschlagen!«

Der Lärm des Festes erstarb.

»Wer hat das getan?« erscholl Hagens Stimme.

»Blödel und seine Mannen!« schrie Dankwart zurück. »Aber er büßte es mit seinem Kopf.«

Im Saal herrschte nun Totenstille.

»Es ehrt einen Recken, von der Hand eines Helden zu fallen«, rief Hagen, »aber sagt mir, Bruder, wovon seid Ihr so rot, blutet Ihr?«

»Was von meiner Rüstung rinnt, ist das Blut anderer Männer. Und sollte ich schwören, die Zahl der Erschlagenen kann ich nicht zählen.«

»Bruder Dankwart, versperre die Tür, kein Hunne kommt aus dem Saal! Wegen der Knappen stelle ich Etzels Leute zur Rede.«

Dankwart stand in der Tür, naßrot Helm und Brünne, und zückte sein Schwert, das nicht mehr blank war, weil von ihm Blut tropfte. Die Hunnen im Saal raunten und wandten sich feindselig gegen diese Drohung.

»Kriemhild verwindet nicht Siegfrieds Tod«, rief der Tronjer, »das weiß ich seit langem. Auch ihm zu Ehren trinken wir Etzels Wein. Sein Sohn sei der allererste.«

Und ehe einer am Tische einschreiten konnte, zog Hagen das Schwert Balmung und schlug Ortlieb den Kopf ab; der sprang Kriemhild in den Schoß. Und sein Blut floß am Schwert entlang auf Hagens Hände.

Dann bedachte Hagen den Erzieher des jungen Königs mit einem solchen Hieb, daß dessen Kopf über den Tisch rollte. Darauf schlug er in seinem Zorn noch dem Spielmann Wärbel die rechte Hand ab.

»Für deine Botschaft, die du nach Worms brachtest!« rief der Tronjer.

»Weh mir, meine Hand«, klagte der Spielmann, »was habe ich Euch getan? Ich kam aus Treue nach Worms. Wie soll ich nun ohne Hand die Saiten schlagen?«

Etzel sprang auf und rief: »Meine Recken, macht die Burgunden nieder!«

Ein grausiges Morden begann. Kampflärm und Schreien erfüllte den Saal. Hunnen und Burgunden fielen übereinander her. Von seinem Tisch sprang der Spielmann aus Worms auf und ließ seinen Fiedelbogen erklingen, schlug ungefüge Töne auf Helmen und Panzern der Hunnen. Auch die drei Könige sprangen von ihren Sitzen auf und versuchten, ehe noch mehr Blut floß, den Kampf zu beenden. Aber Hagen und Volker wüteten bereits zu sehr unter den Hunnen. Da zog König Gunter selber sein Schwert und hieb den Feinden tiefe Wunden. Gernot brachte mit der Waffe, die Rüdeger ihm geschenkt hatte, manchem Hunnen den Tod. Aber so tapfer auch die zwei Könige und ihre Recken kämpften, Giselher übertraf sie alle; von ihm gefällt, sanken die meisten Gegner zu Boden. Auch die Mannen Etzels wehrten sich tapfer und streckten viele burgundische Recken nieder.

Bei Dankwart, der die Tür versperrte, klirrten Schwerter und Helme so laut, daß Hagen um ihn fürchtete und Volker zurief:

»Freund Volker, rettet meinen Bruder!«

»Das tue ich gern!« antwortete er, schwang seinen Fiedelbogen, daß es laut auf den Helmen und Panzern der Hunnen klirrte. So kämpfte er sich mit den Klängen seiner Musik bis zur Tür durch und versperrte mit seinem Schwert den Saal, während der kampfmüde Dankwart die äußere Tür schützte und keine Feinde zum Entsatz hereinließ.

»Die Tür ist verschlossen!« schrie Volker über die Köpfe der Kämpfer, »Freund Hagen, so sicher, als legten zwei Helden tausend Riegel vor!«

Als Hagen die Tür so gesichert sah, warf er den Schild auf den Rücken und begann, sich für den Tod der Knappen erst recht an den Feinden zu rächen.

Dietrich von Bern sah, wie Hagen wütete und mit Balmung Helm um Helm spaltete, da sprang er auf eine Bank und rief:

»Hagen schenkt uns allen tödlichen Wein aus!«

Vor Etzels Augen fielen viele seiner Freunde, da fürchtete er für sein eigenes Leben. Was half ihm, daß er König war?

Die bedrohte Kriemhild rief Dietrich zu:

»Hilf mir, edler König, du Hort der Tugenden. Wenn Hagen mich erreicht, wird er mich töten!«

»Wie soll ich Euch schützen, edle Königin?« erwiderte Dietrich. »Ich bin selbst bedroht, Gunters Mannen sind so erzürnt, auch ich kann keinen Frieden mehr stiften.«

»Edler Dietrich, beweise deine Größe, hilf mir hier heraus, oder ich sterbe!« So nah glaubte sich Kriemhild dem Tode noch nie.

»Ich versuche Euch zu helfen«, versicherte Dietrich. »Seit langem schlugen keine Helden so unerbittlich drein. Wohin ich blicke, springt Blut durch zerschlagene Helme.«

Dietrich reckte sich, auf einer Bank stehend, und brüllte mit solcher Urkraft, daß es wie das Horn eines Wisents durch die Burg dröhnte; auch an Stimme übertraf Dietrich alle.

Trotz Kampflärm und Geschrei hörte König Gunter ihn und rief:

»Das ist Dietrich. Verlor er Recken durch uns? Er winkt auf einem Tisch. Burgunden, brecht den Kampf ab! Laßt uns sehen, was wir ihm angetan.«

Die Mannen hörten auf ihren König und ließen mitten im Gemetzel die Schwerter sinken.

»Fiel einer Eurer Leute durch uns?« rief Gunter. »Ich will es gern sühnen.«

»Mir ist nichts geschehen«, erwiderte Dietrich, »gewährt mir Frieden, laßt mich mit meinen Mannen aus dem Saal, dafür sichere ich Euch immer Beistand zu.«

Wolfhart, ein Recke Dietrichs, widersetzte sich und wollte gegen Volker den Ausgang freikämpfen. Aber der König der Amelungen gebot ihm zu schweigen.

Kampfgetöse und Schwerterklirren nahmen ab. Die Recken lauschten in der Kampfpause auf das Wort ihrer Könige.

»Ich erlaube es Euch!« rief Gunter, »führt aus dem Hause, wen ihr mögt, nur meine Feinde, die bleiben hier. Die Hunnen haben meine neuntausend Knechte und neun Recken erschlagen.«

Dietrich hörte dies, nahm die Königin an einen Arm, an den anderen König Etzel und verließ mit seinen sechshundert Amelungen den Saal.

»Dürfen auch andere, die Euch ergeben sind, aus dem Hause?« fragte Markgraf Rüdeger. »Guten Freunden sollte man Frieden gewähren.«

»Ihr und Eure Mannen seid uns treu verbunden«, antwortete Giselher, »wir gewähren Euch Frieden, Sühne und freien Abzug.«

Mit Rüdeger verließen fünfhundert und mehr seiner Recken den Saal. Bald sollte von ihnen Gunters Mannen großer Schaden zugefügt werden.

Ein Hunne sah seinen König an Dietrichs Seite durch die Tür gehen und wollte mit vorbeihuschen, da versetzte der Spielmann ihm einen solchen Schlag, daß sein Kopf Etzel vor die Füße flog.

Als der Hunnenkönig vor seinen Saal gelangt war, wandte er sich um und sah Volker an:

»Weh über solche Gäste«, klagte er, »sollen alle meine Recken von seiner Hand sterben? Wehe über dieses Fest. Da ficht einer im Saal wie ein wilder Eber, und ist doch ein Spielmann; seine Bogenstriche sind rot, seine Töne töten. Noch nie hatte ich einen so furchtbaren Gast!«

Nachdem der letzte, dem es erlaubt war, den Saal verlassen hatte, erhob sich drinnen erneut gewaltiger Kampflärm. Die Burgunden rächten sich weiter. Volkers Fiedelbogen tanzte wieder auf Helmen und Panzern, und Hagen zerschnitt Brünnen und Schilde. Der Kampf währte so lange, bis der letzte Hunne im Saal getroffen war und sich nicht mehr rührte. Erst dann legten die Burgunden ihre Schwerter aus den Händen, und es trat eine große Stille ein.

36

Die Toten werden aus dem Saal geworfen

Die vom Kampf ermüdeten Burgunden wollten sich setzen und ruhen. Aber weil überall Tote lagen, war kein Platz. Und als Hagen und Volker vor den Saal traten, sich übermütig auf ihre Schilde lehnten und klug redeten, rief Giselher:

»Ehe wir ruhen, räumt die Toten aus dem Saal. Bevor die Hunnen uns im Sturm überwältigen, werden wir ihnen noch viele Wunden schlagen, aber die Leichen sollen uns nicht behindern.«

»Wohl dem Manne, der solch einen Herrn hat!« meinte Hagen.

Die Burgunden folgten dem Rat, trugen siebentausend Tote vor die Tür und warfen sie die Saaltreppe hinunter. Mancher war nur mäßig verwundet und wäre gesund zu pflegen gewesen, verlor aber durch den hohen Fall gänzlich das Leben.

Darüber klagten die Hunnen laut, was den Spielmann reizte. Statt wie Weiber zu plärren, sollten sie sich lieber um ihre Verwundeten kümmern, meinte er. Ein Markgraf nahm das als Aufforderung und umschloß einen verletzten Verwandten mit den Armen, um ihn fortzutragen. Da durchbohrte der Spielmann ihn mit einem Speer.

Alle verfluchten Volker und flüchteten. Er nahm einen Speer, den die Hunnen in den Saal geschleudert hatten, und schoß ihn mit ungeheuerer Kraft über die Scharen der Hunnen, die daraufhin noch weiter zurückwichen. Zu Tausenden standen sie nun in einiger Entfernung vom Saal, in ihrer Mitte König Etzel und Kriemhild.

Hagen reizte den König der Hunnen:

»Für einen Herrscher geziemt sich, an der Spitze seines Heeres zu kämpfen wie meine Könige.«

Der zornige Etzel griff zu seinen Waffen.

»Wenn Hagen Euch erreicht, ist das Euer Tod«, wollte Kriemhild ihn zurückhalten.

Aber Etzel fühlte seine Königsehre verletzt und wollte kämpfen. Gefährten mußten ihn am Schildriemen zurückziehen. Obwohl er sich das als König hätte verbitten können, ließ er es zu. Ob sein Kampfeifer nur vorgetäuscht war, wird nicht berichtet.

Daraufhin höhnte Hagen weiter gegen Etzel:

»Vor dir war Siegfried Kriemhilds Geliebter! Boshafter König, warum bist du mir feind?«

Nach dieser schweren Schmähung vor seinen Mannen ließ Etzel seinen Schild los, trat wieder einige Schritte vor und rief:

»Ihr raubtet die Morgengabe meiner Königin. Jenen Hort, der ihr eigen, habt Ihr im Rhein versteckt. Diesen Schatz fordere ich.«

Auch Kriemhild geriet über Hagens Schelte in Zorn und rief:

»Wer mir Hagens Kopf vor die Füße wirft, dem fülle ich Etzels Schild mit rotem Golde und belohne ihn mit starken Burgen und Ländereien.«

»Nie sah ich Helden so jämmerlich!« spottete Hagen. »Bei so hohem Lohn! Sie essen des Königs Brot, kriechen aber in seiner höchsten Not feige weg. Diese Schande werden sie nie los.«

Da kam Unruhe in Etzels Scharen. Und Markgraf Iring von Dänemark rief:

»Ich siegte in vielen Schlachten und lebe für meine Ehre. Bringt mir meine Waffen, ich werde Hagen bezwingen!«

»Ich rate dir ab«, entgegnete Hagen, »aber willst du es doch, dann halte mir die Hunnen fern.«

»Ich kämpfe allein mit dem Schwert gegen dich«, beteuerte Iring und waffnete sich. Aber mit ihm taten das Irnfried von Thüringen, ein kühner Jüngling, der vielstarke Hawart und wohl noch tausend Mannen, die ihm beistehen wollten.

Der Spielmann sah Iring mit seiner großen Schar Gewaffneter, die Helme festgebunden, und rief zornig:

»Geziemt sich für einen Helden so zu lügen? Tausend oder mehr kommen mit Euch!«

»Was ich gelobte, will ich leisten«, erwiderte Iring. »Ich habe keine Furcht. So schrecklich Hagen auch ist, ich will allein gegen ihn antreten.« Iring bat seine Mannen so lange, bis sie nachgaben und zurückblieben.

Dann reckte Iring seinen Speer, deckte sich mit seinem Schild, stürmte so hinauf vor den Saal; dann begann der Lärm des Kampfes. Beide schleuderten mit kräftiger Hand die Speere, die durchbohrten ihre derben Schilde und prallten auf ihre Rüstungen, daß die Speerschäfte durch die Luft wirbelten. Dann griffen die beiden Helden grimmig zu ihren Schwertern. Obwohl Hagen tapfer kämpfte, hieb Iring so auf ihn ein, daß das ganze Haus erdröhnte und die Schläge in Palas und Türmen widerhallten. Aber da er gegen den Tronjer nichts auszurichten vermochte, ließ er ihn unverwundet stehen und griff den Spielmann an. Doch dem gelang es, die harten Schläge abzuwehren und dann zu einem Hieb auszuholen, der Irings Schildspangen umherfliegen ließ. Da Iring ihn für einen üblen Mann hielt, wandte er sich von ihm ab und lief gegen Gunter an. So heftig dann Iring und Gunter einander angriffen, keiner brachte dem anderen Wunden bei; beider starke Rüstungen bewahrten sie davor. Dann ließ Iring auch von König Gunter ab und griff Gernot an, daß Feuer aus seinen Panzerringen sprühte. Aber als Gernot Iring zu erschlagen drohte, sprang der gewandt davon und erschlug rasch vier Burgunden.

Nie sah man Giselher zorniger, denn es waren seine Leute.

»Herr Iring«, rief er, »dafür müßt Ihr büßen«, und versetzte ihm einen solchen Schlag, daß er ins Blut der eben Erschlagenen stürzte. Man meinte, der Held sei tot. Aber Iring war von der Wucht des Hiebes nur betäubt. Als seine Sinne langsam zurückkehrten, dachte er, ich lebe und bin ohne Wunden, nun erst weiß ich, was Giselher für ein großer Held ist. Iring hörte die Feinde über sich und sann darüber nach, ihnen zu entfliehen. Wie ein Tobsüchtiger sprang er aus dem Blute hoch, entkam nur dank seiner Schnelligkeit, lief aus dem Haus und traf am Tor auf Hagen. Beschützt dich nicht der böse Teufel, bist du des Todes, dachte der. Dennoch schlug Iring ihm mit seinem

Schwert Waske durch den Helm eine Wunde. Als Hagen
das spürte, hieb er so wütend auf Iring ein, daß der, den
Kopf mit seinem Schild gedeckt, davor die Treppe hinunter floh. Und wäre die Treppe dreimal so lang gewesen,
der ihn verfolgende Hagen hätte ihn keinen einzigen
Schlag tun lassen. Rote Funken stoben aus Irings Helm!
Wohlbehalten entkam er zu seinen Leuten.

Kriemhild nahm ihm selbst den Schild aus der Hand
und dankte ihm:

»Hagens Panzer ist rot von Blut, das tröstet mich.«

»Wartet mit Eurem Dank«, rief Hagen ihr von der Tür
der Halle her zu, »versuchte er es erneut und kehrte heil
zurück, ja dann wäre er ein kühner Recke. Die kleine
Wunde reizt mich erst recht, ihn zu erschlagen.«

Im Wind kühlte Iring mit abgebundem Helm seinen
Ringpanzer. Seine Mannen rühmten, daß er den Tronjer,
der mit Balmung kämpfte, verwundet hatte. Das reizte ihn
wieder zum Kampf. Für seinen zerhauenen Schild ließ er
sich einen dickeren reichen. Besser gewaffnet nahm er aus
Haß gegen den Tronjer einen stärkeren Speer und lief erneut gegen Hagen an. Der kam mordgierig die Treppe herunter, konnte den Angriff kaum erwarten und schoß seinen
Speer gegen den Dänen. Obwohl der stark war und beide
so auf die Schilde hieben, daß feuerrote Funken stoben, gelang dem Tronjer beim Schwertkampf, Iring durch dessen
Brünne hindurch zu treffen. Nach seiner Verletzung hob
Iring den Schild höher. Aber Hagen begnügte sich nicht
mit der Verwundung, sondern hob seinen Speer auf und
schoß ihn so, daß Iring die Stange aus dem Kopf ragte. So
floh Iring zu den Dänen. Ehe man ihm den Helm abneh-
men konnte, mußte man ihm den Speer aus dem Kopf rei-
ßen. Irings Verwandte weinten über seinen nahen Tod.

Die Königin beugte sich über ihn und beklagte seine Wunden.

»Was helfen Eure Tränen«, stöhnte Iring, »ich muß doch sterben.« Dann wandte er sich an die Dänen und Thüringer: »Wer gegen Hagen antritt, wählt den Tod.« Irings Gesicht wurde fahl, ein Zeichen seines nahen Endes.

Nun mußten die Dänen in den Kampf eintreten. Irnfried und Hawart stürmten mit tausend Mann gegen die Halle. Der Thüringer griff den Spielmann an, doch der hieb ihn durch den starken Helm, und tödlich verletzt führte Irnfried noch furchtbare Schläge gegen Volker, daß dem Spielmann Feuer aus der Brünne stob. Dann sank der Thüringer tot zu Volkers Füßen.

Nun kämpften Hagen und Hawart gegeneinander. Obwohl der Däne sehr tapfer focht, kam er nicht gegen den Tronjer an und wurde von ihm erschlagen. Als die Dänen und Thüringer sahen, daß ihre Herren gefallen waren, begann vor dem Hause ein furchtbares Gemetzel.

»Weicht aus und laßt sie herein!« rief Volker, »drinnen machen wir sie in kurzer Zeit nieder!«

Als die Angreifer übermütig in den Saal stürmten, wurde vielen Hände oder Füße oder gar der Kopf abgeschlagen, manche wurden in zwei Stücke gehauen. Tausend und vier drangen in den Saal ein. Alle fielen durch die burgundischen Helden. Dann verstummte der Kampflärm. Und es trat solche Stille ein, daß man nicht nur die Vögel singen, sondern auch das Blut rinnen und aus dem Abflußstein plätschern hörte.

Die Burgunden legten ihre Schwerter und Schilde beiseite und setzten sich zur Ruhe nieder. Nur der Spielmann wachte vor der Tür.

»Nun bindet die Helme ab«, sagte Hagen, »ich und mein Gefährte werden wachen.«

Die Burgunden taten das und setzten sich auf die Toten, die in ihrem Blute lagen.

37

Der Mordbrand

König Etzel und Kriemhild klagten über ihre Gefallenen. Frauen und Mädchen rauften sich die Haare aus Schmerz und Verzweiflung. Nun sammelte das hunnische Königspaar wohl zwanzigtausend Recken für den Sturm auf den Saal. Als sie anrückten, sprang Dankwart, der bei seinen Königen stand, zur Tür und versperrte den Feinden den Zutritt. Viele Burgunden fielen, aber weit mehr Hunnen. Dieser große Mord geschah zur Sonnenwendzeit. Und der Kampf währte, bis der Tag zerrann; und als die Nacht hereinzubrechen begann, dachten die Burgunden, statt langer Qualen wäre ein kurzer Tod besser. So baten die Gäste um Frieden und wollten mit König Etzel sprechen.

Der Hunnenherrscher und Kriemhild traten vor ihre Mannen, deren Zahl durch Zuzug aus ihrem Lande ständig wuchs. Etzel sprach zu den Burgunden:

»Solange ich lebe, gibt es keine Gnade. Ihr erschlugt meinen Sohn und viele meiner Verwandten. Deshalb verwehre ich Euch ewig Friede und Sühne.«

»Uns zwang große Not«, beteuerte König Gunter, »Ihr ließet meine neuntausend Knappen erschlagen. Womit habe ich das verdient? Wir kamen zu dir im Vertrauen. Aber Ihr habt den Kampf begonnen.«

»Recken Etzels, was habe ich euch getan?« pflichtete Giselher bei, »ich ritt als Freund in euer Land.«

»Laßt uns den Kampf durch Sühne beenden, das wäre gut für beide Seiten«, verlangte König Gunter erregt, »was Etzel uns hier antut, haben wir nicht verschuldet.«

»Unser und Euer Leid sind viel zu ungleich«, beharrte Etzel, »Ihr habt mir weit mehr angetan.«

»Laßt uns hinausgehen und erschlagt uns im Freien«, bat Gernot, »das gereichte Euch zur Ehre.«

Einige Anführer der Hunnen wollten die Belagerung des Saales aufgeben, aber andere rieten davon ab, wie auch Kriemhild:

»Laßt ihr die Mordrächer aus dem Saal, fielen bald alle eure Verwandten. Kühlten meine Brüder im Wind ihre Rüstung, so wärt ihr alle verloren.«

»Vielschöne Schwester, o wäre ich deiner Einladung nie gefolgt«, sagte Giselher »immer stand ich dir bei, womit habe ich hier den Tod verdient? Gewähre uns Gnade, anderes darfst du nicht zulassen.«

»Hagen fügte mir bitterstes Leid zu. Solange ich lebe, gibt es dafür keine Sühne. Liefert mir Hagen als Geisel aus, dann rede ich mit den hunnischen Helden wegen eurer Sühne.«

Von den Burgunden war Hohn zu hören.

»Wären auch tausend unserer Sippe im Saal eingeschlossen«, erwiderte Gernot, »lieber lägen wir alle tot, als daß wir auch nur einen einzigen Mann als Geisel auslieferten.«

»Sterben müssen wir doch«, sagte Giselher, »ich breche keinem Freund die Treue.«

»Mein Bruder Hagen steht nicht allein«, erklärte Dankwart. »Wer uns den Frieden verwehrt, dem wird das noch leid tun.«

»Und verließe ich gegen Euren Willen den Saal?« reizte Hagen seine Könige und Etzel, »kämpfte, solange ich Balmung führen kann, allein gegen das Heer der Feinde? Dann würde den Burgunden Sühne gewährt.« Hagen trat drei Schritt vor.

Die Burgunden murrten und argwöhnten eine neue List Hagens.

»Kriemhild wäre damit Genüge getan, nicht aber mir«, gebot König Etzel Einhalt, »Ihr erschlugt nicht nur meinen Sohn und viele Verwandte. Noch immer verweigert Ihr uns den Hort. Bis der herbeigeschafft ist, fordere ich die drei Könige als Geiseln.«

»Der Hort ist so tief versenkt, den kann keiner mehr heben«, erwiderte Gunter.

»Der Schatz ist unermeßlich«, fügte Giselher hinzu, »wer ihn besitzt, hat Macht über die Welt. Wer wollte die einem König anvertrauen? Damit sie keiner mißbrauche, haben wir sie allen entzogen, auch uns selbst.«

»Ersann Hagen diese List?« rief Etzel. »Versenktet Ihr den Hort für immer, wärt Ihr keine Herrscher. Er muß auf unsere Burg.«

»Ein burgundischer König bei Euch gefangen?« höhnte Giselher, »eher stürze ich mich in mein Schwert.«

Dieser Streit mit Etzel wird zwar nicht berichtet, könnte sich aber so zugetragen haben.

Nun rüsteten sich Etzels Recken zum Sturm auf den Saal und schlossen das Gebäude ein. Burgunden, die noch draußen standen, wurden mit Schwertern und Speerwürfen hineingetrieben. Dann wurde der Saal an allen vier

Ecken angezündet. Wind fachte die Flammen an. Bald brannte das Dach lichterloh. So wurden die Burgunden mit Feuer überzogen.

»O weh, diese Hitze!« riefen manche, »lieber fiele ich im Feuer des Kampfes!«

»Bald liegen wir tot!« klagte ein anderer. »Mich plagt Durst. Das halte ich nicht aus.«

»Wenn wir verdursten, können wir nicht kämpfen. Die Not zwingt uns, Blut zu trinken, das ist in der Hitze besser als Wein.« Sogleich wurde Hagens Rat befolgt.

Ein Recke beugte sich über einen Gefallenen, nahm ihm den Helm ab und schlürfte aus seiner Wunde das rinnende Blut. Dann sagte er:

»Daß ich nach Eurem Rat so wohl getrunken habe, lohne Euch Gott. Selten wurde mir besserer Wein ausgeschenkt.« Als die anderen hörten, wie gut das dem Recken bekam, tranken so noch viele und gewannen neue Kräfte.

Inzwischen stürzten brennende Balken in den Saal, es regnete Glut, Funken stoben heißer als vom schärfsten Kampf. Die Recken deckten sich mit ihren Schilden. Aber Rauch und Hitze bereiteten große Qualen. Als das Dach einstürzte, rief Hagen:

»Stellt Euch an die Wände, laßt nichts Brennendes auf Eure Helmbänder fallen, tretet es ins Blut der Saalmitte!«

So verging die Nacht. Hagen und der Spielmann hielten wieder Schildwache.

»Gehen wir in den Saal«, meinte Volker, »dann glauben die Hunnen, wir seien in der Hitze umgekommen.«

»Es tagt langsam, ein kühler Wind hebt an«, war eine Stimme zu hören.

»Meine Schwester Kriemhild bereitet uns ein arges Fest«, meinte einer der Könige.

»Jetzt spüre ich den Tag«, sagte ein anderer, »Helden, waffnet euch.«

Etzel war sich nicht sicher, ob die Burgunden verbrannt oder durch den Rauch erstickt wären. Aber im Saal überlebten sechshundert Recken. Nie besaß ein König tapferere Helden. Späher der Hunnen berichteten, daß sich viele von Asche bestäubt in den Trümmern regten. Das wollte Kriemhild nicht glauben. Die Feuersbrunst könne keiner überlebt haben.

Die Hunnen begrüßten ihre Gäste am Morgen mit einem harten Angriff. In dichter Folge wurden scharfe Speere gegen den Saal geschleudert. Die Burgunden gerieten in Bedrängnis. Um die Kampfgier der Hunnen anzustacheln, wurden Schilde voll roten Goldes vor die Halle getragen. Wer wollte, konnte sofort welches empfangen. Viele ließen dafür ihr Leben. Nie warb ein König sich Kämpfer mit höherem Sold. Unablässig rannten die Hunnen gegen die Burgunden an. König Gunter verlor seine besten Helden. Aber so viele Feinde die Burgunden auch fällten, immer neue Scharen strömten aus dem Umland der Burg herbei. »Es ist, als kämpften wir gar nicht«, meinte Hagen. Und die Zahl der Recken um die drei Könige schmolz immer mehr zusammen.

38

Rüdeger fällt

Der Markgraf kam in die Burg, erschrak über den niedergebrannten Saal, die vielen Toten und Verwundeten ringsum und das unermeßliche Leid bei Hunnen und Bur-

gunden. Da vermochte Rüdeger die Tränen nicht zurückzuhalten. Und Kriemhild mußte von ihm hören:
»Weh mir, daß ich je geboren wurde. Kann niemand dieses Morden beenden! Wie gern stiftete ich Frieden, doch
der König lehnt es ab.« Daraufhin ließ Rüdeger Dietrich
von Bern ausrichten, nur er hätte noch die Macht, das Geschick der drei Könige zu wenden. Aber der Berner be-
stellte ihm, König Etzel weise jede Versöhnung zurück.

Bei Rüdeger und Kriemhild stand ein Hunne, der sah
den Markgrafen weinen und wollte sich vor der Königin
brüsten. »Nun seht doch, wie er dasteht«, griff er Rüdeger
an, »wie viele tapfere Recken hat er, wie viele Burgen erhielt er vom König, führte aber noch keinen Schwert-
schlag für seinen Gönner. Wagt er das nicht?«

Voll Zorn blickte Rüdeger auf den Hunnen und dachte:
daß du mich feige nennst, war zu vorlaut. Der Markgraf
ballte die Faust und versetzte dem Großmaul einen solchen Schlag, daß er tot vor seine Füße stürzte. »Fahr hin«,
meinte Rüdeger wütend, »leide ich nicht genug? Wieso
wirfst du mir vor, daß ich nicht kämpfe? Für Etzel tät ich
das gern. Aber ich führte seine Gäste her und gab ihnen
Geleit. Deshalb hebe ich das Schwert nicht gegen sie.«

Inzwischen kam auch Etzel. »Helft Ihr uns so, edler
Rüdeger? Haben wir nicht schon genug Tote?«

»Er hat mich beleidigt«, wehrte sich der Markgraf.
»Nun hat der Lügner den Schaden.«

»Ich wage für Euch Ehre und Leben, habt Ihr uns, edler
Rüdeger, immer wieder versichert«, sagte Kriemhild. »Wie
viele Recken preisen Euch. Ich erinnere an den Schwur, den
Ihr in Worms getan, als Ihr mich für Etzel gewonnen habt.
Bis einer von uns tot ist, verspracht Ihr mir zu dienen. Mir
armem Weibe war das noch nie so nötig wie jetzt.«

»Ich schwor, mit Ehre und Leben für Euch einzustehen«, räumte Rüdeger ein, »das will ich nicht leugnen. Aber meine Seele zu verlieren schwor ich nicht. Den drei Königen gab ich Geleit zu diesem Fest.«

»Rüdeger, ich erinnere dich an deine Eide«, beschwor die Königin ihn, »wer mir auch schadet, das wolltest du immer rächen.«

»Ich versagte mich Euch noch nie«, beteuerte Rüdeger.

Noch war es dem mächtigen Etzel nicht gelungen, die Burgunden zu besiegen. Hunderte ihrer Recken scharten sich noch um ihre drei Könige im ausgebrannten Saal, bereit zu neuen Kämpfen. Bei den Angriffen waren Tausende Hunnen gefallen. Etzels Heer, das bei der Burg stand, war aufgerieben. Neue Scharen heranzuführen würde Zeit kosten. Also setzte er jetzt auf Rüdeger mit seinen Mannen.

Da geschah etwas so Unerhörtes, daß alle überrascht waren: Neben Kriemhild warf der große Herrscher der Hunnen sich dem Markgrafen zu Füßen und flehte ihn, einen ihm Untergebenen, um Hilfe an.

»Wehe mir!« rief der Markgraf verzweifelt, »daß ich dies erleben muß. Meine Ehre und Treue, alles ist dahin. Unterlasse ich das eine und tue das andere – immer handle ich ehrlos, unterlasse ich beides, so schilt mich jeder. Nun rate mir, der mir zu leben auferlegte.«

Aber der König und die Königin entließen ihn nicht aus seinen Eiden, bestanden auf seinem Eingreifen. Nun müßt ihr hören, wie schrecklich zu handeln er gezwungen wurde.

»Nehmt alles zurück, was ich von Euch habe«, beschwor der Markgraf sein Königspaar, »hier sind Land und Burgen zurück, nichts soll mir bleiben. Ich will zu Fuß in die Fremde gehen.«

»Wer hülfe mir dann?« drang Etzel verzweifelt in ihn, »ich gebe dir Land und Burgen, damit du auch meinen Sohn Ortlieb rächst. Du sollst neben mir ein mächtiger König sein.«

»Meine Tochter gab ich Giselher zur Braut. Nie sah ich einen jungen König so treu und mächtig. Ich darf meinen Schwiegersohn und meine Schwäger nicht angreifen!«

»Hört Ihr die Verwundeten ringsum stöhnen?« Etzel gab nicht nach und bestand auf seinen Eiden. »Nie lud ein König schrecklichere Gäste ein. Und wir fordern Kriemhilds Nibelungenhort!«

»Was Rüdeger von Euch erhielt, zahlt er heute mit seinem Leben« klagte der Markgraf, »darum muß ich von der Hand eines Burgunden sterben. Mein Weib und mein Kind befehle ich Eurer Gnade an, sowie meine fremden Recken in Bechlaren.«

»Das lohne dir dein Gott«, sagte Etzel, »deine Leute stehen unter meinem Schutz. Ich vertraue meinem Königsheil, daß du den Kampf gut überstehst.«

Kriemhild begann zu weinen.

»Was ich schwor, werde ich halten«, gelobte Rüdeger. »Wehe meinen Verwandten, gegen die ich wider Willen das Schwert ziehen muß.« Voll Schmerz wandte sich Rüdeger vom König ab, ging zu seinen Mannen und gebot ihnen, sich zu waffnen.

Bald sah man Rüdeger unter dem Helm, mit ihm fünfhundert seiner Leute gewappnet; zwölf Recken, die Ruhm erwerben wollten, schlossen sich ihnen an, ahnten aber nichts von ihrem nahen Tode. Mit breiten Schilden und geschärften Schwertern schritt Rüdeger mit seinen Recken auf die Ruine des Saales zu.

Als Giselher seinen Schwiegervater mit den behelmten Mannen kommen sah, wurde ihm froh zu Mute. »Was für

Freunde gewannen wir auf der Fahrt!« rief er. »Meinem
Weib verdanken wir die Hilfe. Wie froh bin ich über die
Heirat.«

»Worauf baut Ihr?« wandte Volker ein. »Saht Ihr zu einer Versöhnung je so viele Mannen mit aufgebundenen
Helmen und blitzenden Schwertern?«

Bevor der Spielmann zu Ende gesprochen hatte, setzte
Rüdeger vor dem Hause seinen Schild ab. Statt seine Verwandten zu begrüßen, rief er hinauf zum Saal:

»Ich wollte Euch helfen, nun muß ich gegen Euch
kämpfen. Wir waren Verwandte, aber ich muß die Treue
aufkündigen. Kühne Burgunden, nun wehrt Euch!«

Das vermochten die Eingeschlossenen nicht zu fassen.

»Verhüte Euer Gott«, rief König Gunter, »daß Ihr Euren Treueeid brecht! Ich verlasse mich darauf, daß Ihr das
nimmer tut.«

»Was kann ich noch ändern,« erwiderte Rüdeger verzweifelt, »mich binden ältere Eide an die Königin. Ich bin Markgraf König Etzels. Ist Euch Euer Leben lieb, wehrt Euch!«

»Laßt ab, edler Rüdeger!« widersetzte sich Gernot.
»Kein Herr nahm seine Gäste so liebevoll auf. Bleiben wir
am Leben, werdet Ihr reich belohnt.«

»Wollte Gott, daß Ihr am Rhein geblieben und ich in
Ehren tot, denn ich werde gezwungen, gegen Euch zu
kämpfen. Nie wurde Recken von ihren Verwandten
Schlimmeres angetan.«

»Hier halte ich das Schwert, das Ihr mir gabt«, mahnte
Gernot. »Es ist stark, unter seiner Schneide sanken viele
Männer in den Tod. Nie wieder wird ein Recke eine so
scharfe Waffe verschenken. Aber greift Ihr uns an und erschlagt auch nur einige unserer Mannen, so gehe ich Euch
mit diesem Schwert ans Leben.«

»Alle Eure Freunde sollen leben, Herr Gernot«, beteuerte Rüdeger, »mein Weib und meine Tochter vertrauten sich Euch an.«

»Wollt Ihr Eure Tochter so früh verwitwen? Greift Ihr uns aber an, brecht Ihr die Treue. Weil ich Euch vertraute, wählte ich Eure Tochter zur Frau«, sagte Giselher, um den Kampf abzuwenden.

»Kommt Ihr heil heraus, laßt es die Jungfrau nicht büßen«, bat Rüdeger.

»Wie gern täte ich das«, entgegnete Giselher, »aber fallen von deiner Hand hohe Verwandte, muß ich die Freundschaft mit dir und deiner Tochter brechen.«

»Nun sei Gott uns gnädig!« rief Rüdeger und hob seinen Schild als Zeichen für seine Mannen, den Saal zu stürmen. Da erdröhnte Hagens Stimme von der Treppe:

»Haltet ein, vieledler Rüdeger! Reden wir noch, zum Kampf bleibt Zeit genug. Was wird Etzel unser Tod nützen? Fast bin ich ungedeckt. Jenen Schild, den mir Frau Gotelind schenkte, zerhieben mir die Hunnen. Trüge ich jetzt einen solchen Schild, wie du ihn hältst, bedürfte ich im Kampf keiner Halsberge mehr.«

Nach der ungewöhnlichen Bitte, vom Feind eine bessere Wehr zu erhalten, trat große Stille ein. Keine Waffe klirrte. Und noch nie hatte Hagen den Markgrafen mit du angeredet.

»Wagte ich das vor Kriemhild«, zögerte der Markgraf, »gäbe ich dir gern den Schild. Doch nimm ihn hin«, entschloß er sich plötzlich, »ach könntest du ihn heimbringen ins Burgundenland.«

Als Rüdeger seinem künftigen Feind bereitwillig den guten Schild übergab, traten vielen Recken heiße Tränen in die Augen. Es war das letzte Geschenk Rüdegers für

einen Recken. Wie grimmig und hartherzig Hagen sonst
auch war, diese Großmut Rüdegers rührte den Tronjer.
Ob auch seine Augen tränenfeucht wurden, wissen wir
nicht.

»Das lohn Euch Euer Gott, vieledler Rüdeger«, dankte
ihm Hagen, »nie wieder wird ein Recke vor dem Kampf
seinem Gegner den besseren Schild schenken. Möge diese
Tugend immer in Erinnerung bleiben! Wir haben es
schwer genug. Müssen wir nun noch gegen die besten
Freunde kämpfen?«

»Das schmerzt mich sehr«, erwiderte Rüdeger.

»Ich lohn dir den Schild«, versicherte Hagen, »erschlügt
Ihr auch alle Burgunden, ich hebe keine Hand mehr gegen
Euch.«

Rüdeger dankte ihm.

Auch darüber, daß keine Aussöhnung mehr möglich
war, weinten die Recken, und daß sie sich gegenseitig erschlagen und in ihrem Blut sterben würden.

Vom Haus herab rief Volker: »Auch ich gewähre Euch
Frieden wie mein Gefährte Hagen. Das habt Ihr verdient.
Markgräfin Gotelind schenkte mir für das Fest diese roten
Armreifen. Hier, seht her! Ich trage sie. Ihr seid Zeuge.«
Der Spielmann hob den Arm, das Gold funkelte rotfeurig
zwischen den fahlen Waffen.

»Wie wünschte ich, die Markgräfin könnte Euch weit
mehr schenken. Kehre ich gesund heim, erfährt sie es.«
Als Rüdeger das gelobt hatte, hob er den Schild, zauderte
nicht mehr und stürmte an der Spitze seiner Mannen gegen den Saal. Um nicht an Rüdeger zu geraten, zogen sich
Hagen und Volker von der Tür zurück. Eine Zeitlang wi-
derstanden den Eindringenden andere Recken, bis sie erschlagen waren und die Mannen Rüdegers in den Saal

drangen. Sie zerschlugen zahllose Helme und Schilde der Burgunden, die sich, vom tagelangen Kampf ermüdet, tapfer wehrten. Noch hielt sich Giselher zurück und hoffte zu überleben; er dachte auch an seine Braut.

Mit seinem Schwiegervater wollte er keinesfalls die Schwerter kreuzen. Aber Gunter und Gernot waren begierig, ihren Recken beizustehen und die Gefallenen zu rächen. Sie stellten sich den Eingedrungenen in den Weg und fällten viele mit Hieben durch deren Ringpanzer. Inzwischen war Rüdegers ganze Gefolgschaft in den Saal gestürmt. Hagen und Volker sprangen gegen sie an, gewährten nur dem Markgrafen Schonung. Von ihren Schwertschlägen rann das Blut unter feindlichen Helmen. Grimmig klangen die Schwerter, Schildgespänge zersprangen; Edelsteine, mit denen die Schilde besetzt waren, splitterten unter den Schlägen und fielen ins Blut der Gefallenen. Die Helden kämpften so gewaltig, wie es wohl nie wieder geschehen ist.

Rüdeger von Bechlaren schlug sich mit dem Schwert eine Gasse und fällte viele der tapfersten burgundischen Helden. Das wurde Gernot gewahr und rief ihn an:

»Wollt Ihr mir keinen Recken leben lassen? Das kann ich nicht länger dulden! Mit diesem Schwert zahlt Ihr nun für die Freunde, die Ihr mir nahmt. Wendet Euch mir zu!«

Ruhmgierig und todesmutig fielen die beiden Helden einander an, schützten sich mit ihren Schilden. Aber ihre Schwerter waren so scharf, daß kein Panzer half. Und so schlug Gernot mit dem Schwert, das Rüdeger ihm geschenkt, durch dessen steinharten Helm, daß Blut hervorbrach. Zu Tode getroffen hieb Rüdeger noch durch Gernots Schild und Kinnriemen, wodurch auch der König sterben mußte. So lag einer neben dem anderen, jeder vom

Gefährten und Gegner auf den Tod verwundet. Ihr Blut am Boden floß ineinander.

»Diesen Verlust verwinden Länder und Leute nie!« rief Hagen. »Jetzt nehmen wir Rüdegers Leute als Pfand.«

»Weh mir, mein Bruder ist gefallen!« rief Gunter. »Auch Rüdeger wird mich ewig schmerzen.« Da griffen jene Burgunden, die das Gemetzel überstanden hatten, die Mannen Rüdegers in einer Weise an, daß bald der letzte mit gespaltenem Helm oder zerschlagener Brünne niedersank.

Dann traten Gunter und Giselher, Hagen und Volker zu Gernot und Rüdeger, die in ihrem Blute starben. Auch viele andere Helden jammerten und weinten.

»Der Tod raubt uns die Besten«, klagte Gunter.

»Was für eine Welt ist das, die uns zwingt, die edelsten Freunde zu erschlagen?« verzweifelte Giselher.

»Hört auf zu weinen«, verlangte Hagen, »kühlen wir im frischen Wind unsere Panzer. Ich glaube, wir haben nicht mehr lange zu leben.«

Die vom Kampf müden Recken saßen in der mit Toten überfüllten Halle oder lehnten an der Wand. Der Lärm der Schwerter war verstummt. Die Stille währte so lange, bis Etzel das verdroß.

»O weh, wie dient Rüdeger uns«, klagte Kriemhild, »er hat den Kampf abgebrochen, will die Burgunden heimbringen. Was hilft es, daß wir alles, was er wollte, mit ihm teilten? Dieser Verräter! Statt uns zu rächen, hat er sich versöhnt.«

Kriemhilds Klage verhallte zwischen den verrußten Mauern. Hagen erwiderte mit dröhnender Stimme:

»Du irrst dich und verleumdest Rüdeger. Was sein König ihm gebot, erfüllte er so treu, daß der Markgraf und seine Mannen alle erschlagen liegen. Er diente Euch als Held bis in den Tod. Ihr glaubt es wohl nicht?«

Um den Hunnen größten Schmerz zuzufügen, trug man den Toten an eine Stelle, wo König Etzel ihn sehen konnte. Nie hatten seine Recken einen größeren Verlust erlitten. Als sie den ausgebluteten Markgrafen sahen, da begannen Männer und Frauen so über alle Maßen zu klagen, daß kein Schreiber es auszudrücken vermag. Und Etzel brüllte vor Schmerz so laut wie ein Löwe.

39

Der Kampf mit Dietrichs Recken

Das Wehklagen drang bis in den Palas und die Türme der Burg. Ein Recke Dietrichs vernahm das und sagte zu seinem Herrn:

»Noch nie hörte ich solche Klagen, noch nie hartgesottene Helden so weinen. Das Leid ist so maßlos, daß nur der König oder die Königin getroffen sein kann.«

»Was die Gäste auch getan haben mögen«, beteuerte Dietrich, »es geschah aus großer Not. Haltet Euch daran, ich bot ihnen Frieden.«

Der kühne Wolfhart wollte nachfragen und seinem Herren berichten. Doch Dietrich fürchtete, dessen ungehobelte Art könnte die Burgunden unnötig aufreizen, und sandte den besonneneren Helferich. Der kehrte bald unter Tränen zurück.

»Was habt Ihr erfahren, daß Ihr weint?« fragte Dietrich.

»Die Burgunden erschlugen Rüdeger.«

»Das darf Gott nicht zulassen!« rief Dietrich. »Wie hätte Rüdeger das von ihnen verdient?«

»Haben sie das getan«, eiferte Wolfhart, »geht es ihnen allen ans Leben. Der Markgraf war uns in Treue verbunden.«

Dietrich sandte nun Meister Hildebrant, um Genaueres zu erkunden. Dann setzte der König der Amelungen sich leidvoll und nachsinnend an ein Fenster. Hildebrant wollte waffenlos zu den Burgunden, da hielt Wolfhart, der Sohn seiner Schwester, ihn zurück:

»Geht Ihr unbewaffnet, kann man Euch schelten. Gegen einen Gerüsteten wagt keiner zu lästern.«

Da hörte der weise Ältere auf den jungen Hitzkopf und waffnete sich. Bevor er es gewahrte, trugen alle Mannen Dietrichs Schwerter und Rüstungen. »Wohin wollt Ihr?« fragte Hildebrant und hätte sie gern zurückgehalten.

»Euch begleiten«, hieß die Antwort, »dann wird Hagen Euch kaum zu verspotten wagen.« Hildebrant gab den Recken nach.

Volker sah als erster die Mannen des Berners mit Schilden und in Waffen herannahen und sagte:

»Dietrichs Mannen kommen unfriedlich unter Helmen, ich glaube, jetzt geht es uns ans Leben.«

Als Hildebrant den Saal erreichte, setzte er seinen Schild vor den Füßen ab und fragte:

»O weh, ihr Helden, was hat euch Rüdeger von Bechlaren getan?«

»Die Botschaft ist wahr«, bestätigte Hagen, »wie froh wäre ich, aus Liebe zu ihm, der Markgraf stünde noch bei uns.«

Dietrichs Mannen hatten nun Gewißheit und klagten. Tränen rannen über Bart und Kinn. Wolfwin von Amelungen sagte:

»Sähe ich heute meinen Vater tot, empfände ich keinen größeren Schmerz.«

Vor Schluchzen konnte Hildebrant nichts weiter fragen, bat nur:

»Übergebt uns, ihr Recken, wonach mein Herr mich aussandte, bringt uns Rüdeger aus dem Saal. Wir wollen den Helden nach seinem Tode ehren.«

»Einen Freund nach dem Tode ehren ist gut«, meinte Gunter, »mit Recht wollt Ihr ihm danken.«

»Wie lange sollen wir noch betteln?« drängte Wolfhart ungeduldig, »laßt uns den Markgrafen forttragen und begraben.«

»Keiner bringt ihn euch«, reizte Volker, »holt ihn selber aus dem Hause, wo er mit dem Tode kämpft. Erst dann dientet ihr ihm vollkommen.«

»Herr Spielmann, fordert uns nicht heraus. Ihr habt uns beleidigt. Aber unser Herr hat uns zu kämpfen verboten«, antwortete Wolfhart.

»Wer alles unterläßt, was man ihm verbietet, hat Furcht. Ist das Heldenmut?«

»Wagt nicht zu viel«, drohte Wolfhart, »sonst bringe ich Eure Saiten arg in Verwirrung. Euer Hochmut paßt nicht zu meiner Ehre.«

»Verwirrst du mir meine Saiten«, hielt Volker dagegen, »so trübe ich dir den Glanz deines Helmes.«

Wolfhart wollte auf den Spielmann losspringen, aber sein Oheim riß ihn zurück und warnte: »Wüte nicht in sinnlosem Zorn!«

»Laß den Löwen los«, reizte Volker weiter, »dann schlag ich ihn.«

Da konnte sich Wolfhart nicht mehr bezähmen, riß den Schild hoch und lief wie ein wilder Löwe seinen Mannen

voraus. Aber so weit seine Sprünge auch waren, vor der
Treppe holte Hildebrant ihn ein, um an vorderster Stelle zu
kämpfen. Und so griff er Hagen an, daß ihre Schwerter
klirrten und Funken wie feuerroter Wind stoben, bis sie im
Kampfgewühl auseinander gerieten. Der starke Wolfhart
lief gegen den Spielmann an und versetzte ihm einen solchen Schlag, daß die Schwertschneide bis an die Spangen
des Schildes drang. Volker vergalt es ihm mit Hieben gegen
dessen Panzerringe, daß Funken stoben. König Gunter
empfing die berühmten Helden der Amelungen mit willi-
ger Hand. Und Giselher schlug manchen ihrer blanken
Helme bluttriefend. Hagens Bruder Dankwart kämpfte
mit den Mannen Dietrichs noch grimmiger. Auch Sigstadt,
der Sohn von Dietrichs Schwester, schlug sich wie rasend
und rächte Rüdegers Tod. Volker gewahrte, wie dieser vielen Burgunden blutige Bäche aus den Ringpanzern hieb,
stellte sich ihm und versetzte ihm einen tödlichen Schlag.
Hildebrant sah das, rief dem Fiedler zu, das koste ihn das
Leben, und griff Volker so grimmig an wie noch keinen
Feind, er hieb so hart gegen den Spielmann, daß Stücke von
dessen Helmband und Schildspangen durch die Luft flogen
bis zur Saalwand. Volker sank getroffen zu Boden.

Die zwei berühmtesten Geschlechter, die Burgunden
und die Amelungen, standen sich gegenüber. Dietrichs
Mannen drangen gegen die Burgunden weiter vor und
kämpften so heftig, daß zertrümmerte Panzerringe durch
die Luft und abgehauene Schwertspitzen bis ans Dach flogen. Durch gespaltene Helme sprudelten Bäche heißen
Blutes. Das Getümmel war so groß, daß die Erschlagenen
kaum zu Boden fallen konnten.

Da sah Hagen von Tronje seinen Gefährten Volker im
Tode liegen. Das war der schmerzlichste Verlust auf die-

sem Fest. Um sich furchtbar an Hildebrant zu rächen, kämpfte er sich eine Gasse frei. Inzwischen erschlug der tapfere Helferich den burgundischen Helden Dankwart. Als der im Getümmel des Kampfes fiel, wurden Gunter und Giselher von Schmerz ergriffen. Wolfhart hieb sich währenddessen mehrmals quer durch den Saal und fällte alle Burgunden, die sich ihm in den Weg stellten. Als er die dritte Kehre durch den Saal machte und eine Schneise von Toten hinterließ, rief König Giselher ihm zu:

»Wehe, daß ich je so einen grimmigen Feind hatte, nun wende dich gegen mich, ich will deinem Wüten ein Ende machen.«

Wolfhart kämpfte sich bis zu Giselher durch, so daß Blut unter seinen Füßen bis über seinen Kopf spritzte. Giselher empfing ihn mit harten Schlägen. Aber gegen die Kraft des jüngsten Königs kam Wolfhart nicht an. Giselher hieb ihm durch seine feste Brünne, daß es aus der Wunde sprudelte. Als Wolfhart die Verletzung spürte, ließ er den Schild fallen und holte zu einem solchen Schlag aus, daß sein Schwert Helm und Ringpanzer des Königs durchschnitt. So fällten sich gegenseitig Wolfhart und Giselher. Damit fiel der letzte von Dietrichs Helden. Auch von Gunters Helden lebte keiner mehr.

Hildebrant trat zu Wolfhart, der in seinem Blute lag. Ich glaube, niemals vor seinem eigenen Tode widerfuhr ihm solcher Schmerz. Hildebrant wollte seinen Neffen wegtragen, aber es gelang ihm nicht. Da warnte ihn der zu Tode Verwundete:

»Viellieber Oheim, mir könnt Ihr nicht mehr helfen, hütet Euch lieber vor Hagen; und wollen meine Verwandten mich beklagen, dann sagt ihnen, sie sollen nicht weinen, ich fiel durch die Hand eines Königs, das ist ein herrlicher Tod.

Auch ich rächte mich bitter; fragt jemand, sagt voll Stolz: von meinen Händen liegen wohl hundert erschlagen.«

Inmitten zahlloser Toter standen nur noch drei Helden im Saal, Gunter, Hagen und Hildebrant. Hagen gedachte seines tapferen Gefährten Volker, der durch Hildebrant fiel, und rief ihm zu:

»Jetzt werde ich vergelten, daß ich durch Euch so viele tapfere Freunde verlor.«

Hagen griff mit Balmung den Waffenmeister an. Der schlug hart zurück, vermochte jedoch den Tronjer nicht zu verwunden. Aber dem Helden König Gunters gelang, Hildebrants Brustpanzer durchzuhauen. Als der alte Hildebrant seine Wunde spürte, fürchtete er von Hagen größeren Schaden, warf den Schild auf den Rücken und entkam.

Nur noch Gunter und Hagen saßen im Saal.

Mit blutüberströmter Rüstung hastete Hildebrant in das Haus, wo Dietrich in Schmerz und Trauer saß und auf Botschaft wartete. Der Berner sah den Alten in seiner roten Brünne und fragte:

»Nun sagt mir, Meister Hildebrant, warum sickert Herzblut aus Eurem Panzer? Ich fürchte, Ihr habt mit den Gästen gekämpft. Das hatte ich streng verboten.«

Hildebrant berichtete vom Kampf mit Hagen, nur mit Mühe sei er diesem Teufel entkommen.

»Euch geschah recht«, schalt Dietrich. »Wie konntet Ihr den Frieden brechen, den ich den Gästen zugesichert. Wäre es für mich keine Schande, büßtet Ihr jetzt dafür mit Eurem Kopf.«

»Zürnt nicht zu sehr, mein Herr Dietrich, wir erlitten schon Schaden genug. Gunters Mannen verwehrten uns, Rüdeger wegzutragen.«

»O weh, ist Rüdeger doch tot!« rief Dietrich. »Gotelind ist die Tochter meiner Tante. Nie verwinde ich, daß der Markgraf gefallen.« Dietrich begann heftig zu weinen und fragte, wer Rüdeger erschlug.

Nach Hildebrants Bericht rief der Berner:

»Nun sagt meinen Mannen, sie sollen sich waffnen.«

Als Hildebrant zögerte, ermahnte der Berner ihn.

»Wen soll ich noch rufen?« verwunderte sich der Waffenmeister.

»Alle stehen vor Euch. Die andern, außer mir, sind tot.«

Dietrich wurde fahl wie eine Leiche. Niemals im Leben traf ihn größerer Schmerz.

»Wenn alle meine Recken tot sind, hat mein Gott mich vergessen; mich armen Dietrich!« rief er. »Ich war ein mächtiger, gewaltiger König! Wie können diese kampfmüden Burgunden alle meine Helden besiegen? Verläßt mich mein Königsheil? Verfolgt mich Unglück?«

Nach dem weiteren Bericht seines Waffenmeisters klagte Dietrich: »O weh, lieber Wolfhart, habe ich dich verloren, so reut mich, daß ich geboren wurde! Und die anderen Helden wie Helferich! Das ist der letzte Tag, an dem ich glücklich war. Wie bitter, daß vor Schmerz niemand sterben kann!«

40

Dietrich greift ein

Nun legte Dietrich selbst die Rüstung an. Seine Totenklage hatte im ganzen Haus widergehallt. Aber als er seine Waffen aufnahm und den Schild hob, gewann er seinen

Heldenmut zurück und ging mit Hildebrant zu dem Saal, wo Gunter und Hagen an der Wand lehnten. Durch die vielen Toten war zum Sitzen kaum Platz.

»Nach den Verlusten, die wir ihm zugefügt«, meinte Hagen zu seinem König, »wird Dietrich uns fordern. Ich trete allein gegen ihn an.«

Der Berner und Hildebrant hörten diese Worte und setzten ihre Schilde ab. Dietrich warf Gunter vor, nicht nur Rüdeger, sondern alle seine Gefolgsleute erschlagen zu haben, er solle auch an den Tod seiner eigenen Mannen denken.

»Niemals in der Welt wurde einem Manne größeres Leid zugefügt!« klagte Dietrich, »was ich an Freude und Glück hatte, das liegt hier durch Eure Schwerter erschlagen. Solange ich lebe, werde ich den Tod meiner Verwandten beklagen.«

»So viel Schuld tragen wir nicht«, verwahrte sich Hagen, »Eure Recken kamen bewaffnet. Euch wurde schlecht berichtet.«

»Was soll ich nun glauben?« rief der Berner. »Ihr habt meinen Wunsch, den gefallenen Rüdeger herauszugeben, verspottet.«

»Ich verweigerte Euch den Markgrafen«, bestätigte Gunter, »aber das war gegen Etzel, nicht gegen Euch gerichtet.«

»Gunter, edler König, leiste mir für das, was du mir zugefügt, einen Ausgleich«, bat Dietrich, »ergib du und dein Mann dich als Geisel, dann will ich dafür sorgen, daß euch nichts geschieht.«

»Es verhüte Gott im Himmel!« entrüstete sich Hagen, »daß zwei Helden, die noch in Waffen vor ihren Feinden stehen, sich ihnen ergeben.«

»Wehrt es nicht leichtfertig ab, Gunter und Hagen«, erwiderte Dietrich, »Ihr fügtet mir den größten Verlust zu, den je ich erfuhr, das muß gesühnt werden. Ich gelobe Euch durch Handschlag: ich geleite Euch heim, oder ich will selber tot sein. Was Ihr mir angetan, will ich dann vergessen.«

Diese großmütige Versöhnung bot Dietrich jenen, die seine Liebsten erschlugen. Ob der Berner von Etzels Hortgier wußte oder gar eingeweiht war, bleibt uns verborgen. Den Burgunden aber ging die Ehre über alles. Hagen antwortete:

»Drängt nicht weiter. Nie darf von uns behauptet werden, zwei Helden hätten sich ergeben, zumal neben Euch nur Hildebrant steht.«

»Bald ist die Stunde, da wäre Sühne Euch recht«, sagte Hildebrant.

»Lieber nähme ich die Sühne an, als so feige aus dem Saal zu laufen, Herr Hildebrant«, höhnte Hagen.

»Wie saßt Ihr am Waskenstein untätig auf Eurem Schild«, hielt der Waffenmeister Hagen vor, »als Walter von Spanien Euch so viele Gefährten erschlug.«

»Für Recken ziemt sich nicht, wie alte Weiber zu keifen!« beendete Dietrich den Streit, »Hildebrant, ich verbiete dir jedes weitere Wort!« Dann wollte er sich vergewissern:

»Hörte ich recht, Hagen will allein gegen mich kämpfen?«

»Ich bin sehr erzürnt, daß Ihr uns beide als Geiseln verlangt, ich fordere den Zweikampf«, erklärte Hagen.

Dietrich sah, wie grimmig Hagen gegen ihn sein Schwert zog, da riß er seinen Schild hoch. Hagen sprang ihm von der Treppe entgegen. Hell klang das Nibelun-

genschwert auf Dietrichs Rüstung. Der Berner wußte um
die Kraft Balmungs, deckte sich geschickt und hieb mit
seinem Schwert Mimung zurück. In dem ausgebrannten
Saal standen sich schließlich die größten Helden gegenüber. Dietrich gelang es mit Stärke und Schläue, in dem
Augenblick, als Hagen ungedeckt stand, ihm eine lange
und tiefe Wunde zu schlagen.

Du bist müde von den langen Kämpfen, dachte der Berner, dein Tod brächte mir wenig Ehre, so will ich versuchen, dich so zu bezwingen. Dietrich verzichtete auf den
Todesstoß, den Hagen wohl gegen ihn geführt hätte, ließ
seinen Schild fallen, packte ihn und ging das Wagnis ein,
ihn nicht niederzuringen. Aber durch seine gewaltige
Kraft gelang ihm das. Gunter wahrte das Recht des Zweikampfes, griff nicht ein und sah mit an, wie Dietrich den
berühmten Helden fesselte.

Nach den jüngsten Erzählungen brachte Dietrich den
Gebundenen zu Kriemhild. Mehr glaube ich älteren Be-
richten, wonach er ihn Etzel, seinem König, übergab. Der
Berner kannte Kriemhilds Rachsucht.

Der kühnste aller Helden, der je ein Schwert geführt,
war nun gefangen bei Etzel und Kriemhild. Die verneigte
sich vor Dietrich und sprach:

»Von nun an begleiten dich Glück und Heil. Für all das,
was ich erlitten, hast du mich gerächt. Bis zu meinem Tode
werde ich dir dienstbar sein.«

»Laßt den Helden am Leben«, bat Dietrich, »nun kann
er für alles sühnen.«

Etzel und Kriemhild ließen Hagen in einen Kerker
schließen, wo keiner ihn erreichte.

Inzwischen dröhnte König Gunters Stimme aus dem
niedergebrannten Saal:

»Wo bleibt der Held von Bern?«

Dietrich ging zu ihm mit klirrender Rüstung. König Gunter lief vor den Saal und warf sich tapfer dem Berner entgegen. Vom Klang der Schwerter hallte es. Trotz Dietrichs Ruhm war Gunter so erzürnt und wütete mit seinem Schwert, nach den größten Verlusten kämpfte er nun mit seinem ärgsten Feind. Man hält es noch jetzt für ein Wunder, daß der Berner nicht fiel. Beide waren über alle Maßen stark und tapfer; Palas und Türme erdröhnten von ihren Schlägen, die Mauern schienen zu beben, bis es Dietrich gelang, den ermatteten König mit einem Hieb so zu treffen, daß Blut aus dessen Panzer sickerte.

Obwohl Könige nicht gefesselt werden durften, band Dietrich den Burgunden; sonst hätte dieser den Kampf fortgesetzt.

41

Gunters und Hagens Schicksal

Dietrich führte auch Gunter zu Etzel und der Königin.

»Willkommen, König der Burgunden«, höhnte die Schwester.

»Vielliebe Schwester, wäre Euer Gruß freundlich gemeint, verneigte ich mich gern. Aber Ihr zürnt Hagen und mir.«

»Große Königin, mächtiger König«, flehte Dietrich, »noch nie wurden solch berühmte Helden als Geiseln genommen. Um meinetwillen schont die Heimatlosen.«

Nach jüngeren Berichten blieb Etzel untätig und überließ Hagen Kriemhild und ihrer Rache. Aber nach alten Erzählungen lenkte der Herrscher der Hunnen das Geschick der Gefangenen, auch um ihnen das Versteck des Hortes abzupressen. Ehe wir dem nachgehen, wollen wir zunächst dem jüngeren Lied folgen. Danach rächte sich Kriemhild furchtbar und ließ Gunter und Hagen in getrennte Kerker werfen. Dietrich hatte weinend Etzels Halle verlassen.

Kriemhild ging zunächst zu Hagen und forderte:

»Gebt Ihr mir das Geraubte wieder, mögt Ihr lebend zu den Burgunden heimkehren.«

»Spart Eure Rede«, trotzte der Gefangene, »ich habe geschworen: solange einer meiner Herren am Leben ist, zeige ich niemandem den Hort.«

»Ich bringe es zu Ende«, sagte Kriemhild, verließ den Kerker und gab den Auftrag, Gunter zu töten. Dann trug sie selbst den blutenden Kopf zu Hagen. Als der das Haupt seines stolzen Königs sah – von Kriemhild rachelüstern ihm entgegengestreckt – packte ihn furchtbarer Schmerz, er rief:

»Du brachtest es zu Ende, nach deinem Willen und so, wie ich es mir gedacht. Nun ist mein edler König tot, wie auch Gernot und Giselher. Wo der Hort liegt, weiß niemand außer Gott und mir. Und dir, Teufelin, bleibe es für immer verborgen.«

»So habt Ihr, was Ihr mir schuldet, schlecht vergolten«, schrie Kriemhild zurück, »aber ich behalte Siegfrieds Schwert. Als ich ihn das letzte Mal sah, trug er Balmung. Ehe Ihr ihn hinterrücks erstacht. Hier«, sie zog es aus der Scheide, »koste Balmung selbst.« Eigenhändig schlug sie damit Hagen den Kopf ab.

Als Etzel das sah, schmerzte es ihn sehr.

»Wehe«, entsetzte sich der Herrscher, »der kühnste Held liegt nun tot, gefällt von Weibes Händen. Wie sehr er mir auch Feind war, so bitter ist mir sein Tod.«

»Was mir auch geschieht«, rief Hildebrant, »daß sie den Helden zu köpfen wagte, bleibe nicht ohne Sühne. Obwohl der Tronjer mich fast zu Tode brachte, will ich ihn rächen.«

Zornig sprang der Waffenmeister gegen Kriemhild. Die schrie schrill und bebte vor Angst. Aber Etzel schritt nicht ein. So hieb Hildebrant sie mit dem Schwert mittendurch. Da lagen nun all die Toten. Etzel und Dietrich weinten um sie. Damit fand das große Fest des Hunnenherrschers sein Ende.

42

Kriemhilds Ende

Folgen wir den alten Berichten, könnte das blutige Fest anders ausgegangen sein.

Kaum aus Liebe war Kriemhild Etzels Werbung gefolgt; sie wollte seinen Reichtum genießen, an seiner Macht teilhaben und Siegfried rächen. Und Etzel wählte Kriemhild nicht nur ihrer Schönheit wegen. Als er mit ihr Hochzeit hielt, lag ihre Vermählung mit Siegfried sechsundzwanzig Jahre zurück, der Held war dreizehn Jahre tot und ihr Sohn Gunter wohl neunzehn Jahre alt. Bis zur Zeit dieses großen Festes vergingen weitere dreizehn Jahre.

Während Siegfried mit Kriemhild über ein Jahrzehnt als König geherrscht hatte, ließ er den Hort im Nibelungenland ruhen. Aber Etzel wollte den Schatz heben, das Gold und alle Macht gewinnen.

Kriemhild ahnte zwar, Etzel liebe den Hort mehr als sie. Aber bis zu dem Fest gelang es ihm, seine Gier nach dem Schatz zu verbergen. Kriemhild wollte Hagen und ihre Rache. Als nur noch zwei Eingeweihte überlebten, stand der Streit zwischen Etzel und Kriemhild bevor.

Als Kriemhild Hagen töten wollte, schritt Etzel ein. Seine Kerkermeister ließen die Königin nicht mehr zu den Gefangenen. Etzel brauchte den König und Hagen. Er lud sie getrennt zu sich und bot ihnen große Macht.

»Du sollst mit mir König sein«, lockte er Gunter. »Ich bin alt, mein Sohn ist tot. Du könntest hier Herrscher werden und mein Reich erben.«

»Dann laßt mich frei und gebt mir meine Waffen zurück«, verlangte Gunter. Aber auch mit Hagen durfte er nicht sprechen. Daher mißtraute der Burgunde dem Hunnen.

Seit langem bewunderte Etzel den Helden und klugen Ratgeber Hagen, lobte dessen List, wie er Siegfried, als der zu mächtig wurde, sterben ließ. Und wie wissend um kommendes Unheil war der Tronjer der tödlichen Einladung zu den Hunnen gefolgt. Hagen und der Hort, dachte Etzel – das heißt Macht über alle und alles.

Als er der Königin den Zugang zum Kerker der beiden Gefangenen verwehrte, brach der Streit aus. Sie wollte Hagen töten.

Liebt Etzel noch mich, die grauhaarige Königin, die Siegfried vor neununddreißig Jahren gefreit? Nicht ich war gemeint, dachte sie, sondern der Hort. Das weiß ich erst jetzt. Wieder Täuschung und Betrug, wie durch Hagen. Jetzt wollte sie Etzel den Hort nicht lassen. Ihre Rache wandte sich auch gegen ihn.

Über Vertraute gelangte Kriemhild doch in Hagens Kerker und schlug Siegfrieds Mörder mit dessen Schwert den Kopf ab. Gunter ließ sie davon erfahren.

Nun traute Gunter dem Herrscher der Hunnen überhaupt nicht mehr und verlangte seine Freiheit. Als Etzel ihn wieder fesseln lassen wollte, da entrang Gunter einem Wächter das Schwert und kämpfte sich ins Freie. Der König der Burgunden forderte nach Heldenart den König der Hunnen zum Zweikampf. Darauf ging Etzel nicht ein, sondern ließ Gunter mit Speeren angreifen. Da ihm Schild und Ringpanzer genommen, verwundete ein Speer ihn tödlich. Das wird zwar nicht berichtet, könnte sich aber so zugetragen haben.

Nach Gernot und Giselher war nun auch Gunter gefallen. Der Hort lag unauffindbar im Rhein. Dort sollte er ewig ruhen. Und Kriemhild wollte heimkehren zu Siegfried.

Am Abend betrank Etzel sich mit Vertrauten, wohl aus Schmerz über seine Gefallenen und aus Zorn darüber, daß der Hort nun nicht gehoben würde. Als Dietrich von Bern, Hildebrant und andere den König verlassen hatten, verriegelte Kriemhild die Türen des Raumes und zündete ihn auf allen vier Seiten an. Dann stand sie draußen und schaute in die Flammen.

Was wollte sie ohne Siegfried, ohne ihre Brüder, ohne Liebe, ohne den Hort? Aus Schmerz über all das stürzte sie sich in das Schwert Balmung. Noch einmal dachte sie an ihren Sohn Gunter, der inzwischen über dreißig Jahre und ohne sie aufgewachsen war, und an Siegfried, den gleichaltrigen Sohn ihres Bruders Gunter. Die würden neue, beständigere Reiche gründen. Ehe Kriemhild verblutete, nahm sie ihre letzte Kraft zusammen und schritt in die Flammen.

Wieland der Schmied

Nun soll von Wieland erzählt werden, dem berühmtesten Schmied der nördlichen Hälfte der Welt. Einige sagen ihm albische Herkunft nach. Anderer Überlieferung zufolge waren sein Großvater ein König, seine Großmutter eine Meerfrau und sein Vater der Riese Wade.

Dieser Riese besaß zahlreiche Höfe auf der Insel Seeland und galt als klug und mächtig. Statt durch Kriegszüge seinen Besitz zu vermehren, hielt er seine Söhne Egil und Schlagfider an, das Land zu bebauen und in den Wäldern zu jagen. Sein Sohn Wieland sollte ein besonderes Handwerk erlernen. Deshalb brachte Wade ihn, als er neun Jahre alt war, ins Hunnenland zu dem Schmied Mime, der als Eisenschmied bekannt war.

Dort lernte Wieland jede Schmiedearbeit. Da ihn aber ein aufsässiger Schmiedejunge mit Namen Siegfried neckte, ihm böse Streiche spielte und ihn schlug, holte Wade seinen Sohn auf seine Höfe nach Seeland zurück.

Wieland war jetzt zwölf Jahre alt, blieb ein Jahr daheim, brachte die meiste Zeit bei seinem Amboß zu und ließ das Schmiedefeuer nicht verlöschen.

Unterdessen hörte Wade von zwei Zwergen als neue Lehrmeister, die in einem Berge hausten und nicht nur Eisen besser als andere Zwerge oder Menschen zu schmieden verstanden, sondern auch Schwerter, Helme und Brünnen mit Edelsteinen verzierten und aus Gold und Silber kostbare Ringe und Halsbänder fertigten.

Der Vater machte sich mit Wieland auf den Weg zu diesen Zwergen und kam an einen Sund. Da weder ein Fährmann noch ein Schiff zu sehen war, hob der Riese seinen Sohn auf die Schultern, watete durch die Meerenge, die hier neun Ellen tief war, und erreichte bald den Berg, in dem die Zwerge hämmerten. Der Felsen war geöffnet. Der Riese bat die beiden Zwerge, seinen Sohn zwölf Monate lang jede Kunstfertigkeit zu lehren. Als die beiden zögerten, bot Wade so viel Gold und Silber, wie sie verlangten. Eine Mark geforderten Goldes bekamen die Schmiede sogleich in die Hände gelegt. Und sie verabredeten den Tag, an dem Wieland von Wade wieder abzuholen sei.

In allem, worin die Zwerge ihn unterwiesen, zeigte Wieland sich als überaus geschickt. Als der Vater am vereinbarten Tag kam, wollten die Zwerge Wieland nicht fahren lassen und baten Wade, die Zeit für den Jungen um zwölf Monate zu verlängern. Dafür wollten sie die Mark Goldes zurückgeben; Wieland sollte dann noch einmal so gut zu schmieden verstehen wie jetzt. Wade freute sich über die Gelehrigkeit seines Sohnes und ging auf den Vorschlag ein. Aber einige Hammerschläge später bereuten die Zwerge ihr Entgegenkommen und verlangten, falls Wade an dem verabredeten Tag nicht eintreffe, Wieland den Kopf abschlagen zu dürfen. Der Riese gestand ihnen dieses Recht zu.

Wade ließ sich von seinem Sohn vor den Berg begleiten, wo sie eine Zeitlang miteinander redeten. Dort stieß der Riese sein Schwert unter einem Gebüsch in den Boden und sagte: »Sollte ich zur vereinbarten Zeit nicht zurück sein und die Zwerge wollen dir den Kopf abschlagen, so wehre dich. Aber ich sehe keinen Grund, den festgesetzten Tag zu versäumen.« Vater und Sohn verabschiedeten sich heiter. Wieland ging wieder in den Berg hinein. Und Wade kehrte zurück auf seine Höfe in Seeland.

Wieland lernte arglos, hämmerte auch oft, wenn die Zwerge schliefen, wetteiferte mit ihnen und entlockte ihnen Geheimnisse, Waffen von besonderer Härte zu fertigen. Manchmal argwöhnten die Zwerge, Wieland gelängen schärfere Schwerter und festere Helme als ihnen selbst. Neidisch sannen sie über einen Anschlag nach.

Um den vereinbarten Tag nicht zu versäumen, machte sich der Riese Wade rechtzeitig vor Ablauf der zwölf Monate auf den Weg. Der war weit und beschwerlich; Wade lief Tag und Nacht und erreichte den Berg drei Tage zu früh. Da der Felsen noch verschlossen war, legte Wade sich vor die Steinwand und wartete. Vom langen Fußmarsch ermüdet, gähnte der Riese, schlief ein und schnarchte laut. Platzregen fiel aus heiterem Himmel. Im selben Augenblick bebte die Erde, Felsklüfte rissen auf, Quader lösten sich, bildeten mit Wasserstürzen, Baumstämmen und Geröll eine Lawine, die den Riesen erschlug und begrub.

Am vereinbarten Tag öffneten die Zwerge den Berg, traten auf eine Anhöhe und taten, als hielten sie nach Wade Ausschau. Auch Wieland kam aus dem Felsen, suchte nach seinem Vater, stieß am Berghang auf die Lawine und sah im Geröll abgebrochene Zweige mit unverdorrtem Grün. Der Felssturz muß frisch sein, dachte Wieland, und könnte meinen Vater verschüttet haben. Jenes Gebüsch, in dem das Schwert versteckt lag, war weggerissen. Wie konnte er sich gegen die Übeltäter verteidigen? Nun suchte Wieland die Halde ab, sah plötzlich den Schwertknauf schimmern, riß die Waffe aus der Erde und verbarg sie unter seinem Mantel. Dann entdeckte der Schmied die Zwerge auf der Anhöhe, trat auf die Hinterhältigen zu, erschlug den einen und durchbohrte den zweiten. Noch einmal ging er zur Geröllhalde, unter der sein Vater begraben lag, und dann in den Berg hinein, nahm alle Werkzeuge und so viel Gold, Silber und Kostbarkeiten, wie er auf ein Pferd packen und selbst tragen konnte, und zog in seine Heimat.

Nach dem Tod des Vaters bewirtschafteten Wieland und seine Brüder Egil und Schlagfider die ererbten Höfe. Und anstatt zu schmieden lief Wieland mit seinen Brüdern auf Schneeschuhen durch den Wald und jagte Wild. Gern hielten sie sich in abgelegenen Tälern auf und bauten sich am Wolfssee in den Wolfsbergen ein Haus. Für Wieland errichteten sie eine Schmiede, brachten das erbeutete Werkzeug und das Gold dorthin. Monatelang lebten die Brüder abgeschieden am Wolfssee.

Eines Morgens saßen am Ufer des Sees drei ungewöhnlich schöne Mädchen; die Brüder beobachteten sie beim Flachsspinnen und verfielen augenblicklich ihrer Schönheit. Die Mädchen waren Walküren, über den Dunkelwald geflogen, hatten ihre Flughemden am Strand abgelegt und spannen am Schicksal mächtiger Männer. Die Brüder stahlen die Flughemden. Nun konnten die Walküren nicht mehr in ihre Schwanengestalt zurückkehren und fügten sich dem Willen der Brüder. Jeder nahm eines der Mädchen zur Frau. Wieland gewann die Herwör. Auch die Mädchen faßten Zuneigung zu den Brüdern und lebten mit ihnen zusammen.

Sieben Jahre saßen die Walküren ruhig bei den Brüdern in der Halle. Doch die Frauen waren gewohnt, Schicksalsfäden zu spinnen und für Walhall Gefallene von den

Schlachtfeldern zu wählen. Im achten Jahr ertrugen sie ihre Sehnsucht nach dem Klirren der Schwerter und dem Surren der Pfeile kaum noch, im neunten forschten sie das Versteck der Flughemden aus, zogen sie eines Tages, als die Brüder zur Jagd waren, über und kehrten für immer zurück auf die Schlachtfelder.

Als die Brüder wieder in die Halle traten, klirrte es bei jedem Schritt vor Kälte. Die drei irrten durch die leeren Säle. Dann fuhr Egil mit Schneeschuhen ostwärts, und Schlagfider preschte westwärts, um die Frauen zu suchen. Wieland hockte allein neben seinem Feuer, schmiedete Tag und Nacht und wartete auf die Rückkehr seiner Frau. Einen goldenen Ring, der Zauberkräfte besaß, hatte Herwör auf den Amboß gelegt; und Wieland schlug nun nach diesem Vorbild Ring auf Ring und reihte sie alle auf ein Seil, geflochten aus Lindenbast.

Nidung, der König des Nachbarlandes, erfuhr durch Späher, daß Wieland allein in den Wolfstälern schmiedete, und sandte nachts Bewaffnete an den Wolfssee. Ihre Brünnen waren mit Eisenplatten benagelt, ihre Schilde blinkten im Licht des Halbmondes. Hinter Wielands Haus sprangen die Männer aus den Sätteln, drangen in den Saal ein und nahmen die siebenhundert Ringe vom Bastseil. Der Truchseß, Anführer der Horde, fand den Ring von Herwör heraus und nahm ihn an sich; alle anderen Ringe ließ er wieder aufhängen. Dann verließen die Bewaffneten das Haus, verbargen sich abseits im Wald und warteten auf Wieland.

Nach der Jagd kehrte der Schmied zurück; der Wetterkundige hatte eine Braunbärin erlegt und weidete sie aus. Er schob Kiefernreisig, vom Wind getrocknet, ins Feuer und briet das Fleisch. Es prasselte, die Flammen loderten.

Dann hockte Wieland auf dem Bärenfell und zählte die Ringe. Da jener von Herwör fehlte, meinte er, seine Frau sei zurückgekehrt. Lange harrte er am Feuer aus, dachte an sie, wartete und schlief ein.

Vom Druck schwerer Fesseln an Armen und Beinen erwachte Wieland, sah die Bewaffneten um sich und fragte: »Welche Mächtigen ließen mich binden?«

Zu König Nidung gebracht, fragte der ihn: »Woher hast du das Gold in den Wolfstälern?« Der Truchseß wies das Geraubte vor.

»Flüsse und Täler dort führen kein Gold, das dir gehören könnte«, erwiderte Wieland. »Was ich an Kostbarem schmiedete, brachte ich mit an den Wolfssee.«

Die Königin beobachtete ihn, trat vor den Gefesselten und sagte mit gedämpfter Stimme:

»Ist der aus dem Walde kommt friedfertig? Seine Augen funkeln wie die einer Schlange. Sieht er das Schwert an der Seite des Königs, fletscht er die Zähne. Brechen wir ihm lieber die Kraft und zerschneiden seine Sehnen! Soll er auf einer Felseninsel für uns schmieden.«

Der König zögerte, dem Rat seiner Frau zu folgen. Da bat Otwin, der älteste Sohn Nidungs, den Schmied zu schonen und die Fesseln zu lösen. Obwohl der König dies bewilligte, weigerte sich Wieland zu schmieden. Ihm gelang es aber, seine Schmiedewerkzeuge und seine Schätze aus den Wolfstälern in der Nähe des Hofes in einem Stamm zu vergraben; das beobachtete ein Mann.

Wieland sollte nun dem Mundschenken am Hofe zur Hand gehen und legte am Tische des Königs für ihn die Messer zurecht; wegen seiner feinen Sitten wurde er geschätzt. Einmal glitt ihm beim Putzen am See das beste Tischmesser, das der König besonders liebte, aus der

Hand. Das Ufer war hier zu steil, um das kostbare Stück herauszufischen. Da beschuldigte sich Wieland, nicht einmal diese kleine Arbeit beim König verrichten zu können; nun würden selbst Knechte ihn Dummkopf nennen.

Er schlich sich in die Werkstatt des Amilias, des Königs Schmied. Während der Meister mit seinen Gesellen zu Tische saß, brannte das Schmiedefeuer. Über ein Jahr lang hatte Wieland keinen Schmiedehammer angerührt; nun zog er rasch ein Stück Eisen aus der Glut und schmiedete, ehe Amilias vom Essen zurückkehrte, ein Messer.

Weiterhin reichte Wieland an der Tafel des Königs die Messer. Mit einem von ihnen schnitt Nidung eines Tages Brot ab und dazu ein ganzes Ende vom Tisch. Der König wunderte sich über die Schärfe dieses Messers und fragte:

»Wer hat das gemacht?«

»Der alle deine Messer und alles andere für dich geschmiedet hat«, erwiderte Wieland.

Amilias stand in der Nähe und sagte: »Ich habe es gemacht.«

»Ein so scharfes kam noch nie von dir«, tat ihn der König ab und blickte Wieland zornig an. Der mußte den Verlust des Messers und die Nachbildung eingestehen.

»Noch nie schnitt ich mit einem derartigen Messer!« rief der König.

»Obwohl Wieland dieses Messer gemacht hat, ist er kein besserer Schmied als ich«, ereiferte sich Amilias, in seiner Schmiedeehre verletzt. »Wetteifern wir um unsere Fertigkeiten!«

»Mögen meine gering sein«, entgegnete Wieland, »aber ich will meine Kunst beweisen. Mache du ein Stück, ich schmiede ein anderes; dann soll jeder sehen, welches besser ist.«

»Wetten wir darauf!« rief Amilias.

»Ich besitze nichts, um etwas zu setzen«, sagte Wieland.

»Dann biete deinen Kopf«, verlangte Amilias. »Ich setze meinen dagegen, und der bessere Schmied soll ihn dem anderen abschlagen.«

»Was willst du anfertigen?« fragte Wieland.

»Mache du ein Schwert, ich schmiede einen Helm, eine Brünne und Brünnenhosen«, schlug Amilias vor. »Sollte dein Schwert meine Haut ritzen, darfst du mich köpfen. Verletzt deine Waffe mich nicht, verlierst du dein Leben.«

Weil Wieland befürchtete, Amilias könnte sein Wort nicht halten, wollte er als Bürgen zwei der tapfersten Männer aus dem Gefolge des Königs. »Niemand weiß, was ich kann«, sagte Wieland und vermochte keinen Bürgen zu nennen. Da erinnerte sich der König an die Schärfe des von Wieland gefertigten Messers und stand selbst für ihn ein.

Noch am gleichen Tag ging Amilias mit den Gehilfen in seine Schmiede und begann die Stücke zuzurichten, an denen er zwölf Monate arbeitete. Wieland aber bediente den König weiter bei Tisch.

Nach einem halben Jahr wurde Nidung ungeduldig und fragte Wieland, wann er denn zu schmieden gedenke.

»Wenn ich eine Werkstatt habe«, sagte Wieland.

Der König ließ ihm eine Schmiede errichten. Aber als Wieland sein Werkzeug aus dem Versteck holen wollte, fand er den Stamm aufgebrochen, Gerät und Schätze geraubt. Da erinnerte er sich, daß ein Mann ihm beim Graben zugesehen hatte, ging zum König und berichtete das Vorgefallene. Nidung versprach zu helfen und fragte, ob er den Mann wiedererkennen würde.

»Ja«, beteuerte Wieland, »aber ich weiß seinen Namen nicht.«

Da berief der König alle Männer seines Reiches zu

einem Thing. Viele wunderten sich, zu diesem Zeitpunkt pflegte man sich sonst nie zu versammeln. »Fehlt einer?« vergewisserte sich der Schmied. »Alle sind auf dem Thing«, versicherte der König. Wieland trat vor jeden Mann und blickte ihm ins Gesicht. Aber als der Schmied keinen fand, der dem Gesuchten glich, sah sich Nidung bei seinen Leuten dem Spott preisgegeben und nannte Wieland einen Dummkopf. So verlor der Schmied außer Gold und Werkzeug auch noch die Gunst des Königs.

Während Wieland am Tisch des Königs weiter die Messer zurechtlegte, sann er darüber nach, wie er den Dieb finden könne, und schmiedete heimlich – bis zu dem Abend, als er den König mit einer Kerze zu seiner Schlafstatt begleitete und sie an einer Ecke vor der Halle auf einen Mann stießen, vor dem der König stehenblieb und ihn anredete:

»Heil dir, mein Freund Regin! Wie weit gedieh mein Auftrag in Schweden? Warum kommst du nicht herein?«

»Der Kerl ist überheblich und kann dir nicht antworten, denn er ist aus Eisen«, sagte Wieland. »Ich machte Gestalt und Gesicht nach meiner Erinnerung. Also Regin stahl mein Werkzeug und Gold.«

»Er fehlte auf dem Thing«, erinnerte sich der König, »ich hatte ihn als Boten nach Schweden gesandt.« Sogar Regins Haar war geschickt nachgeahmt. Nidung lobte Wielands Kunstfertigkeit und versprach, ihm sein Schmiedegerät und seine Schätze zu beschaffen.

Nach Regins Rückkehr ließ der König ihn rufen und stellte ihn zur Rede. Er habe Werkzeug und Gold nur zum Scherz ausgegraben und an sich genommen, beteuerte der Beschuldigte und gab es Wieland zurück. Dem Schmied war es auch ohne sein bewährtes Gerät gelungen, den König mit dem eisernen Regin zu täuschen. Trotz dieses Ruhms diente er weiter an dessen Tisch.

Nach vier Monaten mahnte Nidung den Schmied: »Wann wirst du endlich beginnen? Amilias ist boshaft und sehr geschickt.«

Wieland ging in seine Werkstatt und schmiedete in sieben Tagen ein ungewöhnlich großes Schwert. Als es erkaltet war, stand der König neben dem Amboß und versicherte, er habe noch nie ein schöneres gesehen. Wieland bat den König, ihn zum nahen Fluß zu begleiten; dort warf er eine Wollflocke von der Größe und Stärke eines Fußes ins Wasser und hielt das Schwert in die Flut, die Schneide in Richtung der Strömung; es teilte die Wollsträhne glatt.

»Ich habe noch nie ein so scharfes Schwert gesehen«, beteuerte der König und wollte es sogleich anlegen.

»Die Waffe ist nicht schlecht, aber ich werde sie noch härter schmieden«, meinte Wieland und nahm sie mit in seine Werkstatt. Und der König ging heiter in seine Halle.

Wieland zerfeilte das Schwert zu einem Häufchen Späne, mengte die mit Mehl und fütterte das Gemisch zahmen Vögeln, die er drei Tage hatte hungern lassen. Im Schmiedeofen schmolz er den Kot und fällte die Schlacke aus dem Metall. Daraus schmiedete er ein zweites Schwert, das war kleiner als das erste. Und wieder kam der König, lobte es und wollte es an sich nehmen.

Diesmal warf Wieland eine doppelt so dicke Wollflocke in den Fluß; das Schwert zerschnitt sie wie die erste.

»So weit ich auch suchte, ich fände kein besseres Schwert als dieses«, lobte der König.

»Die Waffe ist gut, doch sie soll noch schärfer werden«, wehrte Wieland ab.

Zufrieden ging Nidung in seine Halle. Wieland kehrte in seine Schmiede zurück, feilte auch das zweite Schwert in feine Späne und verfuhr wie mit dem ersten. Nach drei Wochen hatte er ein blankes Schwert geschmiedet, kleiner als das zweite, sehr handlich und mit Gold eingelegt.

Jetzt warf Wieland einen drei Fuß langen und dicken Wollknäuel ins Wasser, hielt das Schwert ruhig in die Strömung; die Schneide schnitt die Wolle glatt wie das Wasser.

»Du kannst durch die ganze Welt ziehen und findest kein Schwert, das so ist wie dieses«, beteuerte Nidung. »Ich will es in jedem Kampf tragen.«

»Ich nenne es Mimung, und es soll keinem anderen gehören als dir«, erwiderte Wieland, »aber erst fertige ich dazu eine Scheide und einen Trageriemen.«

Der König ging gutgelaunt in seine Halle.

Wieland eilte an seinen Amboß und schmiedete ein Schwert, das keiner von Mimung zu unterscheiden vermochte. Die echte Waffe verbarg er unter den Blasebälgen und sagte: »Liege du da, Mimung, bald brauche ich dich selbst.«

Wieder verrichtete der Schmied seine Arbeit an der Tafel des Königs bis zu dem Tage, an dem die Wette entschieden werden sollte. An diesem Morgen zog Amilias seine Brünnenhosen an und ließ sich auf dem Markt bestaunen; vor dem Frühstück legte er außerdem die Brünne an, auch die war doppelt und prächtig gearbeitet; vor dem Tafeln beim König setzte er noch den Helm auf, der war besonders dick und schien gegen jeden Schlag gefeit. Nidung lobte ihn. Und alle Leute meinten, nie eine so gute und sichere Rüstung gesehen zu haben.

Nach dem Mahl begaben sich alle hinaus auf einen Platz, Amilias schritt in ihrer Mitte. Der Gerüstete zeigte sein Schwert, mit dem er Wieland dann den Kopf abzuschlagen gedachte, und setzte sich auf einen Stuhl, bereit für die Wette. Das Gefolge des Königs und andere Männer standen im Kreis um ihn her. Wieland trat mit gezückter Waffe in die Runde vor den König, dann hinter Amilias, setzte die Schwertspitze auf den Helm und fragte den Schmied des Königs, ob er sie spüre. Der lachte und prahlte: »Schlag mit aller Kraft zu. Oder bist du zu schwach?«

Wieland drückte die Schwertspitze lediglich fest gegen den Helm, da schnitt Mimung Helm und Amilias Kopf, Brünne und Körper bis zum Gürtel in zwei Hälften.

Noch nie hatte jemand von solch einem scharfen Schwert gehört. Der König wollte Mimung sogleich anlegen. Aber der Schmied gab vor, noch die Scheide aus der Werkstatt holen zu müssen, steckte Mimung unter den Blasebalg und übergab dem König die Nachbildung.

Nun fertigte Wieland für König Nidung und sein Gefolge prächtige Waffen und kostbarstes Geschmeide. Die prunkvollen Stücke ließen den Ruhm des Königs noch heller glänzen. Wieland galt auf der Nordhälfte der Welt als so bedeutend, daß man von einem Stück, das weit kunstvoller als andere geschmiedet worden war, sagte, das stamme wohl von einem Wieland.

Eines Tages stürmten Boten an die Tafel des Königs und meldeten, ein großes feindliches Heer sei in sein Reich eingefallen, brenne Orte nieder und verwüste das Land. Nidung sammelte sofort eine starke Mannschaft – auch Wieland war in seinem Gefolge – und zog gegen den Feind. Nach fünf Tagen berührte sein Heer den Gegner. Am Tag vor der Schlacht wollte der König seinen Siegstein in die Hand nehmen und die Gedanken sammeln, da bemerkte er, daß er ihn in seiner Burg vergessen hatte. Nidung glaubte, ohne die Kraft dieses Steines die Schlacht zu verlieren, rief die Vertrauten in sein Zelt und verkündete:

»Wer den Stein herbeischafft, ehe morgen die Sonne aufgeht, erhält meine Tochter Bödwild zur Frau und mein halbes Reich.«

Wegen des langen Weges wagte niemand die Fahrt. In seiner Not wandte der König sich abends an den Schmied: »Mein guter Freund Wieland, wirst du reiten?« Der König wußte von Skemming, dem schnellen Pferd des Schmiedes.

»Du rätst mir also«, erwiderte Wieland. »Hältst du deine Versprechen, werde ich reiten.« Der König gelobte, sie zu erfüllen.

Auf seinem Hengst Skemming, der so schnell war, wie ein Vogel fliegt, preschte Wieland davon und erreichte um Mitternacht Nidungs Burg. Bödwild übergab Wieland den Siegstein. Da blickte die Königin arglistig. Den Weg, für den Nidung fünf Tage gebraucht hatte, legte der Schmied in zwölf Stunden zurück und erreichte vor Sonnenaufgang das Lager. Nicht weit dem Königszelt ließ Wieland Skemming Kunstsprünge machen. Da ritten ihm sieben Männer entgegen, an ihrer Spitze der Truchseß, und hießen Wieland willkommen.

»Mein guter Freund, hast du den Siegstein?« fragte der Anführer des königlichen Gefolges. »In dieser Zeit hätte das keiner von uns geschafft.«

»Ich erfüllte den Auftrag so gut ich konnte«, erwiderte Wieland.

»Gib mir den Siegstein!« verlangte der Truchseß. »Ich werde ihn dem König überreichen. Du bekommst von mir so viel Gold und Silber, wie du willst.«

»Wie verträgt sich das mit deiner Ehre? Für dich war der Weg nicht länger als für mich!« entgegnete Wieland und verweigerte den Stein.

»Glaubst du wirklich«, schrie der Truchseß, »ein kleiner, erbärmlicher Schmied kriegt die Königstochter, die bisher keiner aus den besten Geschlechtern des Landes bekam? Und dazu ein halbes Königreich? Etwas anderes kriegst du: nehmt ihm den Siegstein und das Leben!«

Die Mannen des Truchseß griffen Wieland an. Der zog sein Schwert Mimung und spaltete dem Truchseß Helm und Kopf. Daraufhin flohen die anderen sechs Männer.

Wieland ging zum König, übergab ihm den Siegstein und wurde freundlich empfangen. Als Nidung aber vom Tod des Truchseß erfuhr, verfluchte er den Schmied:

»Du erschlugst meinen besten Mann. Verlasse sofort das Lager und kehre nie in mein Land zurück, sonst lasse ich dich hängen!«

»Du willst deine Versprechen nicht einlösen, deshalb verbannst du mich!« empörte sich Wieland.

Ein Vertrauter des Königs erinnerte sich an den Rat der Königin, Wieland die Sehnen zu zerschneiden und ihn für den Hof schmieden zu lassen. Doch Nidung erlaubte Wieland fortzureiten.

Am gleichen Tage besiegte der König mit seinem Heer die Wikinger und kehrte ruhmvoll und mit reicher Beute auf seine Burg zurück, wo die Königin ihm vorhielt, gegenüber Wieland zu nachsichtig zu sein.

Der Schmied sah sich betrogen, wollte sich am König rächen, ging verkleidet an dessen Hof und gab sich als Koch aus. Eine der Schüsseln, für die Wieland Fleisch zubereitet hatte, kam auf die Tafel vor den König und seine Tochter. Bödwild schnitt das Fleisch mit einem Messer, das zu klingen begann; denn es hatte die Fähigkeit, vor Verdorbenem und Vergiftetem zu warnen. Nidung ließ den Koch, der das Stück zubereitet hatte, ergreifen und vorführen. So wurde Wieland erkannt.

Jetzt mußte Nidung sich dem Rat der Königin fügen, ließ Wieland an Füßen, Kniekehlen und Oberschenkeln die Sehnen durchschneiden und sagte: »Weil du so meisterhaft schmiedest, sollst du dein Leben behalten.«

Der Krüppel dankte dem König für die Milde: »Nun kann ich mich nie mehr von dir trennen; und falls ich es könnte, so täte ich es nicht.«

»Dafür erhältst du reichlich Gold und Silber«, erwiderte der König und ließ eine neue Schmiede auf der ufernahen Insel Säwarstadt errichten.

Da saß nun Wieland am Schmiedefeuer, schwang den Hammer, schlief kaum und fertigte Stück auf Stück. Manchmal schleppte er sich zur Tür, blickte auf die ziehenden Vögel und dachte an die freie Jagd in den Wolfstälern. Er sandte eine Botschaft an seinen Bruder Egil.

Eines Tages kamen die beiden jüngsten Söhne des Königs mit ihren Bögen zu Wieland und gaben vor, er solle für sie Pfeile schmieden. In Wahrheit wünschten sie seine Schätze zu sehen, von denen sie gehört hatten. Wieland widersetzte sich zunächst ihren Bitten. Schließlich erfüllte er sie, hob den schweren Deckel der Truhe und ließ die Kinder hineinblicken. Sie sahen das rote Gold, das funkelnde Geschmeide und konnten ihren Blick nicht losreißen. Das war unheilvoll, denn Wieland kam dabei der Gedanke, in welcher Weise er sich rächen könnte. Die Kinder baten, bald zurückkehren und wieder in die Truhe sehen zu dürfen. Wieland versprach, ihnen die kostbarsten Stücke zu schenken, machte aber zur Bedingung, ihren

Besuch auch Knechten und Mägden zu verheimlichen, Neuschnee abzuwarten und rückwärts zur Schmiede zu stapfen.

Und genau so geschah es. Der frische Schnee glitzerte weiß und rein. Als die Jungen neugierig ihre Köpfe über die Truhe beugten, ließ Wieland den schweren Deckel fallen und schlug sie ihnen vom Halse. Ihr Blut sammelte er in einer Blase und machte es haltbar. Die Leichen verbarg er in der Grube unter den Blasebälgen.

Der König ließ überall nach seinen Söhnen suchen. Auf Befragen erklärte Wieland, sie seien zwar in der Schmiede gewesen, jedoch – wie die Fußspuren zeigten – in Richtung der Königshalle zurückgegangen. Die Abdrücke im Schnee galten als untrügliche Zeichen; keiner verdächtigte Wieland. Der König und die Königin mußten annehmen, ihre Söhne seien im Walde bei der Jagd nach Vögeln von Wölfen zerrissen worden, oder die See habe sie beim Fischen in die Tiefe gerissen.

Für seine Rache war Wieland nun hart und wild genug. Er nahm die Leichen der Königssöhne, schabte das Fleisch von den Knochen, schlug die Hirnschalen in Gold und Silber und machte zwei Trinkbecher. Aus den vergoldeten Schulterblättern fertigte er Gefäße zum Bierschöpfen. Die Augen faßte er in Gold, als wären es edle Steine, aus den Zähnen fertigte er Brustschmuck für Bödwild. Die Prunkschalen schenkte er dem Königspaar. Die Schädelbecher und knöchernen Bierschalen voll Met wurden bei Gelagen nur mächtigen Männern gereicht.

Für Wielands Rache ergab sich weiter Gelegenheit. Als Bödwild mit ihren Mägden im Garten herumtollte, brach ihr bester Goldring; jener, der Wielands Herwör gehört und den der König seiner Tochter geschenkt hatte. Nun fürchtete Bödwild, ihr Vater werde sie strafen, und besprach sich mit ihrer Magd. Die meinte, nur Wieland gelänge es, den Schaden zu beheben. Also schickte Bödwild die Magd zu Wieland. Der verlangte, die Königstochter selbst möge mit dem Ring in die Schmiede kommen. Als sie mit ihrer Magd erschien, ließ er nur Bödwild in die Werkstatt und gab vor, er habe noch ein Stück im Feuer, das erst fertigzustellen sei, und riegelte die Tür ab. Dann schenkte Wieland der Königstochter Bier ein und legte sich zu der Berauschten. Nun besserte Wieland den Ring aus, machte ihn beinahe schöner als vorher, und gab ihn zurück. Bödwild verriet auch ihrer vertrautesten Freundin nicht, was in der Schmiede vorgefallen war.

Auf Bitten Wielands hin hatte der König Egil an den Hof rufen und in sein Gefolge aufnehmen lassen. Der Bruder des Schmiedes war schöner als die meisten Männer; und es hieß, niemand schieße mit dem Bogen so gut wie er. Nachdem der König einige Meisterschüsse Egils gelobt, wollte er nun erproben, ob er tatsächlich der berühmteste Schütze sei. Nidung ließ den dreijährigen Sohn Egils in den Hof der Burg stellen, einen Apfel auf seinen Kopf legen und verlangte, der Vater solle genau den Apfel treffen, und er dürfe nur einen Pfeil nehmen. Aber Egil steckte drei Pfeile in den Köcher. Das versammelte Gefolge verstummte. Der Schütze ergriff einen Pfeil, strich die Fiederung glatt, legte ihn auf die Sehne und schoß den Apfel mittendurch. Nidung lobte den Meisterschuß und fragte Egil:

»Warum nahmst du drei Pfeile?«

»Wäre mein Sohn verletzt, hätte ich die beiden anderen auf dich geschossen.«

Der König nahm diese Antwort hin. Das Gefolge murrte und fand sie kühn und vermessen.

Wenn Wielands Taten ans Licht kämen, würde der König ihn erschlagen lassen. Das wußte der Schmied und sann über seine Flucht nach. Er bat seinen Bruder, Vogelfedern zu beschaffen und einen Besuch Bödwilds zu vermitteln.

Wieland faßte Zuneigung zu Bödwild und versicherte ihr, keine andere zur Frau zu nehmen als sie. Und die Königstochter beteuerte, keinen anderen Mann zu wählen als ihn.

»Du wirst ein Kind erwarten, und es wird sicher ein Sohn sein«, verkündete Wieland, »ich schmiede für ihn Waffen und verberge sie in der Schmiede dort, wo das Wasser hereinfließt und der Wind hinausfährt. Falls ich nicht mehr dazu komme, sage du ihm das.« Dann gingen Bödwild und Wieland zufrieden auseinander.

Egil jagte weiter große und kleine Vögel und brachte die Federn zu Wieland, der daraus Flügel und ein Flughemd für sich fertigte; es glich dem Federkleid des Vogels Greif. Als es vollendet war, drängte Wieland seinen Bruder:

»Streif das Flughemd mit den Flügeln über und probiere es für mich.«

»Wie soll ich abheben, wie fliegen und landen?« fragte Egil.

»Du sollst gegen den Wind abheben, hoch und lange fliegen und mit dem Wind landen«, riet Wieland.

Egil legte das Federgewand an und stieg auf in die Luft und flog so leicht wie der gewandteste Vogel. Als er aber landen wollte, fiel er mit dem Kopf nach unten und stürzte auf die Erde, daß es in seinen Ohren dröhnte, in seinen Schläfen pochte und er seine Sinne nicht gleich wiederfand.

»Waren die Flügel brauchbar?« fragte Wieland.

»Könnte man so gut aufsetzen wie fliegen, wäre ich in der Luft geblieben, flöge in ein anderes Land, und du bekämst die Flügel nicht zurück.«

»Ich will die Mängel ausbessern«, sagte Wieland und fuhr dann mit Egils Hilfe in das Federhemd, hob ab und setzte sich auf das Dach der Halle. Von dort rief er zu Egil hinunter:

»Ich mißtraute dir und riet, mit dem Wind zu landen. Aber alle Vögel heben gegen den Wind ab und kehren gegen den Wind auf die Erde zurück. Nun sollst du erfahren, was ich vorhabe. Ich werde nach Hause fliegen. Zuvor aber will ich mit dem König abrechnen. Und zwingt er dich, Pfeile auf mich zu richten, so ziele unter meinen linken Arm. Da hängt eine Blase mit dem Blut der Nidungssöhne.«

Nun flog Wieland auf den höchsten Turm der Königsburg. Da kam Bödwild über den Hof, sah Wieland mit den Flügeln schlagen und rannte weinend davon, aus Kummer um den Geliebten und aus Furcht vor dem Zorn des Vaters. Auch die Königin erfuhr davon und eilte in die Halle zum König, der auf seinem Thron stumm vor sich hin brütete.

»Wachst du?« fragte die Königin.

»Seit dem Tod meiner Söhne hocke ich immer ohne Schlaf. Mir friert der Kopf. Dein Rat war unheilvoll«, erwiderte Nidung, ging hinaus und redete den Schmied an:

»Wieland, bist du ein Vogel?«

»Ja, das wurde ich und werde nie zurückkehren. Du hattest Eide geschworen, mir deine Tochter zu geben. Und ich preschte davon und holte den Siegstein. Aber du schicktest den Truchseß, mich zu erstechen, und brachst den Schwur. Du gewannst die Schlacht und ließest meine Sehnen kappen. Nun rächt sich der Krüppel.«

Der König schwieg und fragte dann:

»Sag mir, wo sind meine Söhne?«

»Erst sollst du alle Eide leisten, daß du Wielands Braut, die an deiner Tafel sitzt, nicht tötest!« rief Wieland hinab. »Schwöre beim Bord des Schiffes, beim Rand des Schildes, bei der Schneide des Schwertes, daß du unserem ungeborenen Kind nichts antust.«

Mit schwerer Zunge gelobte der König:

»Ich beeide beim Bord des Schiffes, es möge mit mir untergehen, beim Rand des Schildes, er möge mich nicht mehr schützen, bei der Schneide des Schwertes, es möge mich verwunden, wenn ich meinen Schwur breche.«

Nach diesen Sätzen des Königs offenbarte ihm Wieland:

»Geh in die Schmiede, die du erbauen ließest, dort findest du die Kopfhäute deiner Söhne, von den Schädeln abgezogen. Ihre Füße warf ich in die Grube unter die Blasebälge, schlug die Hirnschalen deiner Söhne in Gold und Silber für Trinkbecher auf deiner Tafel. Die Augen deiner Söhne faßte ich in Gold, hämmerte aus den Zähnen deiner Söhne Brustschmuck für Bödwild. Ich machte deine Tochter berauscht und nahm sie; jetzt geht sie mit einem Kind von mir schwanger.«

Daraufhin sandte Nidung seinen Vertrauten Dankrat in die Halle, Bödwild zu holen, und auf Befragen ihres Vaters gab sie zu:

»Ich vermochte dem Schmied nicht zu widerstehen.«

»Nie hörte ich Sätze, die mich mehr schmerzten«, klagte der König. »Wieland, du mußt sterben. Aber selbst von einem Pferd aus kann dich keiner ergreifen. Kein Speerwurf erreicht dich, aber ein Pfeil. Egil, schieß ihn herunter!«

»Er ist mein Bruder!«

»Dann wirst du erschlagen!« drohte der König und wies sein Gefolge an.

Da legte Egil einen Pfeil auf die Bogensehne und schoß Wieland, als er aufflog, unter den linken Arm. Blut spritzte zur Erde. Da meinten der König und alle, die um ihn standen, der Schmied sei tödlich getroffen. Aber Wieland flog heim nach Seeland.

Egil sattelte Wielands Pferd Skemming und folgte mit seinem Sohn, dem Werkzeug und den Schätzen des Schmiedes auf die väterlichen Höfe.

Als Nidung erfuhr, wie seine Söhne umgekommen und die Brüder ihn getäuscht hatten, erkrankte er. Und nachdem seine Tochter von seinem Erzfeind einen Sohn, Witege, gebar, wurde der König noch verbitterter und starb bald.

So rächte sich Wieland für den Eidbruch und die Verstümmelung durch Nidung, ließ den König und dessen Tochter im Haß unversöhnlich zurück. Auch um Bödwild zu schänden, hatte er die Liebe zu ihr nur vorgetäuscht.

Nach späteren Erzählungen wurde nach Nidungs Tod Otwin, sein ältester Sohn, König; der war bei allen im Lande beliebt und freundlich zu seiner Schwester.

Als Wieland dies erfahren hatte, sandte er einige Zeit nach der Geburt seines Sohnes Witege einen Vertrauten zu dem jungen König mit der Bitte um Versöhnung und Frieden. Otwin lud den Schmied auf seine Burg ein, wo er gut aufgenommen wurde. Der König gab ihm seine Schwester Bödwild zur Frau und bat ihn zu bleiben. Später zog Wieland, von Otwin reich beschenkt, mit Bödwild und dem dreijährigen Witege heim nach Seeland.

Die meiste Zeit verbrachte Wieland an seinem Schmiedefeuer und wurde in den Ländern der nördlichen Welt

noch berühmter. Bald schmiedete er seinem Sohn einen
Helm von besonderer Härte und machte ihm einen Schild,
der war weiß, und in Rot leuchteten darauf Hammer und
Zange als Zeichen der Schmiedekunst.

Witege wurde ein berühmter Held und Gefährte Dietrichs
von Bern. Doch davon soll später erzählt werden.

Dietrich von Bern

Der berühmteste Herrscher des Geschlechtes der Amaler war Dietrich von Bern. Er griff in die Geschicke großer Könige ein wie die der Burgunden an Etzels Hof. Gerühmt werden seine Besonnenheit und sein Sinn für Gerechtigkeit.

Amal hieß ein früher Vorfahr dieses Geschlechts, daher der Name. Der Großvater jenes Amal soll Gaut gewesen sein, der Urvater der Gauten oder Goten. Noch heute heißt eine Insel in der Ostsee vor Schweden Gotland. Gaut ist wohl nur ein anderer Name für Odin oder Wodan, und es gibt Erzählungen, die Dietrich von Bern göttliche Abstammung nachsagen.

Schon von Dietrichs Vater, König Dietmar, wird als mächtigem Herrscher von Bern Großes berichtet. Er war streitbar, aber auch verständig, strafen konnte er und milde sein. Bei seinen Mannen galt er als großzügig und beliebt. Auch die Weisheit und Geschicklichkeit seiner Gemahlin Odilia scheint der Sohn geerbt zu haben.

Bereits als Dietrich heranwuchs, übertraf er alle Knaben gleichen Alters. Seine Schultern wurden zwei Ellen breit und seine Arme dick wie ein großer Baumstamm und so hart wie Stein. In der Mitte seines Leibes schmal, waren seine Hüften und Schenkel so stark und seine Waden und seine Schienbeine so dick, daß man meinte, sie gehörten einem Riesen. Dietrichs Kraft war so gewaltig, hieß es, wie kein gewöhnlicher Mensch sie besaß und er selbst sie kaum ganz erproben konnte. Nur so gelang ihm später an Etzels Hof, Hagen und Gunter niederzuringen.

Trotz seiner Stärke war Dietrich nicht grobschlächtig, ihn zierten schöne Hände, sein Gesicht war schmal und regelmäßig, er hatte helle Haut. Und er blickte mit ungewöhnlich scharfen, dunkelbraunen Augen, die den Herrscher und seine hohe Abstammung verrieten. Sein Haar fiel in langen Locken über seine Schultern und glänzte wie geschlagenes Gold. Ihm soll nie ein Bart gewachsen sein.

Als Dietrich zwölf Jahre alt war, setzte König Dietmar ihn zum Anführer seines Gefolges ein. Daß aus dem ungefügen Knaben ein weiser und mächtiger König wurde, ist auch einem Manne zu danken, dem die Erziehung des jungen Herrschers übertragen wurde.

1

Hildebrant und Dietrich

Jener Mann stammte aus Venedig, sein Vater war dort Herzog und hieß Reginbald. Sein Sohn Hildebrant hatte eine ungewöhnliche Begabung für das Kriegshandwerk. Auch er wurde als Zwölfjähriger, in Rüstung und gewaffnet vor dem Fürstensessel seines Vaters stehend, zum Anführer von dessen Gefolge ernannt.

Hildebrant sah man seine Abstammung und seinen edlen Sinn an. Hochgewachsen, schön von Gestalt und Angesicht, hatte er helle Haut, ein breites Gesicht, eine gerade Nase und ungewöhnlich scharfe Augen. Sein Haar und sein Bart glänzten wie gelbe Seide und waren kraus wie Sägespäne. An Mannestugenden und Weisheit übertraf er die meisten. Deshalb wurde er später ein kluger

Ratgeber Dietrichs. Freundschaft hielt er so treu und verläßlich, daß er Dietrich nie im Stiche ließ. Auch seine Freigebigkeit wurde gerühmt. An Mut und Tapferkeit glich ihm im Lande keiner.

Mit dreißig trat Hildebrant wieder vor den Herrschersitz seines Vaters und erklärte: »Reite ich weiterhin nur nach Venedig oder hocke in Schwaben, erlange ich niemals Ruhm. Ich will Leben und Sitten anderer Herrscher kennenlernen!«

»Wohin willst du ziehen?« fragte der Herzog.

»Gehört habe ich von einem mächtigen König«, erwiderte der Sohn, »das ist Dietmar von Bern. Dahin will ich reiten.«

Herzog Reginbald ließ fünfzehn Recken als Begleiter ausrüsten.

Hildebrant zog mit seinen Gefährten nach Bern, wo er vom König herzlich aufgenommen und gebeten wurde zu bleiben; er dankte und bekam Platz an der Seite des Königs. Sofort gewann der fünfjährige Dietrich Zutrauen zu Hildebrant. Der unterrichtete den jungen König in den Sitten bei Hofe und in der Beredsamkeit, er führte ihn in die Studierstuben weiser Männer. Gründlich lehrte er ihn das Waffenhandwerk und die Gepflogenheiten bei der Jagd. Hildebrant erzog Dietrich, bis dieser zwölf Jahre alt war und Anführer wurde. Aber auch danach blieben sie enge Freunde. Einer liebte den anderen so, daß niemals von herzlicherer Zuneigung unter Männern berichtet wurde.

Eines Tages ritten sie in den Wald mit ihren Hunden und Jagdvögeln. Als sie eine wildreiche Stelle erreichten, ließen sie die Hunde los und die Falken fliegen. Da brach ein Hirsch aus dem Dickicht. Dietrich verfolgte ihn und scheuchte dabei einen Zwerg auf. Der junge König wandte

sein Pferd und jagte ihm nach, packte ihn am Nacken und
riß ihn zu sich hoch in den Sattel. Vielleicht wußte Hildebrant vom Aufenthalt des berühmten Zwerges und führte
seinen Zögling absichtlich an diesen Ort. Nun zappelte
der diebische Wicht in Dietrichs starken Händen.

»Herr«, jammerte er, »kann ich mein Leben aus Eurer
Hand lösen, so führe ich Euch dorthin, wo noch einmal so
viel Gold und Silber und alle Arten von Kostbarkeiten liegen, wie dein Vater besitzt. Dieser Schatz gehört Hild und
Grim. Der hat Zwölfmännerkräfte, aber seine Frau ist
noch stärker. Grim verwahrt das beste aller Schwerter,
und das habe ich selbst geschmiedet. Nur mit diesem
Schwert Nagelring gewinnst du stets große Siege. Erwirb
es, statt mich zu packen.« Dietrich umspannte den Zwerg
noch fester und verlangte:

»Erst wenn du schwörst, mir noch heute dieses Schwert
zu verschaffen, lasse ich dich los. Auch mußt du mir den
Weg zu dem Schatz weisen.«

Als der Zwerg das versprach, ließ Dietrich ihn frei und
jagte weiter nach Vögeln. Um die neunte Stunde ritten
Dietrich und Hildebrant an den Eingang der Schlucht, wo
sie sich verabredet hatten. Alberich, der Zwerg, schleppte
das Schwert auf einen Felsvorsprung, übergab es dem jungen König und sprach:

»An jener Berghalde bei dem steilen Felsen ist die
Höhle von Hild und Grim. Holt Euch den Schatz; und
wenn ich zwei Mannesalter erlebe, in Eure Gewalt kriegt
mich keiner mehr!«

Nach diesen Worten verschwand der Zwerg zwischen
den Steinen. Dietrich und Hildebrant stiegen von ihren
Pferden und banden sie fest. Neugierig zog Dietrich Nagelring aus der Scheide. Auch der kriegserfahrene Hilde-

brant hatte nie ein schöneres und schärferes Schwert gesehen.

Beide kamen nun mit der neuen Waffe über die Berghalde zum unterirdischen Gang der beiden Schatzhüter. Dietrich und Hildebrant banden ihre Helme fester, spannten ihre Brünnen und Brünnenhosen und hoben ihre Schilde. So drangen sie in die Höhle ein, Hildebrant dicht hinter Dietrich. Der starke Grim wollte sich wehren, griff in seine Waffentruhe, vermißte sein Schwert und ahnte den Dieb. Wütend riß er einen brennenden Baumstumpf aus dem Herdfeuer, um die Angreifer zu vertreiben, kam aber gegen Dietrich mit Nagelring nicht an. Hildebrant erging es schlechter; ehe er mit seinem Schwert zuschlagen konnte, sprang Hild ihm an den Hals und umklammerte ihn so fest, daß er nach hartem Ringen zu Boden ging; Hild stemmte sich auf ihn und umkrallte seine Arme, daß Blut aus seinen Nägeln brach.

»Dietrich, steh mir bei, das Weib zerquetscht mich!« rief Hildebrant.

Blitzschnell schlug Dietrich mit Nagelring dessen ehemaligem Besitzer den Kopf ab. Dann sprang er seinem besten Freund zur Seite und hieb das Weib in zwei Stücke. Aber das Trollwesen Hild war so zauberkundig, daß ihre Hälften wieder zusammenfanden. Also schlug Dietrich sie ein zweites Mal mittendurch. Auch diese beiden Hälften fügten sich wieder zusammen, als ob sie eins wären.

»Tritt zwischen Kopfstück und Fußteil!« rief Hildebrant. Also schlug Dietrich zum dritten Mal das Trollweib in zwei Teile und stellte sich sofort dazwischen. Da blieb die untere Hälfte tot, aber der Kopfteil sprach noch: »Hätte Grim Dietrich so unter die Knie gezwungen wie ich Hildebrant, so wären wir Sieger.«

Dann fielen die Hälften nach beiden Seiten und blieben regungslos. Hildebrant stand auf und dankte für den Beistand. Der junge König und sein Lehrer packten Gold, Silber und Edelsteine, so viel ihre Pferde schleppen konnten, das andere verbargen sie in der Höhle. Unter den Schätzen befand sich ein Helm von solcher Dicke, wie sie noch keinen gesehen. Hild hatte ihn Hildegrim genannt. Seitdem trug Dietrich ihn in vielen Kämpfen.

Nun soll erzählt werden, wie Dietrich seine anderen Gefährten fand; zunächst begegnete ihm Heime.

2

Heime kommt zu Dietrich und fordert ihn heraus

In einem dichten Wald des Landes Schwaben bewirtschaftete eine Familie mit Namen Studas ein Gehöft. Wie der Vater wurde auch der Sohn der beste Pferdezüchter weit und breit. Hengste zuzureiten und sich in Kampfspielen zu üben war seine Lieblingsbeschäftigung. Die Pferde waren grau, fahl oder schwarz; feurig und kühn jagten sie dahin, schnell wie fliegende Vögel. Nach Berichten mancher sollen diese Pferde von Sleipnir abstammen, dem Reittier Odins, das, wie man sagt, acht Beine hat und schneller ist als der Wind.

Wie wenige verstand der Sohn mit dem Schwert umzugehen, den Speer zu werfen und mit der Armbrust zu schießen. Er war streitsüchtig, aufbrausend, starrköpfig und wollte überall der erste sein. Wegen dieser Wesensart war er verhaßt und hatte wenige Freunde; für die jedoch setzte er sein Leben ein. Da der Sohn in seiner Wesensart einem Drachen mit Namen Heime glich, war er auch so genannt worden.

Eines Tages trat Heime mit seinem Roß Rispe und seinem Schwert Blutgang vor seinen Vater und erklärte:

»Anstatt im heimischen Wald zu altern, möchte ich die Sitten fremder Länder kennenlernen und dort Ruhm und Ehre erwerben.«

»Wenn du nicht den Hof bewirtschaften willst«, erwiderte der Vater, »wohin gedenkst du dich zu wenden?«

»Ich will südwärts übers Gebirge bis zur Stadt Bern. Dort lebt der Königssohn Dietrich, mit dem will ich kämpfen und sehen, wer der Stärkere ist.«

»Von glaubwürdigen Männern weiß ich«, wandte der Vater ein, »dieser Held ist unbezwingbar. Erprobe dich anderswo. Hochmut und Anmaßung kosteten schon manchem den Kopf.«

Streitsucht erwachte sogleich in dem Sohn; wütend entgegnete er seinem Vater:

»Wie ruhmlos redest du! Ich will früh sterben oder mächtiger werden als du. Ich bin siebzehn Winter alt, der junge König ist aber erst zwölf. Was kann er mir schon anhaben?«

Heime schwang sich auf sein Pferd Rispe und ritt davon. Bis Bern machte er kaum Rast. Dort preschte er bis an die Burg, gab sein Pferd in Obhut und stand bald in der Halle des jungen Königs vor dessen Königssessel.

»Von deinen Taten drang Kunde bis in ferne Wälder«, erklärte er. »Nun bin ich hergeritten und fordere dich zum Zweikampf. Der Sieger gewinne die Waffen des anderen.«

Dietrich wies den anmaßenden Fremden ab. Noch niemand hatte gewagt, ihn im Zweikampf zu fordern. Um künftig Großsprecher abzuschrecken, nahm er jedoch die Herausforderung an und meinte, der Fremde habe sich schon um Kopf und Kragen geredet.

Mit seinen Vertrauten verließ Dietrich die Halle und rüstete sich für den Zweikampf. Ein Recke brachte ihm die Brünnenhosen, ein anderer die Brünne, ein dritter den Schild; der war breit und rot wie Blut, mit einem goldenen Löwen aufgemalt. Ein vierter Recke reichte ihm den Helm Hildegrim, ein fünfter holte sein Roß und ein sechster sattelte es, ein siebenter überreichte ihm den Speer. Sein Schwert Nagelring trug er ohnehin. Als achter hielt sein Ziehvater Hildebrant ihm den Steigbügel. So ritt Dietrich gewaffnet mit seinen Begleitern aus der Burg auf den vereinbarten Platz.

Dort wartete bereits Heime in voller Rüstung. Die Vorbereitungen zum Kampf waren kurz. Bald preschten die Gegner aufeinander los. Viele Recken hielten es für leicht, den zwar starken aber kurzarmigen und kurzbeinigen Heime aus dem Sattel zu schleudern. Aber keiner der beiden vermochte mit seinem Speer gegen den Schild des anderen etwas auszurichten. Auch beim zweiten Anrennen galoppierten die Pferde aneinander vorbei, und die Speere prallten an den Schilden ab. Wild entschlossen zum tödlichen Stoß, schleuderten die Gegner beim dritten Mal ihren Speer mit noch größerer Wucht. Heimes Speer brach durch Dietrichs Schild und prallte an der Brünne unter dem Arm ab. Aber Dietrichs Speer durchbohrte Heimes Schild samt der doppelten Brünne und verwundete ihn leicht an der Seite. Beide Speerschäfte brachen mittendurch.

Nun stiegen die beiden Recken von ihren Pferden und zogen ihre Schwerter. Beide kämpften lange, keiner wich auch nur einen Fußbreit vor dem Gegner. Schließlich gelang Heime ein gewaltiger Schlag auf Dietrichs Helm Hildegrim mit dem Schwert Blutgang, so daß es am Griff in zwei Stücke brach. Der waffenlose Heime fiel damit in Dietrichs Gewalt. Aber der junge König mochte ihn nicht erschlagen, machte ihn vielmehr, wie es damals häufig geschah, zu seinem Gefolgsmann. Sie wurden die besten Freunde. Als Dietrich mit seinen Mannen nach Bern zurückritt, hatte er noch größeren Ruhm erworben.

3

Witege auf dem Wege nach Bern

Wie schon erzählt, hatte Wieland der Schmied mit seiner Frau, König Nidungs Tochter, einen Sohn mit Namen Witege. Der war bereits im Alter von zwölf Jahren von gewaltiger Größe und Kraft, aber auch beliebt und nicht streitsüchtig. Damit er ein ebenso berühmter Schmied werde wie er selbst, wollte der Vater ihn seine Künste lehren.

»Nie werde ich einen Hammer schwingen oder eine Zange in die Hand nehmen«, sträubte sich der Sohn.

»Wie sonst willst du ein Haus bauen, Speise und Trank verdienen?« fragte Wieland.

»Ich möchte vor allem einen guten Hengst besitzen«, erwiderte Witege, »ein scharfes Schwert führen, einen harten Helm und eine weiße Brünne tragen. So lange ich zu leben habe, will ich damit Herrschern dienen.«

»Das sollst du erhalten«, gestand Wieland zu, »aber wohin willst du ziehen?«

»Ich hörte von Dietrich«, sagte Witege, »dem berühmtesten Helden der Welt. Den will ich zum Zweikampf fordern. Halte ich seinem Schwert nicht stand, wird er mir das Leben schenken und mich als Gefährten aufnehmen, wie es dem bekannten Heime erging. Aber Vater, ich fühle mich stark genug, den Berner zu bezwingen.«

Wieland erschrak über die Vermessenheit seines Sohnes; um ihn von dieser Fahrt abzubringen, riet er:

»Du wirst seinem berühmten Nagelring unterliegen. Nicht weit von hier verwüstet ein Riese Ortschaften. Schlägst du den nieder, erwirbst du großen Ruhm und der Schwedenkönig gibt dir seine Tochter und sein halbes Reich dazu.«

»Einer Frau wegen?« entrüstete sich Witege, »erschlüge mich der Unhold, würde man mir einen lächerlichen Tod nachsagen. Nein, ich reite südwärts.«

»Kann ich dich nicht davon abbringen«, erwiderte Wieland, »so will ich dich rüsten wie noch keinen Recken zuvor.«

»Warum sollte mein Vater kein besseres Schwert schmieden als ein Meisterzwerg? Sind die etwa kunstfertiger als du?« stachelte Witege den berühmten Schmied an.

Wieland lachte und befahl dann, dem Sohn dicke Brünnenhosen anzulegen und eine lange weiße Brünne, die glänzte wie Silber, hart war wie Stahl und doppelt geschmiedet.

»Dieses Schwert Mimung, hier, nimm es«, sagte Wieland, »ich habe es selbst geschmiedet und für dich aufbewahrt. Kein anderes beißt wie das.«

Auch einen Helm aus härtestem Stahl reichte Wieland ihm, stark geschweißt und mit großen Nägeln beschlagen. Das Bild einer goldenen Schlange war darauf; als Zeichen seiner Kampfeslust spie sie Gift. Der Schild war so stark und schwer, daß kein gewöhnlicher Recke ihn mit einer Hand heben konnte. Auf dem weißen Schild prangten in Rot gemalt Hammer und Zange, die Schmiedezeichen des Vaters. Am Schildrand oben blitzten drei Karfunkelsteine und verwiesen auf das Königsgeschlecht der Mutter. Zum Schluß gab der Vater Witege seinen berühmten Hengst Skemming, dazu einen elfenbeinernen Sattel, den das Bild einer Natter zierte.

Zum Abschied küßte Witege seine Mutter, die schenkte ihm drei Mark Goldes und ihren Fingerring. Der Sohn küßte auch seinen Vater. Dem Hartgesottenen wurde der Abschied schwer.

Witege nahm seinen Speer und schwang sich samt seiner schweren Rüstung, ohne den Steigbügel zu berühren, in den Sattel. Da lachte Wieland, unterwies seinen Sohn in den Wegen nach Süden und geleitete ihn durch den Wald bis hinaus auf die Straße.

Witege durchritt große Wälder, die nur wenig bewohnt waren, und stieß an den großen Fluß Eider. Aber jene Furt, die sein Vater ihm gewiesen hatte, verfehlte er. Daraufhin band er sein Pferd im Wald fest, verbarg seine Waffen und Kleidung unter Laub im Gebüsch, watete in die Strömung und suchte nach der Furt. Drei Männer ritten am Ufer entlang und sahen nur noch einen Kopf über dem Wasser. Hildebrant, Heime und Hornboge waren im Auftrage ihres Herrn Dietrich unterwegs.

»Draußen im Fluß zappelt ein Zwerg«, sagte Hildebrant, »das wird Alberich sein; Dietrich fing ihn schon einmal. Versuchen wir, ihn erneut zu packen, und gewinnen noch größeres Lösegeld.«

Witege hörte das und rief über das Wasser: »Laßt mich an Land steigen, dann könnt ihr sehen, ob ich ein Zwerg oder ein Mensch bin.« Die drei gewährten ihm Frieden. Mit einem Sprung von neun Fuß setzte Witege aus dem Fluß an Land.

»Wer bist du? Woher kommst du?« fragte Hildebrant.

»Wie kannst du einen Nackten fragen? Laß mich erst Kleider und Waffen anlegen.«

Das billigten sie ihm zu. Witege eilte zu seinem Versteck und kam bald auf Hengst Skemming, mit seinem roten Schild und Mimung zum Ufer zurück und sagte:

»Ihr drei Tapferen, wüßte ich euren Namen, würde ich euch damit anreden. Jetzt könnt ihr mich fragen, so viel ihr wollt.«

»Wie heißt du? Woher stammst du? Warum reitest du allein in der Fremde?«

»Mein Vater ist Wieland der Schmied, meine Mutter König Nidungs Tochter, ich heiße Witege und will nach Bern zu Dietrich, um mich mit ihm zu messen. Vielleicht könnt ihr mir den Weg weisen?«

Hildebrant meinte, einen so riesenhaften Recken noch nicht gesehen zu haben. Auch beim Anblick seiner Waffen und Rüstung glaubte er, daß es auch für Dietrich nicht leicht sein würde, ihn zu bezwingen. Deshalb ersann Hildebrant eine List und sagte:

»Endlich ein Recke, der den Mut hat, Dietrich zu fordern. Der hält sich schon für unbesiegbar. Wenn du wirklich so tapfer bist, wirst du seinen Übermut kühlen. Schlag ein, laß uns Brüder sein. Einer stehe für den anderen ein!«

Witege bestaunte Hildebrants Waffen und Rüstung und sagte: »Du scheinst ein großer Herr zu sein, warum sollte ich deine Freundschaft zurückweisen? Und wie heißt du?«

»Ich bin Boltram, der Sohn Reginbalds, des Herzogs von Venedig, der neben mir heißt Sistram, der andere ist Herzog Hornboge.«

Die Männer stiegen von ihren Pferden. Hildebrant und Witege reichten sich die Hände, schlossen Brüderschaft und begossen sie mit einem kräftigen Schluck Met. Dann ritten die Männer zum Fluß, wo Hildebrant ihnen die Furt zeigte, durch die sie nun gemeinsam die Eider überquerten.

Eine Zeitlang zogen sie durch Wälder und weite Auen, bis Hildebrant sie an einem Scheideweg anhalten ließ.

»Ein langer und schlechter Weg führt nach Bern«, sagte er, »aber auch ein viel kürzerer, nur ist der gefährlich und geht über einen reißenden Fluß. Räuber sperren die steinerne Brücke und fordern von uns als Zoll Waffen und Rosse. Kommen wir unverletzt hinüber, können wir froh sein. Da auch Dietrich das Kastell noch nicht nahm, rate ich zu dem längeren Weg.«

»Wir reiten den kürzeren Weg!« verlangte Witege, »wer wird von einem Fremden hier Zoll fordern?«

Hildebrant und seine Gefährten verwunderten sich über die Kühnheit Witeges und folgten ihm den kürzeren Weg. Bald ragte vor dem Lyrawald das Kastell auf. Da forderte Witege seine Gefährten auf anzuhalten:

»Wartet hier. Ich will auf die Brücke vorausreiten und erreichen, daß wir ohne Zoll über den Fluß gelangen. Schlägt es fehl, kehre ich zurück.«

Die Gefährten gaben ihm den Vorritt.

Die Räuber saßen auf der Brückenmauer, sahen den Fremden heranreiten, lobten seine Ausrüstung und begannen sie zu verteilen.

»Sein großer Schild paßt zu mir«, bestimmte Hauptmann Gramaleif.

»Sein Schwert ist gut, das wird meins!« rief der zweite.

»Die Brünne kriege ich«, verlangte der dritte.

»Der Helm paßt mir«, krächzte der vierte.

»Seht sein Roß, das wird meins«, meldete sich der fünfte.

»Ich will seine Kleidung!« schrie der sechste.

»Für mich bleiben dann nur die Brünnenhosen«, bedauerte der siebente.

»Seinen Geldgurt hat noch keiner, den nehme ich«, frohlockte der achte.

»Da ihr alles schon verteilt habt, gehört mir seine rechte Hand«, forderte der neunte. Und der zehnte:

»Ich will sein rechtes Bein!«

»Da nehme ich mir seinen Kopf!« triumphierte der elfte.

»Was bleibt dem Mann, wenn ihr ihm alles genommen habt?« schloß der zwölfte mit Namen Studfuß.

Hauptmann Gramaleif schickte drei seiner Leute vor, Witege Waffen und Kleidung abzunehmen. Statt die auszuliefern, verwickelte Witege sie in ein Gespräch und verlangte mit dem Hauptmann zu reden. Gramaleif waffnete sich wütend und sprengte mit all seinen Gefährten über die Brücke.

»Willkommen!« rief Witege ihnen entgegen.

»Willkommen ist uns dein Gut, das wir längst unter uns verteilt haben«, schrie Gramaleif zurück. »Willst du ans andere Ufer, wirst du auch Hand und Fuß bei uns lassen. Nun schwatz nicht mehr, gib mir deinen prächtigen Schild!«

»Wenn ich heimkehre, wird mein Vater meinen, Dietrich hätte ihn mir genommen.«

»Liefere dein Schwert aus!« forderte Studfuß.

»Wie soll ich ohne das gegen Dietrich kämpfen?«

Auch die anderen verlangten von dem Fremden endlich die vereinbarte Beute. Aber Witege, noch wenig in der Welt erfahren, verstand nicht, warum die Männer das von ihm fordern konnten, und wollte über die Brücke, ohne einen einzigen Pfennig Zoll zu zahlen.

»Sind wir alte Weiber?« schrie Studfuß, »daß wir zwölf uns von einem Schwätzer aufhalten lassen? Zieht blank! Jetzt lasse er zu seinen Waffen noch sein Leben!«

Studfuß griff Witege an und hieb auf seinen Helm. Aber eher hätte man einen Stein gespalten als ihm eine Schramme geschlagen. Rasch zog Witege Mimung und führte seinen ersten Schlag so gegen Studfuß' linke Schulter, daß Brust, Schulterblätter und Brünne bis zur rechten Seite durchschnitten wurden und er in zwei Teilen zur Erde fiel. Einige der Räuber wollten davonlaufen, aber andere trieben sie wieder zum Angriff, so daß Witege auch Gramaleifs Kopf und Rumpf bis auf den Sattelknopf spalten mußte.

Hildebrant, der mit seinen Gefährten den Kampf aus der Ferne beobachtete, sagte:

»Reiten wir hin und sehen nach. Besiegt Witege die Räuber, ohne daß wir ihm beistehen, wird er uns vorwerfen, wir hätten ihn im Stich gelassen. Wir brächen unseren Bruderschaftseid, und das würde er uns heimzahlen.«

»Gewinnt er, müssen wir ihm beistehen«, erwiderte Heime, »aber sollte er unterliegen, reiten wir besser davon. Warum wegen eines fremden Mannes den Hals wagen?«

»Wir brächen unseren Eid«, warnte Hildebrant.

»Wir gelobten Treue und Beistand. Ihm zu helfen ist ehrenhaft«, pflichtete Hornboge bei.

»Also greifen wir ein!« rief Hildebrant und sprengte auf die Steinbrücke los. Die beiden folgten ihm.

Inzwischen hatte Witege sich tapfer geschlagen. Von den zwölf Räubern waren nur Sigstaf und vier Gefährten übrig. Als die Hildebrant mit seinen Begleitern herangaloppieren sahen, flohen sie. Dann ritten die vier zum Kastell, dort aßen und tranken sie von den mitgeführten Vorräten. Trotz des starken Metes konnte Hildebrant in der Nacht nicht einschlafen. Daß der Schmiedesohn auf Anhieb den Hauptmann und sechs seiner Gesellen erschlug, ließ Hildebrant über Witeges Schwert nachsinnen. In der Nacht stand er auf, vertauschte Griff und Knauf von Mimung und seinem eigenen Schwert, schob das in Witeges Scheide und nahm selber Mimung. Den Rest der Nacht schlief Hildebrant.

Ehe sie am nächsten Tag aufbrachen, fragte Witege, was mit der Befestigung werden solle. Nun offenbarte Hildebrant ihre tatsächlichen Namen und versicherte, daß sie sich an die Schwurbrüderschaft halten würden. Er riet, die beiden Gefährten im Kastell zur Bewachung zurückzulassen. Inzwischen wolle er mit Witege nach Bern zu König Dietrich.

»Über die Brücke führt eine große Straße für jedermann«, sagte Witege, »vom Kastell aus stifteten die Räuber Unfriede, verlangten Zoll. Könnte ich bestimmen, sollte jeder frei über die Brücke ziehen: Einheimische und Fremde, jung und alt, arm und reich.«

»Wer das Kastell mit dem Schwert gewann, soll auch darüber entscheiden, ob es stehen bleibt oder nicht«, meinte Hornboge.

Da nahmen sie alles Nützliche aus der Befestigung an sich. Und Witege schleuderte einen Feuerbusch in eines der Gebäude. Erst als alles niedergebrannt und abgebrochen war, ritten sie von dannen.

Als sie die Weser erreichten, fanden sie die Brücke zwischen zwei Felsen von Sigstaf und seinen Leuten abgerissen. Nach ihrer Niederlage fürchteten die Räuber einen zweiten Kampf. Aber Witege gab seinem Roß Skemming die Sporen und sprang wie ein abgeschossener Pfeil über den Strom. Noch heute sollen am Uferfels die Abdrücke der Hufe zu sehen sein. Hildebrant und Hornboge setzten mit ihren Pferden nach, landeten aber im Wasser und erreichten das andere Ufer schwimmend. Heime sprang mit Rispe, Skemmings Bruder, ebenso wie Witege von einem Uferfels zum anderen. Inzwischen griff Witege die fünf Räuber an. Aber Heime stand ihm nicht bei, sondern wartete, bis Hornboge kam, erst dann ritt er mit ihm an Witeges Seite. Die fünf Räuber blieben tot auf dem Kampfplatz.

4

Dietrich und Witege im Zweikampf

Nun ritten die vier nach Bern. Als Dietrich die Ankunft der Gefährten gemeldet wurde, sprang er auf, eilte ihnen entgegen und begrüßte sie herzlich. Da Witege ihm unbekannt war, sprach er ihn nicht an. Daraufhin zog der einen silberverzierten Handschuh.

»Was hat das zu bedeuten?« fragte der Berner.

»Hiermit fordere ich dich. Viel habe ich von dir gehört und möchte erproben, ob du ein so gewaltiger Recke bist, wie überall gepriesen. Ich bin wohl gerüstet.«

»Nicht jeder Hergelaufene und jeder feige Knecht darf mich zum Zweikampf fordern«, wehrte der König ab.

»Herr, sprich nicht so«, warnte Hildebrant, »du kennst Witege nicht; ob du ihn bezwingst, ist nicht sicher.«

Reinald, ein Mann Dietrichs, pflichtete dagegen seinem König bei: »Daß jeder Knechtssohn wagt, dich zum Zweikampf zu fordern, ist wahrlich eine Schande.«

»Beleidige meinen Schwurbruder nicht noch einmal«, erwiderte Hildebrant und versetzte Reinald mit der Faust einen solchen Schlag, daß er ohnmächtig niederstürzte.

»Der Fremde wird es noch nötig haben, daß du ihm beistehst«, sagte Dietrich. »Noch heute soll er vor Bern hängen.«

Dietrich legte Brünne und Brünnenhosen an, setzte seinen Helm Hildegrim auf, gürtete sich mit Nagelring, hob seinen weißen Schild, auf dem ein goldener Löwe gemalt war, und ritt auf Falke, einem Bruder von Skemming und Rispe, zum Kampfplatz vor Bern. Dort warteten bereits Witege und Hildebrant und auch viel Volk, das sich versammelt hatte.

Heime reichte Dietrich eine Schale Wein mit den Worten: »Trink, Herr, auf deinen Sieg.« Der Berner tat das und gab das Gefäß zurück.

Auch Hildebrant übergab Witege eine Schale. Der aber bat, Dietrich solle zuvor daraus trinken. Doch der wies die Schale zornig zurück, worauf Hildebrant ihm vorhielt:

»Dein Gegner ist kein Knecht, sondern ein Held. Warte ab.« Dann gab er Witege die Schale mit den Worten: »Wehre dich tapfer. Dein Gott stehe dir bei!«

Witege trank, gab die Schale Hildebrant zurück, schenkte ihm einen Goldring und dankte ihm für den Beistand.

Dann legten Dietrich und Witege die Speere ein und ritten aufeinander los, als stürzten sich hungrige Habichte auf ihre Beute. Dietrichs Speer prallte an Witeges Schild ab, aber Witeges Speer durchbohrte Dietrichs Schild und zersplitterte in drei Stücke.

Beim zweiten Waffengang besaß nur Dietrich noch seinen Speer und wollte Witege die Brust durchbohren. Der aber zerhieb den Speerschaft und zugleich den Rand von Dietrichs Schild.

Darauf sprangen die Gegner von ihren Pferden und begannen den Schwertkampf. Lange konnte keiner dem anderen beikommen, bis Witege dem König einen furchtbaren Hieb auf dessen Helm versetzte. Hildegrim hielt dem Schlag stand und brach das Schwert in zwei Stücke.

»Wieland, hol dich der Teufel!« wütete Witege gegen seinen Vater, »hättest du mir ein festeres Schwert geschmiedet! Nun bringst du mir und dir Schande!«

Jetzt wollte Dietrich mit Nagelring Witege den Kopf abschlagen. Da stellte sich Hildebrant dazwischen und bat seinen Herrn:

»Gib diesem Mann Frieden und nimm ihn in dein Gefolge. Du findest keinen, der tapferer wäre. Diente er dir, gereichte es dir zur Ehre.« Und der Waffenmeister berichtete, wie Witege allein das Kastell erobert hatte. Aber Dietrich blieb hart:

»Noch heute soll er vor Bern hängen.« Was er einmal verkündet, sollte Bestand haben.

»Witege ist von königlicher Abstammung«, beteuerte Hildebrant, »und er will dein Gefolgsmann werden; nimm ihn ehrenvoll auf.«

»Damit nicht mehr jeder Knechtssohn mich zum Zweikampf fordert, muß er sterben. Geh mir aus dem Weg!«

rief Dietrich aufgebracht, »sonst hau ich dich zuerst in zwei Stücke.«

Als Hildebrant merkte, daß Dietrich uneinsichtig blieb und auch ihn selbst bedrohte, begegnete der Lehrmeister seinem König schroff:

»Dietrich, dir ist nicht zu helfen. Man gebe dem Kind, wonach es schreit.« Er zog sein Schwert aus der Scheide.

»Verflucht sei meine Hinterlist«, gestand er Witege, »aber ich halte den Schwur, hier, nimm Mimung zurück, wehre dich und helfe dir dein Gott, ich vermag nichts mehr.«

Da wurde Witege froh wie ein Vogel, küßte die goldene Verzierung des Schwertes. »Vater, verzeih mir meine harten Worte. Dietrich, großer Held, jetzt giere ich nach Kampf mit dir, wie ein Hungernder nach einem Stück Brot.« Mit dieser Streitlust griff er Dietrich so hart an, daß der überrascht weiter nichts vermochte, als sich gegen Mimung zu wehren. Als sei mit seinem Wunderschwert alle Kraft zurückgekehrt, hieb Witege derart auf den Berner ein, daß der jedesmal ein Stück von seinem Schild oder seiner Brünne verlor. Keinen Streich vermochte Dietrich zurückzugeben, und bald blutete er aus fünf Wunden. Nun ahnte er, wie der Kampf ausgehen würde, und bat seinen Meister Hildebrant um Hilfe:

»Beende den Kampf, ich weiß nicht, wie ich ihn abbrechen soll!«

»Vorhin hast du meinen Rat gescholten«, erwiderte Hildebrant, »aber sieh, als ich Witege tapfer nannte, log ich nicht. Hast geprahlt und dich mit deiner Kraft gebrüstet. Nun wirst du unterliegen.«

Da trat König Dietmar mit seinem roten Schild zwischen die Kämpfenden. »Tapferer Held«, wandte er sich vermittelnd an Witege, »mein Sohn wird fallen, ich bitte dich, halt ein. Brichst du den Kampf ab, schenke ich dir eine Stadt; dort kannst du als Graf herrschen, mit einer Schönen von hoher Geburt als Frau, so du möchtest.«

»Dein Sohn verdient das Urteil, das er gegen mich verhängte«, beharrte Witege, »oder willst du mich etwa durch die Masse deines Gefolges zwingen?«

Der König achtete die Regeln des Zweikampfes und trat zur Seite. Obwohl Dietrich sich tapfer wehrte, behielt Witege seine Überlegenheit und zerschnitt endlich Dietrichs Helm Hildegrim von links nach rechts.

Jetzt sprang Hildebrant zwischen seinen jungen König und Witege. »Guter Freund, Witege«, forderte er, »gewähre um unserer Brüderschaft willen Dietrich Frieden, werde sein Gefährte. Reitet ihr gemeinsam durch die Welt, seid ihr unbesiegbar.«

Witege setzte seinen Schild ab und bedachte die Worte Hildebrants.

»Zwar hat er keine Schonung verdient, aber unserer Bruderschaft wegen sei Friede gewährt«, lenkte er ein und legte Mimung aus der Hand.

Hildebrant veranlaßte, daß Dietrich und Witege sich die Hände reichten und Schwertbrüderschaft schwuren. Dann ritten alle heim nach Bern. Und keiner ahnte, welches Unheil noch von diesem fremden Recken ausgehen sollte.

5

Ecke und Fasolt

Dietrichs Wunden heilten langsam. Auch der Schmerz über seine Niederlage gegen Witege brannte. Nun gehörten die Helden Hildebrant, Witege, Hornboge und Heime zu Dietrichs Gefolge. Als der König wieder genesen war und eines Tages allein von Bern nach Norden reiten wollte, weihte er nur Witege ein:

»Auch wenn du mich bezwangst, werde ich meinen Ruhm bewahren. Erst wenn ich eine größere Tat als je zuvor vollbracht habe, kehre ich zurück.«

So schnell er vermochte, ritt Dietrich sieben Tage und Nächte, auf fremden Wegen, an Orten vorüber, durch unbewohntes Land, bis an den Rand eines großen Waldes. Dort erfuhr er in einer Herberge von einem Riesen Ecke, der sich oft im dunklen Tann aufhielt. Dessen Bruder Fasolt sollte noch stärker und grimmiger sein und gelobt haben, jeden Gegner im Kampf mit nur einem Schlag niederzustrecken. Bisher war ihm das immer gelungen.

Dietrich wollte, ohne Ecke zu begegnen, durch den Wald gelangen. Aber der Berner verirrte sich und traf unversehens auf den Riesen. Ecke fragte ihn nach dem Namen.

»Ich bin Heime Studassohn und reite in eigenen Angelegenheiten«, log Dietrich.

»Aber deine Stimme klingt, als wärst du Dietrich selber. Warum verleugnet sich ein so großer Held?«

»Ich bin Dietrich, aber will ruhig meines Weges ziehen.«

»Wie ich gehört, unterlagst du neulich im Zweikampf; jetzt kannst du gegen mich wieder Ehre gewinnen.«

»Auch wenn du mich forderst, nicht deswegen brach ich auf. Du bist noch zu jung und wenig im Kampf geübt. Außerdem ist dunkle Nacht, keiner sieht den anderen.«

Die Zurückweisung reizte Ecke zu erneuter Herausforderung.

»Neun Königstöchter und ihre Mutter, meine Braut, rüsteten mich zum Kampf. Die wollen dich, den berühmten Helden, mit eigenen Augen sehen, auf ihrer Burg, gebunden oder tot. Mein Helm ist aus rotem Gold. Und kein Schild ist so mit Gold und edlen Steinen geschmückt wie meiner. Aber noch kostbarer ist mein Schwert Eckesachs, geschmiedet von Alberich, wie dein Nagelring. Neun Königreiche durchforschte er, bis er das Wasser fand, es zu härten. Setzt man die goldziselierte Klinge mit der Spitze auf die Erde, scheint dir, eine Schlange laufe hinauf zum Griff. Kehrst du das Schwert um, so läuft sie zur Spitze. Es bewegt und regt sich, als ob der Wurm lebte. Überwinde mich im Kampf und gewinne das Schwert«, stachelte der Riese Dietrich an.

»Kühle deine Stirn, du hast mir nichts angetan«, versuchte der Berner den Hitzkopf zu besänftigen.

»Wagst du nicht gegen mich anzutreten?« fuhr Ecke fort, den Helden zu beleidigen.

»Ist dir dein Leben lieb, laß ab davon, reize mich nicht zum Zweikampf«, beherrschte sich Dietrich.

»Schiede ich so von dir, würde ich nimmer froh, gewänne keinen Ruhm, da verspotteten mich die Königstöchter. Oder fliehst du etwa vor mir?«

Feigheit durfte Dietrich sich keinesfalls vorhalten lassen. Aber da es so dunkel war, zog er Nagelring und hieb gegen die Felsen, daß es von den Feuerfunken hell wurde und der Riese sich aus der Dunkelheit abhob. Froh, daß

Dietrich doch mit ihm kämpfen wollte, schlug auch Ecke
mit seinem Schwert gegen die Steine, daß die Nacht um sie
davon erleuchtet wurde.

Nie hätten zwei Helden miteinander härter gestritten,
wird berichtet. Nagelring und Eckesachs ließen von den
meisterhaft geschmiedeten Rüstungen Funken stieben.
Die Schläge der Schwerter dröhnten im Wald und von den
Bergen, sie übertönten den Gesang der Vögel. Wie Blitze
zuckte es aus den Rüstungen, donnergleich hallte es wider.
Nach der Erzählung eines Nordländers zerhieben die
Kämpfenden einander schließlich die Rüstungen, blieben
aber unverletzt, bis Ecke Dietrich mit einem Schlag zu
Boden warf und umklammerte. Mit letzter Kraft riß der
Berner sich los und packte seinerseits den Riesen. So soll
es einige Male hin und her gegangen sein, bis Dietrichs
Roß Falke, unruhig geworden, endlich den Zaum zerriß,
sich losmachte, zu den Kämpfenden lief und mit einem
Vorderhuf gegen Ecke trat, daß ihm das Rückgrat brach.
Dadurch kam Dietrich auf die Beine und versetzte Ecke
den Todesstoß.

Nach anderen Berichten gelang es Ecke durch seinen
Riesenhaß, Dietrich den Schild aus der Hand zu schlagen.
Der Berner mußte ein Stück weichen, gewann aber bald
den Mut eines Löwen zurück; sie schlugen sich wieder so
hart, daß Blut wie ein Regen auf die Erde niederging. Und
Dietrich versetzte dem Riesen einen Hieb, daß dieser zu
Boden stürzte und für Augenblicke die Sinne verlor. Aber
dann sprang Ecke wieder auf und lief erneut gegen Dietrich an. Der Riese soll fünf Mal gefallen sein, wird erzählt,
und sein Blut das Gras gerötet haben. Beim letzten Mal
forderte der Berner, der Riese solle sich ergeben und sein
Mann werden. Dietrich wollte ihm das Leben schenken.

»Nie will ich zum Gespött der Königinnen werden. Gib mir den Tod«, bat der Riese, »so wird man dich loben.«

»Wie reut mich dein Tod«, klagte Dietrich, »wie konnte ich mich von deinem Übermut zum Kampf hinreißen lassen.« Der Berner schämte sich seiner Tat.

Trotzdem begann er, Eckesachs und die Rüstung Eckes an sich zu nehmen und gegen seine eigene auszutauschen.

»Laß mich nicht so liegen!« flehte der Sterbende seinen Bezwinger an, »ich bitte dich, Dietrich, schlag mir den Kopf ab!«

Der Berner tat es und band das Haupt des Erschlagenen an seinem Sattel fest.

Danach ritt Dietrich zu der Burg, deren Königin auf die Rückkehr Eckes wartete. Von einem Turm erblickte sie ihn und rief ihren Töchtern zu, Ecke kehre zurück. Sie schmückten sich für den Empfang des Siegers. Erst als sie ihn begrüßten, sahen sie, daß ein Fremder Eckes Waffen und Rüstung trug. Durch diese Verkleidung war Dietrich unbehelligt zur Königin gelangt. Er warf ihr Eckes Kopf vor die Füße und schalt sie dafür, daß sie den jungen Recken gegen ihn aufgehetzt und in den Tod getrieben hatte. Die Königin wich vor dem blutenden Kopf zurück und schrie.

Dietrich verließ die Burg und ritt, ehe die Mannen der Königin ihn verfolgen konnten, in den nahen Wald. Doch bevor er seine eigene Rüstung wieder angelegt hatte, begegnete er Fasolt, der nun ebenfalls glaubte, Ecke zu treffen. Beim Näherkommen erkannte er, daß ein anderer die Waffen seines Bruders trug, und rief:

»Du Hund, du Mörder, überraschtest meinen Bruder im Schlaf, erschlugst und bestahlst ihn. Ecke ist so tapfer, der wäre nie unterlegen.«

Dietrich rief zurück, wie es sich tatsächlich zugetragen hatte. Aber Fasolt glaubte ihm nicht, zog sein Schwert und griff ihn so wütend und kampfgierig an, daß Dietrich, überrumpelt, den Schlag nicht abwehren konnte, den der Riese gegen seinen Helm führte. Der Berner stürzte von seinem Pferd und verlor die Besinnung.

Fasolt hielt sich an sein Gelübde, keinen zu töten und ihm die Waffen zu nehmen, es sei denn durch einen einzigen Hieb. So wandte sich der Riese der Stadt zu. Bald kam Dietrich wieder zu sich, schwang sich auf sein Pferd und preschte Fasolt nach, um sich zu rächen. Er holte ihn auch bald ein und rief:

»Reite nicht davon! Wenn du ein Kämpfer bist, räche deinen Bruder! Sonst bist du ein Feigling!«

Diese Schmähung konnte Fasolt nicht auf sich beruhen lassen. Sie sprangen von ihren Pferden und zogen die Schwerter. Der Kampf war so hart, daß Dietrich drei leichte Wunden davontrug, Fasolt aber fünf schwere. Der Riese verlor viel Blut und sah seine Niederlage voraus. Trotz seiner Tapferkeit streckte Fasolt seine Waffen und wollte Dietrichs Mann werden. Doch der Berner entgegnete ihm:

»Ich gewähre dir Frieden, verzichte aber auf deinen Dienst. Da ich deinen Bruder erschlug, trau ich dir nicht. Aber als Buße biete ich dir meine Ehre. Laß uns einen Treueeid schwören wie Brüder, daß jeder dem anderen beistehe in Not und Gefahr, und jeder sei dem anderen gleich.«

Gern nahm der Riese diese Buße für seinen Bruder an und dankte seinem Bezwinger. So schworen sie diesen Eid, stiegen auf ihre Rosse und jagten davon.

6

Dietleib

Eines Tages saß Dietrich mit seinen Gefährten beim Trunke. Heime reichte ihm in einer Goldschale vom besten Met. Da zog der Berner sein Schwert Nagelring und sagte:

»Guter Nagelring, wie ich meine, gibt es kein besseres Schwert als dich. Heime, guter Freund, du hast es am meisten verdient, nimm es und führe es.«

Heime dankte für die berühmte Waffe.

»Nagelring, du hast es übel getroffen«, wandte Witege ein, »wärst du doch lieber in die Hände eines Tapferen gelangt.« Als Dietrich nachfragte, berichtete Witege, wie Heime ihn gegen die fünf Räuber vom Kastell im Stich gelassen und wohlgerüstet auf seinem Roß gewartet hatte, bis Hornboge heran war.

»Welche Schande, seinem Gefährten in Not nicht beizuspringen!« entrüstete sich Dietrich, »abscheulicher Hund, verschwinde, du verdienst, draußen vor Bern zu hängen!«

Im Zorn verließ Heime den Saal, nahm seine Waffen, schwang sich auf seinen Hengst Rispe und ritt davon.

Nun wußte Heime nicht, was er beginnen sollte, streifte umher nach einer Tat, um wieder Ruhm zu erwerben. Da vernahm er, im Falsterwald zwischen dem Sachsenland und Dänemark wirke der große Wiking und Anführer Ingram. Der liege mit dem Sachsenherzog in Streit, lasse keinen unbehelligt in den Wald und nehme es allein mit zwölf Männern auf.

Heime ritt zu den Wegelagerern, schloß mit Ingram Waffenbrüderschaft und wurde der zwölfte ihrer Bande.

Sie überfielen auch große Züge von bewaffneten Kaufleuten, dünkten sich stärker als andere und meinten, keiner könne sie besiegen. Heime schlug sich gut und hielt sich für tapferer als früher. Aber bald sollte ihm und der Schar ein ungewöhnlicher Gegner erwachsen.

Im benachbarten Dänemark galt Biterolf als größter Kämpfer. Mit seiner Frau Oda, der Tochter des Sachsenherzogs, hatte er einen Sohn mit Namen Dietleib, der aus der Familie zu schlagen schien. Denn obwohl er groß und kräftig war, mied er Pferde und spielte nicht mit Waffen. Statt zu laufen, Steine zu werfen oder sich auf andere Art zu ertüchtigen, lag er lieber in der Küche neben der Asche oder wälzte sich mit den Küchenjungen. Deshalb achteten Vater und Mutter ihn kaum, nannten ihn einfältig und einen Toren. Und weder vom Kämmen noch von Badestuben hielt er etwas, wollte sich nur in der Küche lümmeln.

Biterolf wurde mit seiner Frau und allem Gefolge zum Festmahl eines mächtigen Mannes geladen. Da wollte Dietleib mit einem Male dabeisein. Der Mutter wurde zu ihrer Überraschung berichtet, wie er sich in der Küche die Asche abschüttelte, Hände und Gesicht wusch. Als er ihr seine Bitte vortrug, erwiderte sie:

»Was willst du Nichtsnutz auf diesem Fest? Lagst die letzten zwölf Monate neben dem Ofen, setzt dich nie zu den Männern im Saal oder reichst ihnen Met, bist ungeübt, mit Recken zu reden.«

»Wenn ich zur dir kam, hast du mich mißachtet«, erwiderte der Sohn, »statt zu lieben, haßt du mich. Darf ich zum Fest, will ich alles vergessen. Schließt ihr mich aus, gehe ich erst recht.«

Dann suchte er in der Schlafkammer seinen Vater auf und bat um Roß und Waffen.

»Was kannst du denn schon?« erwiderte Biterolf, »Hühner und Gänse braten, Holz spalten, Reisig brechen, aber nicht mit den Söhnen von höfischer Bildung sprechen, du dummer Tor. Ich war ein anderer Kerl. Bist du überhaupt mein Sohn?«

»Zwar möchte ich keinen anderen Vater suchen. Aber wäre ich der Sohn eines Bettlers, so könnte der sich kaum weniger um mich gekümmert haben.«

»Ab in die Küche, siel dich in der Asche!« wies der Vater ihn ab.

»Verbietest du mir das Fest, so gehe ich dennoch hin«, antwortete der Sohn trotzig, sattelte das beste Pferd und ritt zu einem Bauern seines Vaters. Der Bauer lieh ihm Waffen. Als der Vater die Hartnäckigkeit des Sohnes sah, gab er auch dem Rat seiner Mannen nach, ihn für das Fest gut auszurüsten. Er sollte sich erproben können. Dietleib ging in die Badestube, wurde gekleidet und mit guten Waffen versehen. Und als die Frauen ihn hoch zu Roß sahen, meinten sie, nie einem stattlicheren Jüngling begegnet zu sein.

Auf dem Fest gab sich Dietleib so gewandt und gesprächig, als ob er dies alles gewohnt sei. Oda kehrte mit der Gefolgschaft nach Hause zurück. Doch Biterolf und sein Sohn wurden sogleich zu einem zweiten Fest geladen. Auf dem Heimweg mußten Dietleib und sein Vater durch den Falsterwald und trafen auf die zwölf Wegelagerer. Da sagte Biterolf zu seinem Sohn:

»Du bist noch jung und keine Kämpfe gewohnt. Wärest du lieber bei deiner Mutter geblieben, ich habe Angst um dich.«

»Ich fürchte mich nicht!« rief Dietleib, »steigen wir vom Pferd und kämpfen Rücken an Rücken.«

Ingram schickte fünf seiner Leute in den Kampf. Vater und Sohn wehrten sich hart und erschlugen alle, ohne selbst verwundet zu werden.

Dann griff Ingram mit dem Rest seiner Spießgesellen an. Nach längerem Gefecht gelang es Biterolf, Ingram Helm und Kopf zu spalten, daß der Räuberhauptmann in zwei Hälften zur Erde fiel. Dietleib erschlug inzwischen zwei andere Räuber.

Bald stand nur noch Heime und hieb dem angreifenden Biterolf mit solcher Wucht auf den Helm, daß der Ältere vom Pferd fiel und ihm die Sinne schwanden. Daraufhin geriet der Sohn in großen Zorn, griff Heime blindwütig an und traf seinen Helm, daß der Recke in die Knie sank. Schon glaubte Dietleib, der Feind sei gefallen. Aber bald sprang Heime wieder auf, hetzte zu seinem Roß, schwang sich darauf und floh, so schnell er nur konnte, und meinte den ganzen Tag, Dietleib verfolge ihn. Heime war froh, noch einmal entkommen zu sein, und preschte Tag und Nacht, bis er Bern erreichte. Dort versöhnte er sich wieder mit Dietrich.

Biterolf und sein Sohn nahmen die Beute der Räuber und zogen als Sieger nach Hause.

Nach dem Kampf mit den Räubern setzte Biterolf große Hoffnung auf seinen Sohn und rüstete ihn mit guten Waffen, schönen Kleidern und allem Nötigen aus. Auch den Wunsch, seinen Großvater, den Sachsenherzog, zu besuchen, gewährte er ihm. Nur weiter nach Süden ziehen solle er nicht, riet der Vater und warnte:

»Solltest du über Sachsenland hinauskommen und gar bis Bern, so hüte dich vor dem Kampf mit Dietrich oder einem seiner Gefährten. Seinen Schlägen bist du nicht gewachsen. Kein Schwert durchschlägt Dietrichs Helm Hildegrim. Gegen sein Schwert Eckesachs hilft kein noch so starker Schild. Sein Falke ist schneller als jedes andere Pferd.«

Auf dem Wege nach Sachsen erfuhr Dietleib, Dietrich weile nicht in Bern, sondern sei unterwegs zu einem Hoffest seines Oheims Ermrich in Rom. An der Weggabel, wo Dietleib sich entscheiden mußte, verschob er den Besuch bei seinem uralten Großvater auf den Rückweg von Dietrich.

In der Herberge, in der Dietrich sich aufhalten sollte, fragte ein Recke ihn, woher er komme und wohin er wolle.

»Ich suche König Dietrich von Bern, möchte gern in seine Dienste treten, ihm Pferde versorgen und Waffen bewachen. Aber wer seid Ihr?«

»Wenn du Dietrich von Bern suchst, er steht neben dir«, erwiderte Witege, »so auch Heime und andere Gefährten.«

»Heil Dir, König!« wandte sich Dietleib an den Berner, »wie froh bin ich, Euch zu treffen. Hiermit biete ich meine Dienste an.«

Dietrich nahm sein Angebot an und ließ ihn während der Fahrt nach Rom zum Hoffest Pferde und Waffen beaufsichtigen.

Als sie dort ankamen, begann das Fest. Die Säle waren reich geschmückt. Mächtige und prächtig gekleidete Recken drängten sich.

Dietleib mochte nicht wie die anderen Dienstleute bei den Ställen bleiben und verachtete die schmalere Kost der Knappen. Also speiste er von dem, was er besaß, reicher und lud Gefährten ein. Auf dem Markt kaufte er guten Wein, Met und Leckerbissen und praßte mit seinen Gä-

sten nicht schlechter als am Tisch des Königs. Nach drei
Tagen waren seine dreißig Mark Goldes zerronnen. Um
sein Gelage fortzusetzen, nahm er Heimes Schwert Nagelring, dessen Hengst Rispe und verpfändete beides für
zehn Mark Goldes. Als die verbraucht waren, verpfändete
er Witeges Pferd Skemming, sein Schwert Mimung und
seine anderen Waffen für zwanzig Mark Goldes. Nun
konnte er noch großzügiger Spießgesellen und lockere
Vögel bewirten. Nach sieben Tagen war auch dieses Geld
erschöpft. Nun warteten seine zahlreichen Gäste, bis er
für die verbleibenden zwei Tage Dietrichs Roß Falke, das
Schwert Eckesachs, den Helm Hildegrim und das andere
für dreißig Mark Goldes verpfändet hatte. Im Saale, wo
Dietleib praßte, sollen zuweilen dreitausend Leute ge-
zecht haben. Am neunten und letzten Tag des Festes beschenkte Dietleib die Spielleute reich, den berühmten
Gaukler Isung mit dem Goldring seiner Mutter und König Dietrichs Purpurgewändern.

Nachdem das Hoffest beendet war, hielt Dietrich seinen
Bediensteten an, das Verwahrte zu holen und die Pferde
zu satteln.

Das müßte erst eingelöst werden, meinte Dietleib und
zählte auf, was er verpfändet hatte.

Heime, der neben Dietrich stand, erkannte jetzt Dietleib. Der hatte ihn schon bei seiner Ankunft an den Räuber im Falsterwald erinnert.

»Wir haben einen zum Knecht gemacht, der unsere edelsten Waffen in die Kotgrube geworfen hat«, sagte Heime.

Entrüstet wegen der Verschwendung Dietleibs wandte
sich Dietrich an König Ermrich und fragte, ob er die Ze-
che seiner Dienstleute bezahle. Der Gastgeber stellte
Dietleib zur Rede.

»Es kostet nicht viel, Herr«, erwiderte Dietleib, »meine dreißig Mark brauchst du nicht zu ersetzen, nur die sechzig Mark Goldes, um Waffen und Pferde meines Herrn Dietrich und seiner zwei Gesellen auszulösen.«

»Was nimmst du dir heraus?« empörte sich der König. »Ein Roßknecht verpraßt in neun Tagen so viel, wie mein ganzes Hoffest gekostet hat. Bist du ein Held oder ein Dummkopf?«

»Zu großen Herrn sprach ich nie leeren Mundes und mit trockener Kehle«, erwiderte Dietleib ungerührt.

Daraufhin ließ Ermrich Speise bringen und eine Schale Wein, so groß, daß der Schenke sie schleppen mußte. Dietleib trank sie in einem Zuge aus.

»Was kannst du außer prassen und saufen noch?« rief Walter von Wasgenstein. »Bestimmt nicht den Stein schleudern und den Speer werfen?«

»Ich nehme es mit jedem von euch auf«, erwiderte Dietleib.

»Dann tritt gegen mich an«, forderte Walter, »gewinnst du, verfällt dir mein Kopf, ist deine Kraft nur Prahlerei, wirst du mit Hohn und Spott dein Leben lassen. Denn man erzählt sich, dein Fest sei prachtvoller gewesen als das des Königs.«

»Mehr als den Kopf kann ich nicht verlieren«, meinte Dietleib und ging auf den Wettkampf ein.

Die Könige begaben sich mit ihrem Gefolge und den Gästen ins Freie. Um dem Wettkampf zuzusehen, versammelte sich viel Volk. Walter hob einen Quader, wohl vom Gewicht zweier schwerer Männer, und schleuderte ihn zehn Fuß weit. Dietleib warf ihn einen Fuß weiter. Beim zweiten Wurf erreichte Walter dreizehn Fuß, aber sein Gegner achtzehn. Da verzichtete der Herausforderer auf einen dritten Wurf. Sie kehrten in die Königshalle zurück.

Da ließ König Etzel, auch zum Fest geladen und neben Ermrich stehend, seine Bannerstange reichen. Die war dicker und schwerer als jeder Speer. Walter warf sie mit ungeheurer Kraft durch die Halle, daß die Stange an der Wand gegenüber auftraf. Dietleib schleuderte die Stange nicht nur zurück, sondern rannte hinterher und fing sie in der Luft auf. Solch einen Wurf hatte noch niemand gesehen. Alle, die zugesehen hatten, waren sich über den Sieger einig. Und König Ermrich sagte zu ihm:

»Ich will Walters Haupt mit Gold, Silber und Edelsteinen einlösen.«

»Das schenk ich dir«, erwiderte Dietleib, »löse nur die Waffen und das Gut meines Herren und seiner Gefährten aus. Gib nicht mehr, als du willst.«

»Ich nehme dein Angebot gerne an«, versetzte König Ermrich, »und will es lohnen.« Daraufhin ließ er so viel ausbezahlen wie nötig, um alle Waffen und das übrige verpfändete Gut auszulösen, und schenkte Dietleib die verpraßten dreißig Mark eigenen Goldes, dazu eine kostbare Rüstung.

Danach nahm Dietrich Dietleib in den Kreis seiner Schwurbrüder auf und zog mit ihnen nach Bern. Dort erfuhr er vom nahen Tod seines Vaters Dietmar. Der schied auch bald aus dem Leben und wurde mit großen Ehren begraben. Dietrich wurde nun König von Bern und galt als der berühmteste Herrscher auf dem ganzen Erdkreis. Sein Name wird leben und nicht untergehen, so lange die Welt besteht, hieß es.

7

Zwergenkönig Laurin

Dietrich herrschte einige Zeit, ohne daß Besonderes zu berichten ist. Die Höchsten und Edelsten in den Landen waren ihm untertan. Alle lobten nicht nur seine Stärke, sondern auch seine Gerechtigkeit und Freigebigkeit.

Eines Tages sagte Witege zu Hildebrant: »Ich kenne keinen mächtigeren König als Dietrich.«

»Aber in den Tiroler Bergen wohnen Zwerge«, entgegnete Hildebrant, »die sind mächtig auch durch Zauber und haben bisher jeden besiegt. Erst wenn Dietrich die überwunden hat, dürftest du ihn über alle stellen.«

Dietrich war hinzugekommen, hatte die Rede beider gehört und warf ein: »Meister Hildebrant, wären die Zwerge tatsächlich so stark, hättest du mir das längst gesagt.«

Darüber erzürnte Hildebrant und verwahrte sich gegen den Vorwurf leichtfertigen Geredes:

»Tief in Tirol herrscht König Laurin, ihm sind viele Zwerge untertan. Er ist nur drei Spannen lang, versteht sich auf Zauberei; seine Höhlen sind hell vom Schein edler Steine. Keiner ist reicher als er. Noch niemand bezwang ihn im Kampf. Seinen Rosengarten schätzt er am meisten; den schützt eine Seidenschnur. Wer sie überschreitet und seinen Rosen etwas antut, dem hackt er den Fuß oder den rechten Arm ab.«

Auch Witege hörte das mit Staunen. Dietrich sah sich herausgefordert:

»Ich suche den Rosengarten und nehme es, selbst wenn ich in Gefahr geraten sollte, mit Laurin auf.«

»Ich fahre mit dir, König Dietrich, will in den Garten
dringen und die Rosen zertreten«, fiel Witege ein.

Bald brach der König mit seinem Gefährten auf. Sie ritten bis Tirol, durch dichten Tannenwald, und gelangten
auf einen grünen Anger. Dort sahen sie es funkeln und
leuchten; und sie staunten. Als sie näherkamen, stießen sie
an die Seidenschnur. Dahinter blühten zahllose rote Rosen, behangen mit goldenen Borten, Edelsteinen und an-
derem Schmuck, daß es zwischen den Blumen strahlte
und blitzte und funkelte. Und süßer Duft stieg von ihnen
auf.

Dietrich stand eine Weile davor, erfreute sich am schön-
sten Rosengarten, den er je gesehen, und wagte ihn nicht
zu zerstören. Wäre er allein gewesen, hätte er wohl dieses
Wunder geachtet. Aber Witege erinnerte Dietrich an die
Macht des Zwergenkönigs, so daß er seinen Gesellen
nicht zurückhielt, als der die goldene Schnur niedertrat
und Rosen und goldene Bänder zerhieb. Edelsteine und
Geschmeide, die um die Blüten hingen, splitterten und
sprühten umher. Der köstliche Duft erlosch. Der Rosengarten lag verwüstet. Dietrich, der selber prächtige Bauten
errichten ließ mit Rosen aus Marmor, wird sich nicht
ohne Bedauern von dem zerstörten Garten abgewandt
haben.

Inzwischen preschte Laurin heran, sein Pferd nicht grö-
ßer als ein Reh. Hell-goldener Schein wie von einem Heiligen ging von ihm aus, so daß Witege meinte, es müsse
ein Engel aus dem Paradiese sein. Laurins Rüstung war
golden, Edelsteine zierten das Zaumzeug. Die Brünne, in
Drachenblut gehärtet, hielt jedem Schwert stand. Auch
vom goldroten Helm lohten Rubine und Karfunkel, um-
gaben den Zwergenkönig mit einem lichten Schein. Ein

feiner Gürtel um das Gewand verlieh Laurin Zwölfmännerkraft. Von seiner Zauberwirkung wußten die Eindringlinge noch nichts.

Zornig schwang Laurin sein Schwert und rief:

»Wie konntet ihr Toren es wagen, meine lieben Rosen zu schänden? Dafür fordere ich zur Sühne euren linken Fuß und die rechte Hand.«

Vielleicht reute Dietrich die Untat, und er bot deshalb Sühne.

»Kühle deinen Zorn«, versuchte er Laurin zu besänftigen. »Von Fürsten fordert man keine Hand. Aber als Buße gebe ich dir so viel Gold und Silber, wie du festsetzt. Und kommt der Sommer, blühen deine Rosen neu.«

»Gold habe ich mehr als drei Könige«, erwiderte Laurin, »und Fürsten nennt ihr euch?« meinte er verächtlich, »ohne daß ich euch etwas getan, zerstört ihr meinen Garten. Dafür müßt ihr büßen.«

»Was erlaubt sich der dumme Wicht gegen meinen König!« ließ Witege seinem Zorn freien Lauf, »ich würde ihn bei den Füßen packen und zerschmettern.«

Dietrich bemühte sich, den Unmut des Gefährten zu dämpfen, auch die Kleinen seien zu achten, sie könnten mehr Kraft gesammelt haben als Große. Und er habe tatsächlich noch nie einen so schönen Garten gesehen.

Aber Witeges Wut entzündete sich weiter: »Wer sich bereits vor einem Zwerg duckt, vor dem kichert eine Maus. Ich kämpfte gern mit dreitausend und mehr dieser Winzlinge.«

Daraufhin forderte Laurin Witege zum Zweikampf. Witege schwang sich in den Sattel, legte den Speer ein. Der Zwergenkönig tat dasselbe. Beide banden die Helme fester und stoben wie fliegende Falken aufeinander zu. Aber

Witege verfehlte den Wicht. Der hingegen traf ihn mit voller Wucht, warf ihn nieder in den Klee.

Geschwind zog der Zwerg sein Schwert, beugte sich über den Gefallenen und wollte ihm Hand und Fuß abschlagen. Und wäre Dietrich mit seiner Waffe nicht dazwischengegangen, hätte Laurin sich die als Beute genommen.

»Halt, das ist mein Mann!« gebot der König, »nie wird es heißen: Dietrich von Bern sah zu, wie einem seiner Helden Hand und Fuß geraubt wurden.«

»Von dem Berner hörte ich viel. Aber auch falls du das bist, mußt du Hand und Fuß lassen. Meine Rosen verlangen das.«

Wieder bot Dietrich Sühne und wollte den Zwerg anders abfinden. Als dieser das zurückwies, blieb dem König der Amelungen keine andere Wahl, als sich auf sein Pferd zu schwingen und gegen Laurin anzutreten. Dietrich legte seinen Speer ein, da preschten drei Reiter heran, Meister Hildebrant, der rasende Wolfhart, der keinen Kampf ausließ, und Dietleib.

»Dietrich, du kennst die Zwerge nicht!« rief Hildebrant seinem Herrn entgegen, »greife Laurin zu Fuß an! Schlag ihm den Schwertknauf um die Ohren.«

Dietrich tat, was sein Waffenmeister ihm riet, wandte sein Schwert um und versetzte Laurin einen Hieb auf den Helm, daß der Zwerg kurz seine Sinne verlor, dann aber flink in seine Tasche griff, die Tarnkappe herausholte und sie aufsetzte.

Plötzlich sah Dietrich den Gegner nicht mehr, schlug mit dem Schwert zwar wild um sich, traf aber kaum, während Laurin geschickt Hiebe austeilte und Dietrich schwere Wunden zufügte. Bald rann ihm Blut durch die Brünne.

Hildebrant fürchtete, der Zwerg würde Dietrich erschlagen, und rief ihm zu, sein Schwert wegzuwerfen und mit dem Gegner zu ringen. Laurin setzte auf seine Zwölfmännerkraft, versprach sich dadurch einen Vorteil und ging darauf ein. Mit aller Wucht rannte er Dietrich an, daß der in die Knie ging und beide in den Klee stürzten. Rasch sprang Dietrich wieder auf, packte den Zwerg am Gürtel, riß ihn hoch und schleuderte ihn zur Erde, daß der Gürtel riß und zu Boden fiel. Hildebrant nahm den Zaubergurt an sich.

Laurins Schreie gellten über Berg und Tal. »Laß mir mein Leben, laß mir mein Leben! Ich unterwerfe mich dir!« flehte der Zwergenkönig, nun seiner Macht beraubt, Dietrich an, »alles, was ich habe, gehöre dir.«

Als Dietrich weiter auf den Zwerg einschlug, da wandte der sich hilfesuchend an Dietleib:

»Rette mich, Dietleib, für deine Schwester Künhild, die bei mir ist. Sonst kann ich dich nie zu ihr führen.«

Der Angerufene bat daraufhin seinen König:

»Gebt mir den kleinen Laurin!«

»Der fügte mir großen Schaden zu, das muß er büßen«, wies Dietrich seinen Gefährten ab. Als Dietrich weiter darauf beharrte, dem Zwerg ans Leben zu gehen, schwang Dietleib sich auf sein Pferd, riß Laurin an sich und entkam mit ihm über die Heide.

Rasch ließ Dietrich sein Roß holen und verfolgte Dietleib. Der hatte den Zwerg bereits im tiefen Tannenwald verborgen. Dietrich fiel darüber in großen Zorn, er senkte seinen Speer gegen Dietleib. Beide ritten einander mit solcher Wucht an, daß die Speere an ihren Schilden zerbrachen und die Schäfte durch die Luft schwirrten. Dann kämpften sie zu Fuß weiter. Der Klang ihrer

Schwerter war eine halbe Meile weit zu hören, so groß war der Zorn beider. Dietleib gelang es, Dietrich den Schild aus der Hand zu schlagen.

»Beendet den Streit!« verlangte Hildebrant und rief dem starken Witege und Wolfhart zu, Dietleib anzulaufen und vom weiteren Kampf abzuhalten.

Schließlich gelang es Hildebrant, Frieden zu stiften; auch Laurin, aus dem Versteck zurück, war darin eingeschlossen.

Dann fragte Dietleib den Zwergenkönig nach seiner Schwester. Laurin berichtete, wie er die schöne Künhild bei einer grünen Linde geraubt und in seinen Berg gebracht hatte, um sie zur Frau zu nehmen. Sie sei noch eine reine Jungfrau, beteuerte der Zwergenkönig.

»Laß mich meine Schwester sehen«, verlangte Dietleib, »und sprachst du wahr und will Künhild dich, gebe ich sie dir zur Frau.«

»Laßt uns alle Freunde werden«, schlug Laurin vor. Dietleib sah den Zwergenkönig bereits als Schwager und ging zuerst darauf ein. Dann schworen auch Hildebrant und Dietrich mit den anderen Beistand und Treue. Witege fürchtete von dem Zwerg Unheil und schloß sich nur widerwillig an.

Jetzt lud Laurin die Gefährten in sein Reich ein, lockte mit Gesang, Kurzweil und Spiel in seine mit Gold und Edelsteinen geschmückten Gemächer.

Die Gefährten berieten sich. Der weise Hildebrant kannte sich bei den Zwergen aus.

»Verzichteten wir aus Furcht, stünde uns das übel an; es wäre eine große Schande«, meinte der Waffenmeister.

»Selbst wenn wir in Gefahr geraten, will ich ergründen, wie das Reich Laurins beschaffen ist, und das Abenteuer

bestehen«, meinte Dietrich. Was er noch nicht kannte,
wollte er erfahren.

»Ich will die Schönheiten sehen, die Laurin versprach«,
sagte Wolfhart.

Witege warnte erneut vor der Tücke des Zwergenkönigs, vermochte aber nicht, die Gefährten zurückzuhalten.
Sie folgten Laurin auf eine Wiese. Bei einer Linde blühten
viele Blumen, sangen seltene Vögel.

»Zergangen ist meine Schwere«, sagte Dietrich, »mein
Kummer hat ein Ende. Wir sind nahe dem Paradiese.«

Ehe sie in den Berg hineinstiegen, versuchte Witege
zum letzten Male, die Gefährten umzustimmen: »Mißtraut Laurin! Listig lockt er uns in die Erde. Bleiben wir
draußen unter der Sonne. Vielleicht kehren wir sonst nie
zurück.«

»Seid ohne Sorge«, beruhigte Laurin, »wer wieder an
die Luft will, steige herauf auf diese Wiese. Ich halte meinen Eid, brach meine Treue noch nie«, beteuerte der
Zwergenkönig Dietrich und seinen Mannen.

Und so stiegen sie mit Laurin durch eine Felsentür in
den Berg hinein. Dort wurden sie würdig empfangen,
nahmen in einer Halle auf goldenen Bänken Platz. Die
Tische waren von Elfenbein. Von den Wänden blitzten
Edelsteine und ließen den Raum in hellem Licht erscheinen. Auch von Silber und Gold glänzte und funkelte es
überall. Dietrich und seinen Gefährten wurde vom allerbesten Wein und Met eingeschenkt. Und die Schüsseln für
die Speise waren von Silber.

Zur Kurzweil sangen Zwerge Lieder. Andere Wichte
boten zur Erbauung Kampfspiele, schossen mit dem Speer
um die Wette, warfen den Stein und sprangen darüber, so
wie es auch von Brünhild auf Isenstein erzählt wird.

»Die Kurzweil gefällt, der Berg ist voll Freuden«, lobte Dietrich.

Dann erschien Künhild, begleitet von Zwerginnen, in feinste Seide gekleidet, geschmückt mit dem kostbarsten Geschmeide von Silber und Gold. Dietleibs Schwester trug eine goldene Krone und hieß Dietrich und seine Gefährten willkommen. Sie lobte seine Tugenden, seine großen Taten ohne Laster und Schande.

Künhild umarmte ihren Bruder Dietleib, küßte ihn, drückte ihn an ihre Brust und flüsterte ihm zu, ihre Freude bei den Zwergen sei dahin, sie wolle wieder hinaus zu den Menschen.

»Ich rette dich, und koste es mein Leben«, versicherte ihr der Bruder.

Dann wandte sich Laurin an Künhild und fragte um Rat, was er nach dem Schänden des Rosengartens Dietrich und seinen Gesellen antun solle. Wäre sein Gürtel nicht zerrissen, lägen sie längst alle erschlagen, sagte er. Und wäre ihr Bruder ihm nicht beigesprungen, hätte es ihn den Kopf gekostet.

»Wenn du sie strafst, gelobe mir, daß du keinem ans Leben gehst«, bat Künhild den Zwergenkönig. Sie kannte seine Hartherzigkeit und wußte, mehr vermochte sie nicht zu erreichen. Die Fremden nicht zu töten, sicherte er ihr zu und steckte sich einen goldenen Zauberring an den Finger, mit dem er seine Zwölfmännerkraft zurückgewann. Dann bat er Dietleib in eine Kemenate und verlangte von ihm:

»Verlasse deine Gefährten, dann teile ich mit dir, was ich habe.«

»Eher verliere ich mein Leben, als daß ich meine Gefährten verrate«, widersetzte sich Dietleib.

»Dann bleibst du so lange hier, bis du dich eines Besseren besinnst«, entschied Laurin, ging und verschloß die Kemenate.

Darauf ließ er Dietrich und seinen Gefährten neuen Wein einschenken. Sie hatten bereits reichlich Met genossen, waren frohen Mutes und tranken arglos den Wein, der mit Schlafmittel vermischt war.

Laurin ließ die vier binden und in einen tiefen Kerker werfen. Dort lagen sie wehrlos. Daß sie im Berg gefangen waren und der Zwerg seine Treueschwüre gebrochen hatte, denen Dietrich vertraute, brachte den König der Amelungen in solchen Zorn, daß das Feuer seines Atems die Fessel an seiner Hand versengte. Mit den befreiten Händen brach er die eiserne Kette aus armgroßen Ringen, womit er an den Füßen gefesselt war. Auch die Bande und Knebel der Gefährten zerriß er. Nun harrten die vier in der Tiefe aus und sannen darüber nach, wie zu entkommen wäre.

Inzwischen machte Künhild die Kemenate ausfindig, in der ihr Bruder eingesperrt war, verschaffte sich den Schlüssel und ging zu ihm. Dietleib wollte sofort durch die geöffnete Tür hinausstürmen.

»Folgst du nicht meinem Rat, verlierst du dein Leben«, warnte die Schwester und berichtete ihm vom Schicksal seiner Gefährten.

»Besäße ich Rüstung und Schwert, haute ich sie aus dem Kerker.«

»Und hättest du die Kraft von vier Männern, die Zwerge erschlügen dich doch, denn sie kämpfen unsichtbar. Hier, steck diesen Fingerring an, dann siehst du die Wichte trotz ihrer Tarnkappen.«

Dann faßte Künhild mit ihrer weißen Hand den Bruder

und führte ihn rasch in jene Kammer, wo ihre Waffen verwahrt waren; dort wappnete sie ihn. Dietleib nahm auch
die Waffen und das Rüstzeug seiner Gefährten auf, trug es
heimlich bis zu dem Gewölbe, in dem Dietrich und seine
Recken gefangen waren, und warf es ihnen hinab; der
Lärm war laut im ganzen Berg zu hören. Dann stellte er
sich mit seinem Schwert vor das Gewölbe.

Laurin erfuhr von Dietleibs Befreiung und blies in sein
Kriegshorn, daß der Berg widerhallte. Von überall her
wimmelten Zwerge heran, wohl tausend und mehr sammelten sich und drangen gegen Dietleib vor.

»Laßt keinen lebend entkommen!« feuerte Laurin seine
gerüsteten Wichte an. Aber so viele Dietleib auch erschlug, aus Gängen und Kammern rückten immer neue
Kämpfer vor. Doch Dietrichs Recke fegte sie hinweg. Als
der Zwergenkönig seine Verluste sah, lief er in furchtba-
rem Zorn den Kampfmüden an und versetzte ihm tiefe
Wunden. Schon frohlockte Laurin, Dietleib zu fällen, da
kam Hildebrant ihm zu Hilfe. Inzwischen hatten sich die
vier Gefangenen gerüstet und stiegen aus dem Gewölbe
herauf. Aber gegen wen hätten sie kämpfen können? Sie
sahen keine Gegner. Da erinnerte Hildebrant sich an Laurins Gürtel, zog ihn aus der Tasche und gab ihn Dietrich.
Der schnürte ihn um und sah nun die Zwerge, mähte sie
reihenweise nieder und schützte seine Gefährten, bis Hildebrant seinem König zurief:

»An der rechten Hand trägt Laurin einen Ring, schlag
ihm den Finger von der Hand und bring ihn mir!«

Dietrich kämpfte sich durch zu Laurin, der mit Hilfe
seines Ringes Zwölfmännerkraft besaß und hart auf Dietrich einhieb. Beide schlugen sich grimmig mit ihren
Schwertern. Wieder erfaßte Dietrich wegen Laurins Treu-

bruch ein so großer Haß, daß sein Atem vor Kampfeswut wie Feuer wurde und die Hitze dem Zwergenkönig den Schweiß durch die Ringe trieb. Schließlich gelang es, ihm den Finger mit dem Ring abzuhauen. Da erschrak der Zwergenkönig, denn seine Überkraft schwand dahin. Dietrich warf Hildebrant den Finger zu. Der Waffenmeister steckte den Ring an und sah nun ebenfalls seine Feinde.

Inzwischen war ein Zwerg vor den Berg gelaufen, dort blies er schrill in ein Horn. Daraufhin stürmten fünf Riesen mit langen Eisenstangen aus dem Wald und in den Berg hinein, den Zwergen zu Hilfe.

Nach dem Verlust seines Zauberringes hielt Laurin den Kampf für verloren. Als aber die Riesen mit ihren Eisenstangen angriffen und Dietrich bedrängten, faßte der Zwergenkönig neuen Mut. Auch die Wichte, die in Ecken und Spalten geflohen waren, fegten wieder heran.

Erneut erklang gewaltiger Kampflärm. Da traten Witege und Wolfhart gerüstet aus ihrem Gewölbe, sahen ihre Gefährten wild um sich schlagen, konnten aber keine Feinde ausmachen.

»Wir verzagten zu keiner Zeit, bei keinem Kampf, sollen wir jetzt unsere Gefährten im Stich lassen?« rief Witege.

»Wo Schwerter klirren, ist auch der Feind«, wütete Wolfhart.

Sie banden die Helme fester und packten ihre Schilde; da kam Künhild.

»Hier, steckt die beiden Ringe an!« rief sie, »so seht ihr die Feinde. Steht euren Gefährten bei.«

Mit frischer Kraft und Reckenzorn griffen die beiden nun in den Kampf ein. Mit Mimung hieb Witege dem er-

sten Riesen ein Bein ab, dann den Kopf. Und Dietrich
fällte mit Eckesachs den zweiten Riesen. Auch gegen das
Schwert Nagelring kamen die Unholde mit ihren Eisenstangen nicht an; es zerhieb sie ohne Mühe.

Für Riesen und Zwerge gab es kein Entrinnen. Nachdem die Riesen erschlagen waren, wollte Laurin entwei-
chen, wurde aber gefangen.

Wieder flehte der Zwergenkönig Dietrich an:

»In deiner Hand liegen mein Leib und Leben, aber erschlage mein Volk der Zwerge nicht; verschone sie, alle
werden dir treu dienen.«

»Du brachst mir die Treue!« rief Dietrich im Zorn, »das
bleibt nicht ungerächt, du und alle, die dir angehören,
euch geht's ans Leben!«

Da bat Künhild, Laurin und sein Volk zu schonen und
am Leben zu lassen. Aber Dietrich blieb unerbittlich. Da
ermahnte Hildebrant seinen König, auf die schöne Jungfrau zu hören, Laurin als Gefangenen mit nach Bern zu
nehmen und die Zwerge in ihrem Berg für ihn hämmern
zu lassen. Als auch die anderen Gefährten für die Zwerge
eintraten, gab Dietrich schließlich nach.

Was an Gold, Silber und Edelsteinen im Berg zu finden
war, wurde auf Saumtiere geladen und mit nach Bern ge-
führt. Und Dietrich setzte Sintram, Laurins ranghöchsten
Zwerg, zum Vogt über deren Reich ein. Sintram schwor
Dietrich einen Treueeid. Und Dietleib nahm seine befreite
Schwester mit.

In Bern feierte Dietrich den Sieg über die Zauberkraft
des Zwergenreiches. Laurin mußte sich am Hofe zu Bern
als Gaukler dem Spott aussetzen.

Später schwor Laurin dem Amelungenkönig erneut
Treue. Wieder ging Dietrich darauf ein und ließ ihn in

sein Reich zurückkehren. Diesmal hielt Laurin seinen
Eid.

Dietrich bestand noch andere Abenteuer mit Zwergen.
Aber davon soll nichts weiter erzählt werden, denn bald
wurde er zu neuem Kampf gerufen.

8

Der Kampf gegen Herzog Rimstein

Dietrichs Oheim Ermrich, der König von Rom, ersuch-
te durch Boten um Hilfe gegen Herzog Rimstein, der
fälligen Zins zurückhielt und jeglichen Tribut verweigerte.

Der Berner brach mit fünfhundert Recken auf, verei-
nigte sich mit dem Heer Ermrichs und zog mit ihm zur
Burg Gerimsheim, in die Rimstein sich zurückgezogen
hatte. Zwei Monate hielten die starken Mauern der Belagerung stand, doch die Vorräte waren bald erschöpft. Um
einen Ausbruch vorzubereiten, erkundete der Herzog mit
sechs Recken das feindliche Lager. Auf dem Rückweg, bereits in der Nähe des Tores, stießen sie auf einen Späher
Dietrichs und griffen ihn an. Hätten sie geahnt, daß in der
feindlichen Rüstung der Held Witege steckte, wären sie
vielleicht vorbeigeprescht. Aber so mußte Witege sich
wehren und versetzte dem Herzog einen solchen Schlag,
daß er ihm Helm, Kopf und Brünne samt Körper bis zum
Gürtel spaltete. Danach flohen Rimsteins Mannen.

Dietrich und seine Recken empfingen Witege vor ihren
Zelten.

»Seht, wie er sich brüstet«, argwöhnte Heime, »wieder wird er sich einer Tat rühmen.«

»Der Herzog ist tot«, verkündete Witege.

»Wer hat das getan?« fragte ein Recke.

»Ich sah den Mann«, sagte Witege.

»Er steht vor uns«, meinte Heime bissig, »aber ist es ruhmvoll, einen krummen Alten zu erschlagen? Das hätte sogar eine Frau vermocht.«

Erneut flammte Streit zwischen Heime und Witege auf. Der riß Mimung aus der Scheide und wandte sich gegen Heime, und dieser zog Nagelring. Dietrich und seine Schwurbrüder stürmten dazwischen und trennten die beiden.

Heime habe ihn schon oft geschmäht, beschwerte sich Witege. Mimung kehre erst dann in die Scheide zurück, donnerte der Schmiedesohn, wenn es zwischen Heimes Kopf und Rumpf hindurchgegangen sei. »Als ich in der Schlacht gegen den Wilzenkönig auf der Walstatt lag, raubte Heime mir Mimung, als ob ich ein Feind wäre«, erinnerte er an dessen Schande.

Dietrich verlangte von Heime, endlich seine Bosheit gegen Witege aufzugeben. Und Heime schwor denn auch, seine Stichelei gegen den Gefährten sei bloßer Scherz gewesen. Widerstrebend gab sich Witege damit zufrieden.

Der Berner lobte den Waffengang gegen Rimstein und ließ dessen Tod Ermrich melden. Der befahl den Sturm seiner Recken auf die Burg und ordnete an, Wurfmaschinen heranzufahren. Auch mit Hilfe von Schleuderbränden wurde die Burg genommen. Nach dem Tod ihres Herzogs ergaben sich die Belagerten bald. Ermrich gestand der Stadt Schonung zu und setzte seinen Neffen Walter von Wasgenstein als Herzog ein.

Dietrich kehrte mit seinen Mannen nach Bern zurück. Eine Zeitlang waren keine großen Taten gefordert. Vielleicht hat das Dietrich geschmerzt; denn er meinte, ein Schwert, das Rost ansetze, wäre bald nicht mehr zu gebrauchen.

9

Der Ratgeber Sifka treibt Ermrichs Söhne in den Tod

Ermrich herrschte von Rom aus beinahe über alle Kleinkönige und Fürsten der Nachbarländer. Sein Reich dehnte sich von dem großen Gebirge im Norden, heute die Alpen geheißen, bis ans Adriameer. Er war in diesem Teil der Welt mächtigster Großkönig. Nur noch wenige Fürsten der Umgebung widersetzten sich seiner Oberherrschaft. Aber auch jene wollte Ermrich unterwerfen und sein Reich weiter ausdehnen. Bei all dem half ihm sein Ratgeber Sifka. Aber beiden wurde dessen Weib Odilia zum Verhängnis, so wird berichtet. Einer so schönen Frau sei Ermrich noch nie begegnet. Um ihr wenigstens ein Mal beizuliegen, sandte der König seinen Ratgeber mit dringenden Botschaften in eine entfernte Stadt. Und als Ermrich es so eingerichtet hatte, daß Odilia allein zu Hause war, schlich er ohne Gefolge zu ihr. Ob Odilia sich geehrt fühlte, ist nicht bekannt. Zwar widersetzte sie sich seinem Verlangen, wagte aber nicht, den König abzuweisen. Vielleicht sehnte sie sich heimlich nach einer Vereinigung mit dem Herrscher und ihr Widerstand war nur gekünstelt.

Oder nahm der König sie tatsächlich mit Gewalt? Was wirklich geschah, bleibt im Dunkel.

Als Sifka von seinem Auftrag heimkehrte, empfing Odilia ihn weinend und klagte.

»Warum freust du dich nicht, wenn du mich siehst?« fragte Sifka erstaunt.

Vielleicht hatte der König Odilia beim Verführen zugesagt, seine Frau zu verstoßen und sie zur Königin zu erheben. Wie leicht könnte sie dieser Verlockung erlegen sein und an das Versprechen geglaubt haben, das Ermrich dann, aus welchem Grunde auch immer, nicht einhielt. Nun heulte sie aus Enttäuschung und Haß und rächte sich.

»Seine Untat wirst du nie genug mit Bösem vergelten können«, stachelte sie ihren Mann auf.

»Sei guten Mutes«, sagte Sifka, »ich will es dem König in einer Weise heimzahlen, daß er es nie verwinden wird.« Dann ging der Ratgeber zu Ermrich, verneigte sich vor ihm, redete heiter und beriet ihn wie ehedem.

»Du bist der mächtigste König der Welt«, pries Sifka seinen Herrscher, »dir dienen große Fürsten und gewähren Tribut; verweigern dir kleine diese Ehre, beweisen sie dadurch ihre Feindschaft, wie der Herzog vom Wilzenland.«

Sifka riet, Ermrichs Sohn Friedrich als Boten zu senden, den Zins einzutreiben. Verweigere der Herzog weiter die Zahlung, werde ein Heer einfallen.

Ermrich tat, wie ihm geraten. Friedrich ritt mit sechs Recken ins Wilzenland und kam hinter der Grenze zu einer Burg. Der dort Ansässige war ein Schwurbruder Sifkas, von ihm eingeweiht, und der erschlug Friedrich und seine Recken.

Auch die Anschläge Sifkas auf die beiden anderen Söhne durchschaute der König nicht. Um Tribut von einem weiteren Fürsten einzufordern, empfahl der Ratgeber, Reginbald mit einem Schiff auszusenden. Das sei rascher und billiger. Ermrichs Sohn wählte das beste der drei im Hafen. Das brauche der König selber, sagte Sifka und wies ihm das schlechteste Schiff zu mit den Worten: »Dieses fordert den höchsten Mut.« Der Königssohn segelte los, und in einem Sturm brach das Schiff auseinander, so daß Reginbald mit seinen Gefährten ertrank.

Gegen den jüngsten und hoffnungsvollsten Sohn hetzte Sifka den König selber auf. Als sie zu dritt jagten, ritt der Ratgeber grimmig neben seinem König.

»Warum bist du so mißmutig?« fragte Ermrich.

»Mein Zorn ist kaum zu bezähmen. Samson fiel über meine Tochter her. Was kann ich dafür, daß sie ein so schönes Mädchen ist? Aber nur du darfst ihn für diese Schande strafen.«

Ohne seinen Sohn zur Rede zu stellen, riß er Samson an den Haaren. Der Schuldlose, auf eine derartige Züchtigung nicht gefaßt, stürzte vom Pferd. Und Ermrichs Hengst zerstampfte den Jungen.

10

Der Angriff auf die Harlungen

Sifka trauerte am lautesten über den Tod der drei Königssöhne. Auch dadurch blieb unerkannt, wie er bald die Neffen des Königs verleumdete.

Odilia saß mit ihren Frauen bei der Königin und klagte über Egard und Aki, die Söhne von Herzog Dieter, Ermrichs verstorbenem Bruder. Die beiden seien so zügellos weibersüchtig, daß sie nicht einmal vor der Königin zurückschrecken würden. Das könne sie, Odilia, der Königin versichern. Nur damit sie sich schütze, flüstere sie ihr das zu.

Auch als Ermrich und Fritila, der Ziehvater dieser verwaisten Neffen, hinzukamen und reichlich tranken, verbarg die Königin ihren Zorn nicht. Und Odilia reizte weiter:

»Jetzt weht Süd- und Westwind, die Sonne brennt heiß, dazwischen ein Schauer warmer Regen. Da kommen bald Egard und Aki, dann wird kein Vogel und kein Wild Schutz haben.«

Ermrich trank und schwieg, da sagte die Königin:

»Jedesmal, wenn sie bei uns einfallen, verkriechen sich die Mägde.«

Noch schwieg der König und trank, lauschte den Frauen. Auch Fritila horchte schärfer, als die Königin weitersprach:

»Auch über mich wollen sie herfallen, wurde mir glaubhaft versichert, und sie sinnen darüber nach, wie sie es anstellen können.«

»Verschonen sie nicht einmal dich«, erboste sich der König, »wird es sie selbst treffen. Hängen sollen sie so hoch, wie noch niemand vor ihnen.«

Als Fritila das hörte, verließ er unter einem Vorwand das Gemach, holte sein Roß und ritt, so schnell er konnte, heim zu seinen Ziehsöhnen.

Die hatten nicht im Sinne, in Ermrichs Hof einzufallen, sondern spähten von ihrer Burg auf den Fluß und sahen ihren Ziehvater herüberschwimmen. Da er keine Fähre abgewartet hatte, mußte er wegen Gefahr in Eile sein.

Die Jungen trauten ihrem Oheim nicht zu, sie töten zu lassen, widersetzten sich Fritilas Rat, vor Ermrichs Heer zu fliehen, und suchten einen Vergleich. Egard und Aki sammelten ihre Mannen, ließen die Zugbrücke heben und wollten sich verteidigen.

Ermrich ließ die Burg umzingeln und schoß seine Bannerstange über die Mauer. Da rief Egard:

»Warum klagt ihr uns an? Weswegen wollt ihr unsere Burg einnehmen?«

»Was der Grund auch sei«, entgegnete Ermrich, »noch heute baumelt ihr am höchsten Ast.«

»Eher verlieren noch viele deiner Recken ihr Leben!« rief Aki zurück.

Nach gegenseitigem Beschuß mit Pfeilen und Speeren ließ Ermrich Wurfmaschinen heranfahren und Feuerbrände in die Burg schleudern.

»Brechen wir aus und sterben ehrenhaft, statt zu verbrennen!« rief Fritila. Mit sechzig Mannen stürmten sie aus dem Tor, lieferten sich mit den Recken des Königs einen harten Kampf und machten, ehe sie fielen, vierhundert seiner Leute nieder. Dann wurden die Brüder überwältigt. Ermrich ließ die Halbwüchsigen am höchsten Baum, der bei der Burg stand, hängen und erlag so auch dieser Hinterlist seines Ratgebers.

11

Ermrich vertreibt Dietrich von Bern

Nun stachelte Sifka Ermrich gegen Dietrich auf: »Seitdem er König geworden, will er so mächtig sein wie du. Ich fürchte, du mußt dich gegen Anschläge rüsten.«

»Das Land der Amelungen gehörte meinem Vater«, meinte der König, »also käme es auch mir zu.«

»Senden wir Reinald mit sechzig Recken ins Amelungenland«, riet Sifka, »und fordern Abgaben. Werden sie verweigert, zeigt Dietrich dadurch Feindschaft.«

Der König ging auf diesen Vorschlag ein. Reinald zog mit seinen Leuten ins Amelungenland, woraufhin die Landorte dort ein Thing einberiefen. Bisher entrichtete die Volksversammlung Abgaben an Dietrich, wollte nun nicht auch noch an Ermrich zahlen und bat den Berner um Antwort.

Dietrich eilte mit zwölf Gefährten zum Thing und verkündete, solange er König der Amelungen sei, bekäme Ermrich von hier keinen Zins.

Heime und Witege, die früher mit Billigung Dietrichs an Ermrichs Hof gegangen waren, standen dabei, als Reinald seinem König berichtete:

»König Dietrich will so mächtig sein wie du. Wirst du das zulassen?«

»Da König Dietrich meine Forderung abwies, sucht er Streit. Den kann er haben«, verkündete Ermrich. »Wie kann er wagen, mir gleich zu sein? Er soll hängen, dann wird er sehen, wer größere Macht hat.«

»Unser Gott helfe König Dietrich!« widersetzte Heime sich. »Daß du so viele Verwandte und Freunde umbringst, wirst du büßen müssen. Warum hörst du auf den boshaften Sifka?«

Auch Witege klagte Ermrich an: »Das ist die größte Schandtat, die je ein König beging, solange die Welt besteht.« Dann verließ Witege rasch den Saal des Herrschers, schwang sich auf sein Roß und preschte, so schnell er konnte, nach Bern.

Ermrich ließ sofort die Kriegshörner blasen und seine Mannen sich zum Aufbruch rüsten. Mit allen verfügbaren Recken ritt er Tag und Nacht, um Dietrich zu überrumpeln.

Witege erreichte um Mitternacht die Tore von Bern. Dietrich, dem die Ankunft gemeldet wurde, ging ihm entgegen und begrüßte ihn freundlich.

»Sifka verleumdete dich so, daß Ermrich dich hängen will«, berichtete Witege. »Morgen steht er mit einem so starken Heer, das du nicht besiegen kannst, vor der Burg.«

Rasch rief Dietrich alle Ratgeber und Große zu sich und erklärte:

»Ermrichs Übermacht ist nicht standzuhalten; wir können ihn erwarten, uns mannhaft wehren und viele von seinen Recken mit in den Tod nehmen. Dann sterben wir als große Helden, gehen ehrenhaft unter. Keiner wird dann so gerühmt. Aber dann fehlen wir und können nichts mehr tun. Besser, wir sind weise, sammeln und rüsten uns, verlassen die Burg, ziehen uns zurück. Wir behalten unser Leben und fallen später unerwartet ein. Dazu rate ich.«

»Jetzt werden wir gezwungen, unser Reich zu räumen«, rief Hildebrant, »aber ich bin gewiß, wir kehren zurück. Wer für unseren König ist, waffne sich.«

Weil fast alle diesem Rat folgten, weinten wegen der Trennung Frauen und Mädchen.

Als die Recken sich gerüstet vor dem Ausritt in der Königshalle beim Wein versammelten, kam Heime hereingestürmt und meldete, Ermrich stehe mit fünftausend Berittenen und viel anderer Mannschaft kurz vor der Stadt.

Ehe Dietrich mit seinen achthundert Recken aufbrach, schwor Heime: »Weichen wir auch ohne Ehre vor Ermrichs Heer, so erwachse ihm daraus weit größerer Schaden.«

Hildebrant ritt Dietrichs Mannen mit dem Banner voran ins Langobardenland und entlang dem Gebirge, das heute die Alpen heißt, dann in Ermrichs Reich. Dort verwüsteten sie dessen Städte und Dörfer.

Heime und Witege hatten Dietrich verlassen und ritten wieder zu Ermrich. Zornig wandte Heime sich in Rom an den Großkönig:

»Du ließest deine Söhne Friedrich und Reginbald sterben, tötetest Samson selbst, hängtest die Söhne deines Bruders. Nun vertreibst du deinen Neffen Dietrich aus seinem Reich. Nur weil du auf Sifka hörst, den Feind und Verleumder.«

»Lange warnte ich dich vor Heime«, beklagte Sifka sich beim König, »nun ist er so hochmütig, daß er sogar wagt, dich zu verunglimpfen. Schick ihn in den Wald, wo sein Vater Pferde gehütet.«

»Hätte ich mein Schwert bei mir«, drohte Heime wütend, »erschlüge ich dich wie einen Hund.« Statt dessen hieb er Sifka mit der Faust auf die Wange, daß ihm fünf Zähne aus dem Mund fielen und der Ratgeber seinem König ohnmächtig vor die Füße stürzte.

Ermrich rief seine Mannen, Heime zu ergreifen und zu hängen. Aber da hätten sie ihn erst überwältigen müssen. Heime jedoch entkam ihnen, ergriff seine Waffen, schwang sich auf sein Roß und galoppierte durch das Burgtor. Sechzig Recken Ermrichs jagten ihm nach und hätten ihn wohl erreicht. Aber da trat Witege in das Tor und zog Mimung. Da stoppten die Reiter im Galopp ihre Pferde. Keiner wagte sich an der furchtbaren Waffe vorbei. So gelang Heime die Flucht in den Wald, wo er sich aufhielt und von dort Gehöfte Sifkas und des Königs überfiel und niederbrannte. Sifka wagte sich nur noch in Begleitung von sechzig Mannen außer Haus. Auch Ermrich lebte in Furcht vor Heime, der draußen in den Wäldern lag.

Weiter ist zu erzählen, wie Dietrich über das Gebirge zog und sich Bechlaren an der Donau näherte. Als das Markgraf Rüdeger erfuhr, ließ er Dietrichs Empfang vorbereiten und ritt mit Gotelind und seinen Mannen dem König entgegen. Zur Begrüßung schenkte die Markgräfin ihm eine Fahne, halb grün, halb rot, worauf ein goldener Löwe gemalt war; dazu Purpurstoff, wie ihn herrlicher noch nie jemand gesehen. Auch Rüdeger bewies wieder seine Freigebigkeit und verschenkte Waffen, Rosse, Gold und andere Kostbarkeiten an Dietrich und dessen Begleiter. Dann lud Rüdeger den vertriebenen König in seine Burg Bechlaren ein und bewirtete ihn und seine Recken großzügig.

Nach kurzem Aufenthalt machte sich Markgraf Rüdeger mit König Dietrich auf den Weg zu Etzel. Als dieser davon erfuhr, ritt auch er mit vielen Mannen und Fahnen dem vertriebenen König entgegen. Spielleute und Gaukler zeigten ihre Künste bei der freundlichen Begrüßung. Der Hunnenkönig begleitete Dietrich in seine Burg und richtete ihm zu Ehren ein Fest aus. Etzel lud ihn ein zu bleiben, so lange er wolle. Dietrich nahm das mit Dank an und lebte viele Jahre bei ihm.

12

Dietrich bereitet eine Heerfahrt
gegen Ermrich vor

Nach der Vertreibung durch seinen Oheim kämpfte Dietrich mit seinen Mannen in zahlreichen Feldzügen für Etzel. Sein Bruder Diether war inzwischen halbwüchsig und zeichnete sich vor anderen durch Mannhaftigkeit, Tapferkeit, Stärke und höfische Sitte aus. Gleichaltrig waren Etzels Söhne Erp und Ortwin. Die drei jagten und übten sich in Waffen gemeinsam. Jeder der drei liebte den anderen so, daß sie sich kaum trennen konnten. Etzel und die Königin mochten Diether nicht weniger als ihre beiden Kinder.

Dietrich begab sich öfter in die Halle der Königin. Aber von einem Besuch muß erzählt werden. Helche stand auf, empfing ihn freudig, ließ eine goldene Schale mit Wein füllen, reichte sie dem König selbst und sprach:

»König Dietrich, ich sehe dich betroffen. Was ist dir widerfahren?«

Der Amelungenkönig stand bedrückt von Schmerz und Trauer, Tränen rannen aus seinen Augen. Die Königin konnte sich nicht erinnern, Dietrich je so gesehen zu haben.

»Heute vor zwanzig Wintern wurde ich aus Bern vertrieben, aus meinem Raben und anderen reichen Städten. Niemals schmerzte mich der Verlust mehr. Zwar fand ich bei Etzel und dir gute Aufnahme. Aber warum sollte ich den Hunnen meinen Kummer verschweigen?«

»Oft standest du uns gegen Feinde bei, mit Rat und deinen Mannen. Bedrückt dich der Verlust deines Reiches, so

ist es recht und billig, dir wieder dazu zu verhelfen. Ich
mache den Anfang, überlasse dir meine beiden Söhne mit
tausend Recken, und bitte den König um Mannen.«

Einwänden Dietrichs, die Söhne seien zu jung für den
Feldzug, begegnete Helche mit den Worten, man könne
sie vom Kampf nicht verschonen.

Die Königin stand sogleich auf und ging, begleitet von
Dietrich, in die Halle, wo Etzel saß. Der freute sich, daß
beide zu ihm traten, ließ der Königin eine Goldschale mit
Wein füllen und reichte sie ihr. Dann fragte er nach Neuigkeiten.

Helche sprach von Dietrichs Kummer über den Verlust
seines Reiches und daß er es zurückgewinnen wolle. Wie
oft habe er mit Eckesachs auch in Zweikämpfen Etzels
Feinde besiegt. Nun wäre es billig, ihm bei der Zurück-
eroberung seines Landes mit einem Heer beizustehen.

Etzel war auf dieses Ansinnen nicht gefaßt und erwiderte trotzig: »Warum bittet er nicht selbst? Oder ist er zu
stolz? Will er lieber verzichten, falls ihm keine Hilfe ange-
boten wird?«

»Dietrich kann wohl selber bitten«, erwiderte Helche.
»Aber ich hielt es für besser, wenn ich seine Sache vor-
bringe.« So sprach sie für Dietrich und auch von der Hilfe,
die sie ihm zugesagt hatte.

»Gut, daß du mich an Dietrichs Taten für uns erin-
nerst«, lenkte nun Etzel ein, »und ihm Mannschaft stellst.
Ich überlasse ihm Markgraf Rüdeger mit zweitausend
Recken, die sind gut gewaffnet.«

»Wie richtig, daß die Königin mir beisprang«, beteuerte
Dietrich und dankte auch dem König.

Während des ganzen Winters wurde der Kriegszug vorbereitet. Weit und breit waren die Schmiedehämmer zu

hören. Außer Waffen wurden auch Sattelzeug und die Pferde für den Zug im Frühjahr vorbereitet.

Als die Zurüstungen für die Heerfahrt zu Ende gingen, trat Königin Helche eines Tages in jenen Garten mit Apfelbäumen, wo sich Etzels Söhne, der junge Diether und andere junge Burschen zu treffen pflegten.

»Meine lieben Söhne, nun waffnet euch für den Kampf an der Seite König Dietrichs.« Die Königin ließ ihnen Brünnenhosen reichen, die legten sie an, dann Brünnen, die waren licht wie Silber, aus hartem Stahl und mit rotem Gold besetzt, danach Helme, glänzend poliert wie Schwerter, und ihre Nägel mit Gold verziert. Die Jungen im Garten staunten über die Rüstung der Königssöhne. Als die beiden ihre Helme festbanden, wurden zwei dicke Schilde gebracht, reich mit Edelsteinen besetzt und goldgeschmückt. Auch ein Banner mit Stange erhielten sie.

Die Gefährten bildeten einen Kreis um die Gerüsteten und beneideten sie noch mehr, als die Königin unter Tränen zu ihnen sprach: »Ich sehe, nie waren zwei Königssöhne besser zum Kampf gerüstet. Ich wünsche sehr, daß ihr heil heimkehrt, aber noch wichtiger ist, tapfer zu kämpfen, wenn nötig, und ruhmvoll aus der Schlacht zu kommen.«

Die jungen Hunnen drängten sich um die Gewaffneten.

Dann rief die Königin Dietrichs Bruder zu sich, legte beide Arme um seinen Hals, küßte ihn und sagte:

»Mein lieber Ziehsohn Diether, meine Söhne folgen deinem Bruder und dir, euer Reich zurückzugewinnen. Bleibt auch auf der Heerfahrt unzertrennlich.«

Diether dankte der Königin und versicherte ihr, die beiden heil wiederzubringen. »Aber fallen sie auf der Walstatt, kehre auch ich nicht zurück. Ich würde sie so lange rächen, bis ich neben ihnen läge.«

»Magst du dein Wort halten«, erwiderte die Königin und rüstete ihn mit Brünnenhosen und einer Brünne aus, die ebenfalls doppelt geschmiedet war, einem goldverzierten Helm, mit kostbaren Edelsteinen besetzt und oben spiegelblinkend, einem dicken Schild, mit Gold ausgelegt und einem Löwen aufgemalt. Noch nie sollen drei Königssöhne so prächtig nach höfischer Sitte mit Gold und Edelsteinen verziert in Rüstung und Waffen in die Schlacht gezogen sein, wird berichtet.

Für den Kriegszug Dietrichs sammelten sich die Recken in der Hauptstadt Etzels. Die Straßen waren erfüllt von Waffenlärm, Getöse und Pferdegewieher; die Stadt war so voll von Mannen und Pferden, daß kein Vorankommen war. Was der Nachbar sagte, war im Lärm und Geschrei nicht zu verstehen.

König Etzel stieg auf einen Turm und verkündete, wie das Heer ausrücken sollte:

»König Dietrich reite mit seinem Heer für sich aus, dann Markgraf Rüdeger mit meinen Recken; eine dritte Schar bilden alle Mannen, die sich hier sammelten, sie folgen meinen Söhnen und Diether.«

Die Königin gab ihre Söhne dem großen Kämpfer Hialprek in Obhut. »Ich schwöre«, beteuerte er, »nie kehre ich aus diesem Krieg ohne deine Söhne heim.« Die Königin dankte ihm.

»Auch ich stehe für das Leben deiner Söhne ein«, verkündete Dietrich.

Von dieser Heerfahrt der zehntausend Recken und zahlloser Knappen ist nun zu erzählen, daß Dietrich zwei seiner Leute als Boten aussandte, so schnell sie vermochten, Ermrich zu erreichen. Der Amelungenkönig wollte nicht heimlich in sein Reich einfallen, sondern ehrenhaft den Krieg erklären. Wolle Ermrich das Land verteidigen, solle er mit seinem Heer bis Raben ziehen. Die Boten erreichten den feindlichen König erst in Rom. Dort überbrachten sie ihre Botschaft und schmähten ihn, nannten ihn treulos und einen Verräter, der Dietrich mit Schande sein Reich genommen habe, was ihm nun heimgezahlt werde. Trotzdem beschenkte der König die Boten mit neuer Kleidung, guten Rossen und entließ sie in Freundschaft. Da er sich nun vorbereiten konnte, glaubte er sich dem Heer Dietrichs überlegen.

Ermrich sandte drei Tage und drei Nächte Vertraute in sein Land und ließ siebzehntausend Recken sammeln. Witege machte er zu seinem ersten Herzog.

Auch in den Straßen Roms drängten sich Gewaffnete, bei ihrem Lärmen konnte kaum einer das Wort eines anderen verstehen. Auch nur von einem Turm vermochte sich König Ermrich Gehör zu verschaffen:

»Mein lieber Freund Sifka, trage du mein Banner, führe mein Gefolge und sechstausend Recken, greife Dietrich an. Brächtest du mir nach der Schlacht Dietrichs Schwert, wärst du der Tapferste.«

Dann bestimmte er Reinald zum Anführer über fünftausend Recken und stachelte auch ihn an, Dietrich und dessen Bruder zu erschlagen. Witege übertrug er sechstausend Recken. Und auch von ihm verlangte er, Dietrich und Diether dürften nicht mit dem Leben davonkommen. Aber vor allem Etzels Söhne seien zu töten.

Witege beteuerte, zwar gegen die Hunnen und Etzels Söhne zu kämpfen, jedoch nicht gegen Dietrich und dessen Bruder.

Ermrichs Heer rückte aus und zog gegen Norden bis vor die Stadt Raben. Dort wurden südlich am Fluß Zelte aufgeschlagen, nördlich davon lagerten bereits die Scharen Dietrichs.

Meister Hildebrant wachte im Lager des Berners; und in der Nacht, als alle schliefen, ritt er am Ufer entlang und über eine Furt ans feindliche Ufer. Dort traf er in der Dunkelheit auf einen Reiter. Nach einigen Worten erkannten sie sich, und Hildebrant begrüßte seinen alten Freund Reinald, der jetzt im Heer Ermrichs stand. Auch Reinald wollte heimlich zu Dietrich, nun konnte er sich den Weg sparen und Hildebrant die Aufstellung des Heeres berichten. Obwohl er zu seinen Leuten stehen müsse, wünschte der Amelung Reinald Dietrich Glück.

Als die beiden dann am Fluß entlangritten, brach der Mond durch die Wolken. Sie überblickten im fahlen Licht die Lager der Heere. Reinald zeigte dem Waffenmeister das gelbe Zelt, in dem Sifka schlief, der grimmigste Feind Dietrichs. In dem grünen Zelt nächtigte, wie Hildebrant ihn nannte: unser lieber Freund Witege, mit seinen Mannen. In dem schwarzen Zelt werde er selber ruhen.

Auf dem Wege, nun das Lager Dietrichs zu besichtigen, stellten sich ihnen fünf Männer entgegen. Die hielten die zwei für hunnische Kundschafter und griffen sie an. Reinald meinte, das seien seine Mannen, und wollte sie beschwichtigen. Aber es waren Sifkas Leute, und die glaubten Hildebrant zu erkennen und zerhieben seinen Helmhut, so daß der Waffenmeister zurückschlagen und dem Angreifer den Kopf vom Halse trennen mußte. Reinald verbot weiteren Kampf. Da wandten Sifkas Wächter sich ab. Nun begleitete Reinald Hildebrant auf einen Ausblick am Ufer. Der Waffenmeister wies ihn auf Dietrichs Zelt mit den fünf Stangen, dann rechts auf das aus roter Seide mit neun Stangen, das des Königs Etzel, darin schliefen

dessen Söhne und Diether. Links von Dietrichs Zelt
schimmerte das grüne von Markgraf Rüdeger. Damit
keine Freunde gegeneinander kämpfen würden, besprachen sie, welcher Heerbann gegen wen antreten sollte.
Sifka wolle ohnehin gegen Dietrich ziehen, Reinald sich
gegen die Hunnen Rüdegers wenden. Witege werde gegen
die Etzelsöhne kämpfen; daß er damit auch Dietrichs Bruder zum Feind habe, müsse er auf sich nehmen. Dann
küßten sie einander und begaben sich in ihre Lager.

Hildebrant ritt zu der Furt zurück, durch die er über
den Fluß gekommen war. Reinald wandte sich seinem Lager zu. Da stellte sich ihm Sifka mit einer Schar Mannen
in den Weg, wollte Hildebrant nachsetzen und ihn erschlagen.

»Willst du meinen Freund töten«, warnte Reinald,
»mußt du erst mit mir und meinen Recken kämpfen, die
sofort zu mir stoßen.«

»Stehst du auf Seiten unserer Feinde, fällst du von Ermrich ab?« drohte Sifka als Heerführer seines Königs.

»Obwohl wir auch gegen meine Verwandten kämpfen,
stehe ich Ermrich bei«, versicherte Reinald, »aber Hildebrant, der allein zurückreitet, mit Übermacht anzugreifen,
kann ich nicht zulassen. Morgen in der Schlacht dürft ihr
euch schlagen.«

Da verzichtete Sifka, Hildebrant nachzusetzen. Der erreichte in der Morgendämmerung Dietrichs Lager und berichtete ihm von seinem Treffen mit Reinald. Der Berner
hieß auch das gut.

13

Die Schlacht

Noch vor Tagesanbruch ließ Dietrich die Posaune blasen
und seine Recken sich zur Schlacht wappnen. Auch Rüdeger von Bechlaren und Herzog Naudung rüsteten ihre
Scharen für den Kampf. Dann zogen sie durch jene Furt,
die Hildebrant in der Nacht erkundet hatte.

Inzwischen waren auch die drei Heere Ermrichs bereit.
Witege ritt auf seinem Roß Skemming mit dem gefürchte-
ten Schwert, seine Scharen führte Bannerträger Runga,
stärker als andere Riesenkerle. Seine Fahne war schwarz,
Hammer, Zange und Amboß weiß daraufgemalt. Ihm entgegen ritt Herzog Naudung mit seinem Heer, hinter ihm
Dietrichs Bruder Diether. In dieser Schar befanden sich
auch die Söhne Etzels, behütet von dem Recken Hialprek.
Die Rüstung und Waffen dieser Mannen waren mit rotem
Gold versehen und leuchteten in der aufgehenden Sonne
wie Feuer.

Reinald hatte seine Scharen sich waffnen lassen und
führte sie dem Heer Markgraf Rüdegers entgegen.

Walter von Wasgenstein trug in Sifkas Heer das Banner
Ermrichs; es hatte siebzig kleine Goldschellen, die beim
Aufmarsch klingelten und das Klirren der Waffen über-
tönten. Ihnen entgegen ritt das Heer Dietrichs, an seiner
Seite Hildebrant mit dem Banner aus weißer Seide, darauf
ein goldener gekrönter Löwe. Die Fahne war ein Ge-
schenk von Königin Helche und trug ebenfalls siebzig
Goldschellen.

Jetzt ritten die sechs Heere gegeneinander. König Dietrich preschte auf seinem Roß Falke zuerst vor, schlug mit

seinem berühmten Eckesachs nach beiden Seiten und hieb
Reiter und Rosse nieder. Hildebrant kämpfte neben ihm
und fällte manchen Mann, ebenso der tapfere Recke Wild-
Ewer, der seinen Namen nicht zu Unrecht trug. Um Sifka
herum wurden viele seiner Mannen erschlagen. König
Dietrich feuerte seine Leute durch Schlachtrufe an: »Vor-
wärts, meine Mannen, wir siegten gegen Russen und Wili-
zen, jetzt gewinnen wir unser Erbland und Reich zurück!«

So angespornt kämpften seine Recken noch erbitterter.
Der König selber schlug sich eine Gasse durch das feindliche Heer und kämpfte sich wieder zurück. Auch vor
Wild-Ewer zitterten die Scharen Sifkas, denn wo der zu-
schlug, fielen dessen Recken. Als Walter von Wasgenstein,
Bannerträger Sifkas, sah, wie seine Leute vor Wild-Ewer
zurückwichen, mußte er ihn zu Fall bringen; er ritt gegen
ihn an und rammte ihm seine Bannerstange durch die
Brust, daß sie zwischen den Schulterblättern wieder herauskam. Wild-Ewer spürte seine tödliche Verletzung,
brach vor seiner Brust den Speerschaft ab, schlug dem
überraschten Wasgenstein ein Bein ab und traf ihn dann
durch die Brünne in den Leib. Dann stürzten beide vom
Pferd und lagen in ihrem Blute, nicht weit voneinander
entfernt.

Als Sifka seinen mächtigsten und stärksten Feldherrn
niedersinken sah, wandte er sich zur Flucht, auch seine
Leute kämpften nicht mehr und folgten ihm. Doch Dietrich und seine Recken setzten ihnen nach und erschlugen
noch die meisten. Aber Sifka entkam. Erst später brach
Dietrich die Verfolgung ab.

Als Witege Sifka und dessen Mannen fliehen sah, begann er noch härter zu kämpfen, denn sonst, fürchtete er,

ginge die ganze Schlacht verloren. Also ritt er den gegnerischen Feldherrn an. Ohnehin hatte Herzog Naudung genug seiner Leute gefällt. Es kam zum Zweikampf zwischen Witege und Naudung. Beide hieben erbittert aufeinander ein und deckten sich geschickt, bis es Wielands Sohn gelang, mit Mimung Naudungs Bannerstange zu durchhauen und danach den Herzog selbst in den Hals zu treffen. Als Diether und die Etzelsöhne sahen, wie Naudungs Kopf zur Erde flog, rief Ortwin Hialprek zu:

»Sahst du, wie dieser Hund Witege unseren Herzog erschlug? Auf, machen wir ihn nieder!«

Da Hialprek bei Königin Helche für die jungen Recken bürgte, wollte er die Hitzköpfe zurückhalten. Aber weil er selber vor Zorn und Rachelust bebte, gelang es ihm nur, Dietrichs Bruder und Erp vom Kampf abzubringen. Und so griffen er und Ortwin den starken Witege an. Runga preschte an dessen Seite. Und nach heißem Kampf, in dem Helme zerbeult und Brünnen aufgeschlitzt wurden, stürzten Hialprek und Ortwin tödlich getroffen von ihren Pferden. Nun konnten sich dessen Bruder Erp und Diether nicht mehr zurückhalten und griffen die beiden an. Dietrichs Bruder gelang ein mächtiger Hieb auf Rungas Helm, er spaltete ihn samt dem Kopf bis zum Hals. Inzwischen erschlug Witege den zweiten Sohn Etzels. Als Diether sah, wie auch Erp gefallen war, griff er mit unbezähmbarer Wut Witege an. Der wollte keinesfalls gegen Dietrichs Bruder kämpfen. Aber Diether wollte seine Schwurbrüder und Hialprek rächen und griff ihn mit unbändiger Wut an. Witege deckte sich nur mit seinem Schild, fing mit dem Schwert die Hiebe des Jungen ab und rief:

»Bruder Dietrichs, laß ab von mir, ich schone dich, greife andere an!«

»Du Hund erschlugst meine Schwurbrüder Erp und Ortwin, aus Rache mußt du fallen, sonst will ich nicht länger leben!« schrie der Junge zurück und griff ihn mit doppelter Härte an. Witege führte noch immer keinen Schlag gegen Diether, schützte sich lediglich vor dessen Hieben und bat flehend, von ihm abzulassen: »Schlage ich nicht zurück, haust du mich bald nieder. Ich will dich nicht töten, das weiß mein Gott, es wäre Notwehr.«

Dietrichs Bruder setzte einen gewaltigen Hieb auf Witeges Helm, der zwar standhielt, aber das Schwert glitt zur Seite und schlug den Kopf des Pferdes ab. So verlor das berühmte Roß Skemming sein Leben. Aber anstatt den Kampf abzubrechen, griff Diether weiter an. Auch vor dem Bruder des Freundes davonzulaufen, hätte Feigheit bedeutet. Also war Witege zum Kampf gezwungen und klagte: »Was ich nie wollte, muß ich tun, aus großer Not. Erschlage ich ihn nicht, verliere ich mein Leben.« Dann hob er Mimung gegen Diether und hieb ihn in den Rücken und auseinander, daß Dietrichs Bruder in zwei Hälften zur Erde fiel.

Inzwischen kämpfte das Heer des Markgrafen Rüdeger gegen das Ermrichs unter dem Feldherren Reinald. Ulfhard, Rüdegers Bannerträger, schlug sich den ganzen Tag mit großer Streitlust; durch ihn fielen Recken und Rosse. Wo er und sein Markgraf vordrangen, wichen die Reihen von Ermrichs Mannen. Und ihr Feldherr Reinald wütete in den Scharen der Hunnen. Aber so viel er und seine Recken auch erschlugen, vor Ulfhard drohten seine Leute zu fliehen. Da ritt Reinald ihn an und bohrte ihm seinen Speer durch Brünne und Brust, daß er zwischen den Schultern wieder herauskam. Als Rüdeger seinen Mann stürzen sah, hob er die Fahnenstange auf, schwang das

Banner und griff ungestüm den feindlichen Fahnenträger
an. Um ihn zu Fall zu bringen, hieb er ihn mit dem
Schwert in den Hals, so daß der Kopf und die Fahnenstange zur Erde fielen. Dann drang er mit seinen Mannen
weiter gegen Ermrichs Recken vor, die nach dem Fall ihres
Banners und der Flucht Sifkas nicht mehr standhielten,
ihre Pferde wandten und ebenfalls flohen. Da Reinald
seine Leute nicht mehr zurückhalten konnte, mußte er
ihnen folgen.

Nun preschte ein Bote Rüdegers zu Dietrich, der noch
immer Sifkas Leuten nachsetzte, und berichtete ihm vom
Tod der drei Jungen und Herzog Naudungs.

Wie fluchte Dietrich da auf den elenden Hund Witege.
»Was habe ich getan, daß Gott gegen mich einen so
furchtbaren Tag verhängt?« schrie er. »Wodurch bin ich
schuldig? Während keine Waffe mich ritzte, fielen mein
Bruder und die Söhne Etzels. Ich räche die Söhne oder
sterbe.«

Dietrich gab Falke die Sporen und preschte an der
Spitze seines Heeres zurück. Geschwind und grimmig wie
ein Sturm fegte er über die Felder, daß keiner seiner Leute
ihm folgen konnte, so von Haß und Zorn getrieben, daß
Feuer aus seinem Munde stob. Als er auf Witeges Heer
stieß, das als einziges der drei Heere Ermrichs noch standhielt, wichen dessen Recken einem Kampf mit ihm aus, so
furchtbar brauste er daher.

»Witege, verfluchter Hund!« rief Dietrich, »stelle dich
mir, stirb für meinen Bruder. Oder fürchtest du den
Kampf?«

Witege gab vor, nichts verstanden zu haben, und
preschte noch schneller davon. Aber Dietrich blieb dicht
hinter ihm und rief:

»Bleib stehen! Verlorst du alle Ehre? Fliehst vor einem Mann, der seinen Bruder rächen will.«

»Ich wehrte seine Hiebe nur ab«, erwiderte der Verfolgte, »aber da er mir ans Leben ging, mußte ich zurückschlagen. Ich sühne mit Gold und Silber.«

»Du wirst büßen!« schrie Dietrich zurück und setzte ihm weiter nach. Nicht einmal die Furcht, als feige zu gelten, veranlaßte Witege anzuhalten, so furchtbar tobte Dietrich. Und Witege wird gespürt haben, nicht nur ein wütender König jagte ihn.

Mit letzter Kraft erreichte Witege die See. Am Ufer glaubte Dietrich ihn endlich zu treffen. Aber der Verfolgte galoppierte ins Wasser. Der Speer des Königs blieb im Ufersand stecken. Von Witege war nichts mehr zu sehen. Nach der Überlieferung rettete ihn eine Meerfrau, seine Ahnin, und nahm ihn auf. Oder suchte er wie mancher den Tod im Wasser, aus Schmerz und Schuld?

Dietrich ritt zurück auf das Schlachtfeld. Über seinen gefallenen Bruder beugte er sich zuerst, legte seinen zerhauenen Schild beiseite und nahm den von Diether, dann trat er vor die toten Etzelsöhne. »Lieber wäre ich schwer getroffen, als euch zu verlieren! Nie mehr werde ich zu König Etzel zurück können.«

Das sagte er auch seinen Mannen.

Wie oft geschehe es in der Schlacht, daß Helden hoher Abstammung fielen, versuchten Rüdeger und andere Anführer Dietrich zu trösten, er solle sich über den Sieg freuen. Und sie versicherten, bei Etzel für Dietrich zu sprechen.

»Auch ich bürgte für die Söhne«, klagte Dietrich.

Die Anführer um Rüdeger erklärten, mit Dietrich hier zu bleiben und weiter mit um sein Reich zu kämpfen.

Aber nach dem Verlust von Etzels Söhnen wollte Dietrich nicht weiter gegen Ermrich ziehen. Zu viele Hunnen seien bereits für sein Reich gefallen. Lieber kehre er doch mit ihnen zurück.

Dann zog das Heer langsam heim in Etzels Land. Dietrich weigerte sich, mit Rüdeger das Herrscherpaar aufzusuchen, und blieb in einem Haus abseits.

So trat der Markgraf nur mit wenigen Begleitern in die Halle und grüßte ihn.

»Willkommen, mein Feldherr, Markgraf Rüdeger«, empfing ihn der Hunnenherrscher. »Siegten die Hunnen gegen Ermrich? Lebt König Dietrich?« fragte er.

Rüdeger berichtete über die Schlacht und wie Dietrich Sifka in die Flucht geschlagen hatte, beklagte aber den Verlust der Königssöhne und Herzog Naudungs.

Da brach die Königin in lautes Weinen aus. »Dietrich bürgte für ihr Leben!« rief sie und verfluchte ihn.

»Wer fiel mit meinen Söhnen?« forschte Etzel weiter.

Rüdeger berichtete vom Tod Hialpreks und Wild-Ewers und anderer Tapferer und wie Dietrich auch seinen Bruder Diether verlor. Mit Freude vernahm Etzel, daß seine Hunnen mehrfach so viele von Ermrichs Leuten erschlagen und den Rest in die Flucht getrieben hatten.

Als Königin Helche von Diethers Tod erfuhr und wie Dietrich aus Rache für ihre Söhne Witege ins Meer gejagt hatte, nahm sie ihren Fluch zurück.

»Die drei Jungen trugen die besten Waffen, aber sie fielen dennoch. Wem der Tod bestimmt ist, für den gibt es keinen Schutz«, suchte Etzel Trost auch für seine Frau. »Und wo ist mein guter Freund Dietrich?«

Der König erfuhr, warum Dietrich und Hildebrant Etzel nicht unter die Augen treten wollten. Da sandte er

zwei Recken nach ihnen. Ihr Sinn sei zu bedrückt, ihr
Kummer zu groß, um vor den König zu kommen, ließen
diese ausrichten.

Da ging die Königin selbst zu dem Ort, wo sich Dietrich verbarg. »Guter Freund Dietrich«, sagte sie, »wie
schlugen sich meine Söhne? Fielen sie tapfer?«

»Sie standen füreinander ein, kämpften als Helden«, berichtete Dietrich schmerzvoll, »wollten den Tod ihres
Herzogs und Hialpreks rächen. Und mein Bruder fiel gegen Witege, der deine beiden Söhne tötete.«

Da legte Helche ihre Hände um den Hals Dietrichs,
küßte ihn und sagte:

»Guter Freund Dietrich, folge mir in die Halle des Königs. Sei uns willkommen, die Götter fordern in der
Schlacht oft die Besten, so war es eben bestimmt. Beklagen wir die Toten, aber komme jetzt mit zu den Leben-
den!«

Nach diesen Worten folgte Dietrich Helche in die Königshalle. Etzel stand auf, hieß ihn willkommen und
küßte ihn. Der Amelungenkönig bekam den alten Ehrenplatz. Ihre Freundschaft blieb so fest wie ehedem.

Zwei Jahre nach der siegreichen Rabenschlacht kam
eine gefährliche Krankheit über die Königin. Sie fürchtete,
ihr zu erliegen, und ließ Dietrich rufen. Der versicherte
ihr, falls das einträfe, verlöre er seinen besten Freund. Sie
beschenkte ihn mit fünfzehn Mark roten Goldes und Pur-
purkleidern, so kostbare hatte noch keiner gesehen. Und
Helche verband Dietrich mit ihrer Nichte Herrat.

»Eine solche Frau zu verlieren, ist für König Etzel
schwerer als der Verlust von einem großen Teil seines
Landes«, beteuerte Dietrich und hielt sein Weinen nicht
zurück.

Dann ließ Helche nach Hildebrant rufen und schenkte ihm ihren besten Goldring. Hildebrant und alle, die bei ihm standen, weinten.

Die Königin spürte ihre Kräfte schwinden, sandte rasch nach Etzel Boten und sprach schon gebrochen:

»Mächtiger König Etzel, bald scheide ich von euch, warte nicht lange, suche dir keine böse, sondern eine gute Frau. Guter Herrscher Etzel, wähle keine Frau der Burgunden, keine von Aldrians Geschlecht. Schlägst du meinen Rat aus, bringt das großes Unheil.«

Nach diesen Worten starb die Königin.

Die Klagen waren im ganzen Land zu hören. Keiner kannte eine Königin mit größerer Güte und edlerem Sinn. Niemand erinnerte sich, daß man je so geweint hatte. Nie gewänne ein Hunnenherrscher wieder eine solche Königin, hieß es.

14

Dietrich kehrt heim

Nach Helches Tod nahm Etzel, gegen ihren Rat, die verwitwete Kriemhild aus dem burgundischen Königsgeschlecht zur Frau. Und am Hofe des Hunnenherrschers geschah, was schon berichtet wurde: Im Kampf gegen die Burgunden, im Saal Etzels eingeschlossen, verlor Dietrich alle seine Mannen. Nicht nur die befreundeten burgundischen Könige Gunter, Gernot und Giselher sowie Hagen von Tronje fielen, sondern auch der geliebte Markgraf Rüdeger. Nur Meister Hildebrant blieb ihm, dem er jetzt seinen Kummer mitteilte:

»Warum war ich so lange fern von meinem Reich? Sollen wir hier altern und verdorren? Lieber falle ich für mein Land und meine Stadt Bern, als daß ich bei den Hunnen vor Gram gebrechlich werde. Und wir dienten ihnen lange genug.«

»Was verloren wir nicht alles, auch durch Sifkas Tücke«, pflichtete Hildebrant bei. »Obwohl Ermrich große Übermacht hat, sterbe auch ich lieber im Kampf gegen ihn, als daß ich hier ehrlos ergraue.«

Ihm sei erzählt worden, sagte Hildebrant, er habe einen Sohn mit Namen Hadubrant, und der sei Herzog von Bern; seine Frau Oda könne vor seiner Flucht schwanger gewesen sein. Falls sein Sohn dort Herzog wäre, meinte Dietrich, sei das ein großes Glück.

»Wie wollen wir fahren?« fragte Hildebrant.

»Uns fehlt ein Heer«, bedauerte Dietrich, »ich möchte unerkannt heimreiten, nur du und ich. Ein zweites Mal fliehe ich nicht aus dem Amelungenland«, beteuerte er, »da will ich fallen oder mein Reich zurückgewinnen, das schwöre ich.«

»Zwar sind wir nur zwei, aber wir kehren heim. Soll das König Etzel erfahren?«

»Mein Entschluß ist so fest, kein König kann daran rütteln. Erst wenn unsere Pferde gesattelt sind, soll er es wissen.«

Wir folgen jener Überlieferung, nach der Etzel den Kampf gegen die Burgunden überlebte.

Frau Herrat, Helches Nichte, wollte mit Dietrich in sein Land ziehen.

Hildebrant hatte für diesen Abend drei Rosse gesattelt, ein viertes mit Gold, Edelsteinen und Reisevorrat beladen. Dann ermahnte er Dietrich, von Etzel Abschied zu

nehmen. Der Amelungenkönig ging vor Etzels Schlafgemach. Als engen Freund des Königs ließen die Wächter
ihn auch gewaffnet eintreten und Etzel wecken. Der König wunderte sich, daß Dietrich gerüstet allein vor ihn
trat, und gewährte ihm ein Gespräch unter vier Augen.
Etzel wunderte sich noch mehr, als er von Dietrichs Absicht erfuhr, und fragte:

»Wo sind deine Mannen? Wo ist dein Heer?«

»Ich habe keines. Ich werde mit Hildebrant heimlich
zurückkehren.«

»Mein guter Freund, König Dietrich«, beschwor Etzel
den Amelungen, »bleibe noch eine Zeit hier; möchtest du
das nicht, stelle ich dir ein Hunnenheer.«

»Dank für deine Hochherzigkeit, deine Freundschaft.
Es fielen schon genug Hunnen für mich.«

Etzel begleitete Dietrich bis vor das Burgtor. Beide verabschiedeten und küßten sich. Etzel war bekümmert,
Dietrich nicht ehrenvoll entlassen zu können.

»Unser Gott schütze dein Reich! Wir sehen uns als
Freunde wieder!« Nach diesen Worten Etzels schwang
Dietrich sich auf Falke und preschte Hildebrant und Her-
rat nach.

Sie ritten an der Donau entlang durch Bechlaren. Bei der
verlassenen Burg hielt Dietrich sein Roß an und sprach:

»Markgraf, wärst du nicht gegen die Burgunden gefallen, käme ich in deinen Saal. Als ich mein Reich verlor,
empfingst du mich wie einen König, bester und freigebig-
ster aller Helden.«

Auch Hildebrant und Herrat gedachten in Schmerz des
großen Markgrafen und priesen, wie er vor dem Kampf in
Etzels Saal seinem Feind Hagen den besseren Schild übergeben hatte.

Dann zogen sie weiter, hielten sich tagsüber im Walde auf und ritten nachts. Trotzdem drang Kunde von ihrem Aufenthalt an Herzog Elsung, ein Nachkomme jenes Elsung, den Dietrichs Großvater einst erschlug. Dafür wollte nun Herzog Elsung der Junge Blutrache nehmen und griff mit zweiunddreißig Recken Dietrich an.

Herrat warnte sie, gegen die Übermacht zu kämpfen. Aber statt sich in den Wald zu retten, machten Dietrich und sein Waffenmeister ihre Pferde fest und zogen ihre Schwerter.

»Liebe Herrat, weine nicht«, beruhigte Dietrich sie, »sei vergnügt, bis wir fallen, aber warum sollten wir nicht siegen?«

Die Schar galoppierte heran und sah die schöne Herrat, da forderte Amelung, ein Neffe von Herzog Elsung: »Überlaßt ihr uns die Frau, behaltet ihr euer Leben.«

Das lehnte Hildebrant höhnisch ab.

»Noch nie prahlte ein Alter so hochfahrend«, sagte einer von Elsungs Leuten.

»Deine Dummheit ist zu groß für dein Alter«, entgegnete Dietrich.

»Gebt eure Waffen ab!« verlangte Amelung und von Hildebrant, »sonst reiß ich dich am Bart.«

»Eher liegt deine Hand abgehauen im Gras«, erwiderte Hildebrant. »Wer überhaupt ist euer Anführer?«

Aus Ärger über die anmaßende Frage hieb einer von Elsungs Leuten gegen Hildebrants Helm. Der Waffenmeister schlug mit Balmung zurück und spaltete dem Voreiligen Helm, Kopf und Brust, daß Feuer aus seiner Brünne stob. Nach dem Kampf an Etzels Hof und Hagens Tod, wird erzählt, soll Hildebrant Siegfrieds Schwert besessen haben. In dem Gefecht, das mit der Schar des Herzogs ausbrach, fällte Dietrich nach einigen Feinden auch den jungen Herzog selbst. Da merkten dessen Mannen, daß sie es mit keinen gewöhnlichen Recken zu tun hatten. Dietrich tötete sieben, Hildebrant neun der Angreifer. Nun hieb Amelung grimmig gegen den Waffenmeister. Die anderen Mannen Elsungs flohen vor Dietrich. Hildebrant schlug Amelung zu Boden und verlangte dessen Waffen. Der Junge war verwirrt, daß ein Graubart ihn überwältigt hatte, und erfüllte die Forderung.

»Amelung, guter Kerl«, sagte Dietrich nun und wollte Neuigkeiten aus dem Süden von ihm wissen; dafür solle er Leben und Waffen behalten, als Buße für den Tod des alten Herzogs Elsung.

Amelung berichtete, Ermrichs Leib sei aufgedunsen und habe offene Wunden. Da habe Sifka geraten, ihn aufzuschneiden und Fett abzutrennen, aber davon sei es nicht, wie versprochen, besser, sondern weit schlechter geworden. Ob Ermrich noch lebe, wisse er nicht.

Da lachten König Dietrich und sein Waffenmeister.

15

Hildebrant und Hadubrant

Der Amelungenkönig und Hildebrant zogen weiter nach Süden über das große Gebirge, das heute die Alpen heißt. Dort fragte der Waffenmeister einen Holzfäller, wer in der Stadt Bern herrsche.

»Hadubrant, der Sohn von Hildebrant«, erwiderte der Mann.

»Was für einer ist das?« fragte Hildebrant.

»Ein Recke von großer Tatkraft, aber auch grimmig und unnachgiebig, besonders zu seinen Feinden. Er will allen überlegen sein.«

»Was weißt du noch zu berichten?« forschte der Waffenmeister.

»Ermrich in Rom soll tot sein.«

Dann traf Hildebrant in der nahen Stadt auf Konrad, den Sohn des ansässigen Herzogs, und erfuhr, daß Ermrich tatsächlich gestorben sei und der tückische Hund Sifka herrsche. Und Hadubrant habe Boten zu Dietrich an den Hof Etzels gesandt, damit er heimkehre. Hadubrant wolle die Stadt Bern nicht an Sifka ausliefern. Hildebrant solle mit zu Konrads Vater Herzog Ludwig in die Stadt kommen. Aber der Waffenmeister wollte sich draußen in der Nähe des Waldes aufhalten, in dem Dietrich mit Herrat wartete. Also brach Herzog Ludwig mit seinen Mannen auf und folgte Hildebrant zu Dietrich. Der Herzog und sein Sohn fielen vor Dietrich auf die Knie, küßten seine Hand und hießen ihn als ihren König und Herren willkommen.

Dietrich wollte nicht mit Ludwig in dessen Stadt ziehen, denn er hatte gelobt, vor Bern keine andere Stadt zu betreten. So blieb der Herzog bei reichlich Trank und Speise bei seinem König im Wald; und sie berieten, was zu tun sei. Inzwischen machte sich Hildebrant auf den Weg, seinen Sohn aufzusuchen.

»Triffst du ihn, begegne ihm umsichtig und in höfischer Sitte«, riet Konrad dem Waffenmeister, »und laß ihn wissen, daß du sein Vater bist; sonst könnte es sein, er erschlägt dich, so ungestüm ist er.«

»Und woran erkenne ich Hadubrant?«

»Er reitet ein weißes Roß, die Nägel in seinen Schuhen sind golden, sein Schild blinkt weiß wie frisch gefallener Schnee, darauf ist eine Stadt gemalt. Kein anderer Recke gleicht ihm. Ihm standzuhalten, bist du zu alt«, warnte Konrad.

Hildebrant ritt nun die Straße nach Bern, da kam ihm ein Mann entgegen. Nach der Farbe des Pferdes und Schildes mußte es Hadubrant sein. Der sah den Fremden in Waffen und unerschrocken auf sich zukommen, ohne jedes Zeichen von Demut oder angedeuteter Verbeugung. Also wolle der ihn zum Kampf aufreizen, dachte Hadubrant. Er band seinen Helm fest, hob seinen Schild, legte den Speer ein und preschte auf Hildebrant los. Der machte sich rasch zum Anritt fertig. Die Speere krachten auf die gegnerischen Schilde, die zwar standhielten, aber die Schäfte splittern ließen. Der Alte war eher vom Pferde als der Junge und schwang sein Schwert. Wortlos hieben sie gegeneinander, aber sie schienen noch nicht in einer Weise zu kämpfen, daß sie sich töten wollten. Und als sie nach einer Zeit ermüdeten, ließen sie voneinander ab, setzten die Schilde auf die Erde und lehnten sich darauf.

Erst jetzt betrachteten sie einander genauer.

Hildebrant, der ältere und erfahrenere Kämpfer, begann zu fragen:

»Wer ist dein Vater? Von welcher Sippe stammst du? Nennst du mir einen Namen, weiß ich die anderen. In dem Reich kenne ich jedes Geschlecht.«

Hadubrant antwortete:

»Weise Männer sagten mir, mein Vater heiße Hildebrant; er floh mit König Dietrich und vielen seiner Mannen. Hildebrant ließ in Bern seine junge Frau zurück, das Kind war ohne Erbe und noch ohne Worte. Er war bei

den freudlosen Mann, Dietrichs liebster Recke, mit ihm
floh er vor Ermrichs Feindschaft. Immer kämpfte er an
der Spitze der Schlachten, jeder Held kannte ihn. Ich
glaube nicht, daß er noch lebt.«

»Noch nie sprachst du mit einem so nahen Verwandten,
auch du, Irmingott, großer Herrscher im Himmel, sollst
das wissen.« Und Hildebrant wand sich geflochtene Ringe
von den Armen, Geschenke Etzels, und wollte sie Hadubrant geben. Aber der wies sie zurück:

»Alter Hunne, du bist listig, täuschest mich mit Worten
und lockst mit Ringen. So alt wie du bist, so viel Betrug
führst du im Schilde. Willst mich heimlich mit dem
Schwert anfallen. Seefahrer erzählten, Hildebrant, Her-
brants Sohn, fiel für seinen König.«

Nicht nur das Feuer seiner Jugend reizte Hadubrant
zum Kampf. Listige Hunnen hatten ihn schon früher zu
täuschen versucht.

»An deinen Rüstungen sehe ich, du dienst einem reichen Herren, keiner vertrieb dich aus diesem Reich, wie es
Hildebrant traf. Waltender Gott, nun vollzieht sich das
Unheil, schreckliches Schicksal. Dreißig Jahre in der
Fremde, stets in den Scharen der Recken, kämpfte ich in
vielen Schlachten, erlitt bei keiner Burg den Tod. Nun
wird das eigene Kind mich erschlagen, oder ich werde ihm
zum Mörder.«

Hadubrant begegnete dem Fremden feindselig. Dieser
alte Graubart sein Vater? sann er. So geschickt versuchte
noch kein Hunne, ihn zu täuschen. Er schwieg, gab aber dem
Fremden zu verstehen, daß der wohl aus Angst schwatze.

»Da dich so nach Kampf gelüstet, so höre, Ostrecken
sind nicht feige. Hadubrant, versuche nun, mir Rüstung
und Waffen zu nehmen.«

Nun hoben sie erneut die Schwerter, schritten gegeneinander, hieben gegen die weißen Schilde, bis diese immer kleiner wurden. Schließlich warfen sie die Reste beiseite und setzten sich ungedeckt ihren Waffen aus. Hildebrant wird sich nur gewehrt, jeden tödlichen Schlag vermieden haben. Aber nachdem auch ihre Brünnen zerschlagen waren, Vater und Sohn bluteten, wird Hildebrant, einen tödlichen Hieb abwehrend, seinen Sohn erschlagen haben.

Nach einer jüngeren Erzählung warf Hildebrant den Sohn nieder und setzte ihm das Schwert auf die Brust. Noch jetzt verschwieg der Junge seinen Namen. »Da mich eine so alte Graugans besiegt, liegt mir nichts mehr am Leben.«

»Willst du dein Leben behalten, sag mir schnell, ob du mein Sohn Hadubrant bist, dann bin ich dein Vater Hildebrant.«

Darauf erwiderte Hadubrant: »Bist du mein Vater Hildebrant, so bin ich dein Sohn Hadubrant.«

Daraufhin gab Hildebrant den zu Boden Geworfenen frei. Hadubrant kam rasch auf die Füße. Sie erkannten sich und küßten einander.

Dann stiegen sie auf ihre Pferde und ritten nach Bern.

Dort empfing sie Hadubrants Mutter. Sie sah den Sohn blutig und verwundet, begann zu weinen und fragte nach dem, der ihm das angetan.

»Gern ertrage ich diese Wunde«, sagte Hadubrant frohgemut, »mein Vater schlug sie mir, Hildebrant, er reitet neben mir.«

Die Mutter begrüßte Hildebrant freudig, umarmte und küßte ihn.

16

Dietrich gewinnt sein Reich zurück

Nun ließ Hadubrant durch Boten die Großen der Stadt Bern in die Königshalle rufen und verkündete, König Dietrich befinde sich im Amelungenland und fordere sein Reich zurück.

»Wollt ihr König Dietrich? Oder unterwerft ihr euch dem Übeltäter Sifka?« fragte Hildebrant die Versammelten.

»Wir wehrten uns gegen Sifka und warten auf Dietrich! Lieber sterben wir mit ihm, als daß wir uns Sifka ausliefern!« riefen viele.

Alle stimmten zu. Manche dankten Gott, bald König Dietrich zu sehen. Andere zweifelten, ob Dietrich überhaupt im Amelungenland wäre.

»Unser König ist gekommen, Hildebrant hat ihn begleitet und sitzt hier neben mir. Er ist mein Vater.«

»Willkommen, Hildebrant!« riefen alle.

»Wollt ihr Dietrich zum König haben«, erklärte Hadubrant, »so nehmt eure Pferde und Waffen und reitet ihm entgegen.«

So verließ am nächsten Tag Hildebrant mit fünfhundert Recken die Stadt und begab sich in den Wald, wo Dietrich und Herzog Ludwig sich aufhielten. Hildebrant, Hadubrant und die anderen Recken verbeugten sich vor dem König. Der stand auf, ging ihnen entgegen und küßte Hadubrant.

Dann ritten sie alle nach Bern. Hildebrant trug die Fahne. Und Hadubrant war zur Rechten Dietrichs, reichte ihm die Hand und gab ihm einen kleinen goldenen Ring mit den Worten:

»Mächtiger König, seit Ermrich starb, der mich über diese Stadt setzte, verwehrte ich Sifka, hier zu herrschen. Mit diesem kleinen Ring gehen ich, meine Recken, die Stadt Bern und das ganze Amelungenland an dich zurück.«

Dietrich dankte und wollte es allen lohnen.

Gaukler und Spielleute aus der Stadt zogen Dietrich und seinen Begleitern entgegen, erfreuten sie durch Gesang und Kurzweil. Dann beschenkten Recken und Bürger der Stadt ihren König mit Pferden, Waffen, Kostbarkeiten und Gehöften. So gelangte Dietrich festlich geleitet in sein Königshaus zurück und nahm, an seiner Seite Hildebrant und Hadubrant, wieder auf seinem Herrschersessel Platz. Dietrich sandte Boten ins Land. Gesandte von Städten und Kastellen huldigten dem alten und neuen König.

Einige Tage später ritt Dietrich mit starker Mannschaft zu einer nahen Stadt und berief dort ein Thing ein, wo er erklärte, daß Sifka ein fast unbesiegbares Heer sammle und damit ins Amelungenland vorrücken wolle, um es zu unterwerfen.

»Wollt ihr mich oder Sifka zum König?« fragte er auf dem Thing die Bürger und versicherte: »Ich und meine Mannen fliehen nicht vor Sifkas Heer.«

Alle auf dem Thing Versammelten stimmten für König Dietrich. »Lieber fallen wir mit dem König der Amelungen, als daß wir Sifka auch nur einen Pfennig zahlen«, riefen sie.

Daraufhin sandte Dietrich Boten ins Land und ließ ein Heer aufstellen. Als sich alle gewappnet hatten, zog er mit achttausend Recken dem Heer Sifkas entgegen. Bald kam es zu einer großen Schlacht. Hildebrant ritt mit Dietrichs Fahne dem König voran. Während die Amelungen in die

Reihen von Sifkas Recken Schneisen schlugen, fiel ein zweites Heer mit siebentausend Mann, von Rom kommend, Dietrichs Scharen in den Rücken. Dagegen warf sich Dietrich mit seinen Recken. Und Hadubrant kämpfte weiter gegen Sifkas Haupthеer. Hildebrants Sohn haute nach rechts und links mit solcher Wucht, daß Pferde und Reiter zu Boden sanken. So schlug er sich bis zu Sifka durch. Zunächst hieb er dessen Fahnenträger die Hand und die Fahnenstange ab. Dann griff Hadubrant mit unbändiger Wut den feindlichen Heerführer selbst an und versetzte ihm harte Schläge. Auch Sifka schlug unerbittlich zurück. Der Zweikampf währte lange, bis der junge, ungestüme Herzog dem alten Ratgeber Ermrichs beikam und ihm Helm und Kopf spaltete.

Da stimmten die Amelungen Siegesgeschrei an. Und als die Anführer in Sifkas Heer vom Tod ihres selbsternannten Königs erfuhren, brachen sie den Kampf ab und ergaben sich Dietrich.

Der zog bald mit seinem Heer nach Rom. Unterwegs stießen sie auf keinen Widerstand. Die Mächtigen der Städte und Burgen trauerten Sifka wenig nach und unterwarfen sich König Dietrich. Mit einem großen Heer zog er in Rom ein und begab sich in die Königshalle. Dort krönte Hildebrant den König der Amelungen mit Ermrichs Krone. Dessen Mannen wurden nun Dietrichs Untertanen, viele aus Freundschaft, andere aus Furcht vor dem neuen Herrscher.

Von nun an regierte Dietrich in Rom und ließ große Bauten errichten, auch Standbilder von sich und seinem Roß Falke. Er herrschte gerecht und war so mächtig, daß keiner sein Reich anzugreifen und auch sonst sich mit ihm zu vergleichen wagte. Herzog Hadubrant wurde Herrscher im Norden des großen Reiches. Meister Hildebrant lehnte ein Herzogtum ab und blieb, so lange er lebte, an der Seite seines Königs.

Nach einiger Zeit erkrankte Hildebrant. König Dietrich saß Tag und Nacht bei seinem getreuen Waffenmeister.

»Ich glaube, ich sterbe«, sagte Hildebrant eines Tages, »ich bitte dich, gewähre nun meinem Sohn deine Freundschaft. Er soll meine Waffen erben und stets für dich streiten.«

Kurz darauf starb Hildebrant. König Dietrich beweinte ihn und ließ eine große Totenfeier ausrichten. Alle lobten Hildebrants Treue zu seinem König, seine Tapferkeit und Freigebigkeit. Der Waffenmeister soll hundertundfünfzig Jahre alt geworden sein, behaupten einige, andere sprechen sogar von zweihundert Jahren.

Nicht lange nach Hildebrant starb auch Dietrichs Frau Herrat. Sie hatte ihren Gemahl stets zum Guten angehalten und war ihrer Sanftmut wegen hoch geschätzt.

Nachdem Heime von Sifkas Tod erfahren, hatte er die Wälder verlassen und seine Überfälle und Brandschatzungen aufgegeben. Er hörte von einem Riesen, der Wohnorte plünderte und großes Unheil stiftete. Um sich wieder Ruhm zu erwerben, forderte Heime den Unhold zum Kampf. Dabei gelang es Heime, den Schlägen des Riesen geschickt auszuweichen und ihm die Schwerthand abzuschlagen. Als der Unhold sich fallen ließ, um Heime zu erdrücken, ging der auf ihn zu und gelangte zwischen dessen Beine. Von dort versetzte Heime ihm den Todesstoß.

Davon drang Kunde an Dietrichs Hof. Der König ließ über den Helden nachforschen und Heime, der sich verborgen gehalten, ausfindig machen. Dann lud der Berner ihn an seinen Hof, empfing ihn festlich und machte ihn zum Anführer seines Gefolges. Einmal zog Heime gegen einen Riesen, der sich König Dietrich widersetzte und die Zahlung von Zins verweigerte. Heime hatte noch nie einen so großen Riesen gesehen. Der lag in seiner Höhle und grunzte: »Ich habe keine Lust, aufzustehen und dich zu erschlagen.« Statt ihn am Boden zu durchbohren, wartete Heime, wie es die Ehre des Recken gebot, bis der Riese aufgestanden war und eine Eisenstange ergriffen hatte. Mit der hieb er so furchtbar und geschickt zu, daß Heime zu spät auswich, in die Luft geschleudert wurde und bereits dort starb.

Als Dietrich hörte, daß sein Freund gefallen war, zog er aus Rache in Waffen und gerüstet zu dem Unhold. Der Riese schwang wieder seine Eisenstange, aber Dietrich sprang ihm entgegen und hieb ihm blitzschnell die Hände ab. Dann fügte er dem Handlosen tödliche Wunden zu.

Das war der letzte große Zweikampf mit Eckesachs gegen einen Riesen, von dem berichtet wird.

Im Alter schwanden Dietrichs Kräfte. Aber wenn er Waffen zu führen hatte, war seine Hand noch immer stark genug. Gern jagte er Tiere, an die sich andere Recken nicht heranwagten. Einmal sah er einen stattlichen Hirsch, wie noch keiner ihn zu Angesicht bekommen; dem wollte der König unbedingt nachsetzen. Aber ehe sein Pferd bereit war, schwang er sich auf ein schwarzes Roß, das plötzlich bei ihm stand, und sprengte davon. Es war weit schneller als Falke und überholte die flinkesten Vögel.

»Dietrich, wann kehrst du zurück?« riefen seine Gefährten.

»Wenn die Götter es wollen!« kam es vom König.

Niemand vermag zu sagen, was aus Dietrich von Bern geworden ist.

Nach Erzählungen weiser Männer jagt er im Sturm dahin. Er warnt vor Gefahr und Unheil. Und manche erfuhren schon seinen Beistand.

Anhang

Glossar

Aki Neffe König Ermrichs vom Harlungengeschlecht

Alberich zauberkundiger Zwerg, später im Dienst der Nibelungen Hüter des Horts

Aldrian Vater Hagens

Amal Stammvater des Geschlechts der Amaler (Amelungen)

Amelrich Held im Bayernland; Hagen gibt sich gegenüber dem Fährmann an der Donau als A. aus

Amelung Neffe Herzog Elsungs

Amelungen Königsgeschlecht nach dem historischen ostgotischen Geschlecht der Amaler; sein bedeutendster Herrscher ist Dietrich von Bern

Amilias Schmied bei König Nidung, für den auch Wieland arbeitet

Astold Burgherr von Melk an der Donau

Balmung Schwert Siegfrieds, anord. *Gran*

Bern sagenhafter Ort, alter deutscher Name für das historische Verona (nicht Bern in der Schweiz)

Berserker mit Bärenkräften kämpfender, besonders tapferer Krieger

Biterolf Herrscher in Dänemark, Vater Dietleibs

Blödel Bruder Etzels

Blutgang Schwert Heimes

Bödwild Tochter König Nidungs, Frau Wielands

Boltram Hildebrant nennt sich so bei seiner ersten Begegnung mit Witege

Brünhild Königin auf Isenstein, dann Gunters Frau; in altnordischer Überlieferung mythische Walküre, mit Siegfried durch Treueeide verbunden

Brünne Brustpanzer

Buhurt Kampfspiel, bei dem Reiterscharen miteinander streiten

Burgunden germanischer Stamm mit Königssitz in Worms

Dankrat 1. verstorbener König der Burgunden, seine Frau ist Ute; 2. Vertrauter des Königs Nidung

Dankwart   Bruder Hagens

Dieter   Bruder Ermrichs, Vater Akis und Egards vom Geschlecht der Harlungen

Dietleib   Sohn des Dänenherrschers Biterolf, Gefolgsmann Dietrichs von Bern

Diether   Bruder Dietrichs von Bern

Dietmar   König von Bern, Vater Dietrichs

Dietrich von Bern   König von Bern (d. i. Ravenna), anord. *Thidrek*. Das historische Vorbild der Sagengestalt ist Theoderich der Große (453–526)

Ecke   Riese, der Dietrich von Bern herausfordert

Eckesachs   Schwert, geschmiedet von Alberich; zuerst gehörte es Ecke, dann Dietrich von Bern

Eckewart   Markgraf am Hofe der Burgunden

Egard   Neffe König Ermrichs vom Harlungengeschlecht

Egil   Bruder Wielands

Else   Markgraf in Bayern, Bruder Gelpfrats

Elsung   Herzog im Amelungenland

Ermrich   König von Rom, Onkel Dietrichs von Bern. Der Name des Ostgotenkönigs Ermanerich (Ermrich) tritt in der Sage an die Stelle Odoakers (433–493), des historischen Gegenspielers Theoderich des Großen

Erp   Sohn Etzels mit Helche

Etzel   König der Hunnen, anord. *Atli*. Das historische Vorbild ist Attila (gest. 453)

Fafnir   Bruder des Schmiedes Regin, in Drachengestalt von Siegfried getötet

Falke   Pferd Dietrichs von Bern

Fasolt   Bruder des Riesen Ecke, fordert Dietrich von Bern zum Zweikampf

Fjölnir   (›der Vielweise‹)   so nennt sich u. a. Odin bei seiner Begegnung mit Siegfried

Friedrich   Sohn König Ermrichs

Fritila   Ziehvater von Aki und Egard, der Neffen König Ermrichs

Gelpfrat   Herr im Bayernland, Elses Bruder

Gernot König der Burgunden, jüngerer Bruder Gunters

Gere Markgraf am Hofe der Burgunden

Gibich König im Dienste Etzels

Giselher König der Burgunden, jüngster Bruder von Gunter und Gernot

Gotelind Markgräfin, Frau Rüdegers von Bechlaren

Gramaleif Hauptmann der Räuber, gegen die Witege kämpft

Gran anord. Name für Siegfrieds Schwert

Grani anord. Name für Siegfrieds Pferd

Grim Riese, kämpft mit Hild gegen Dietrich von Bern

Gunter 1. König der Burgunden, ältester der drei Königsbrüder, anord. *Gunnar*; 2. Sohn von Siegfried und Kriemhild in Xanten am Rhein

Hadeburg eine der beiden Meerfrauen an der Donau, die Hagen weissagen

Hadubrant Sohn Hildebrants

Hagen von Tronje Halbbruder der drei Burgundenkönige am Hofe zu Worms, Onkel Ortwins von Metz; anord. *Högni*

Halsberge Halsschutz über dem Brustpanzer

Harlungen Fürstengeschlecht im Reich Ermrichs

Hawart dänischer Fürst, im Dienste Etzels

Heime Abkömmling der Familie Studas, Gefährte Dietrichs von Bern

Helche Königin der Hunnen und Frau Etzels

Helferich Recke Dietrichs von Bern

Herbrant Vater Hildebrants

Herrat Nichte Königin Helches, mit Dietrich von Bern verbunden

Herwör Walküre, Frau Wielands

Hialprek Recke im Dienste Etzels, beschützt dessen Söhne

Hild Riesin mit Zauberkräften, Trollweib, kämpft mit Grim gegen Dietrich von Bern

Hildebrant Waffenmeister Dietrichs von Bern; im »Hildebrantslied« wird der Zweikampf mit seinem Sohn Hadubrant dargestellt

Hildegrim Helm Hilds, dann im Besitz Dietrichs von Bern

Hildegund   Gefährtin Walters von Spanien bei seiner Flucht
von Etzels Hof

Hnikar (›der Aufhetzer‹)   so nennt sich u. a. Odin bei seiner
Begegnung mit Siegfried

Hördis   anord. Name für Siegfrieds Mutter

Hornboge   Markgraf, Gefährte Dietrichs von Bern

Hort   mythischer, unerschöpflicher Schatz der Nibelungen

Hunding   nach nord. Überlieferung erschlagen seine Söhne
Siegfrieds Vater

Hunold   Kämmerer am Hofe der Burgunden

Ingram   Anführer von Wegelagerern, denen sich Heime an-
schließt

Iring   Markgraf von Dänemark, in Etzels Diensten

Irmingot   wahrscheinlich asächs. Name für den anord.
Kriegsgott *Tyr* (ahd. *Ziu*)

Irnfried   thüringischer Fürst im Dienste Etzels

Isung   Gaukler, von Dietleib beschenkt

Kebse   nicht rechtmäßig angetraute Nebenfrau, Konkubine

Konrad   Sohn Herzog Ludwigs im Amelungenland

Kriemhild   Königstochter am Hofe der Burgunden, Schwester
Gunters, Gernots und Giselhers, Frau Siegfrieds; anord.
Gudrun.

Künhild   Schwester Dietleibs, von Laurin geraubt

Laurin   Zwergenkönig, in dessen Rosengarten Dietrich von
Bern eindringt

Lüdeger   König der Sachsen, nach der Niederlage gegen die
Burgunden von Siegfried als Geisel nach Worms gebracht

Lüdegast   Dänenkönig, im Kampf gegen die Burgunden von
Siegfried gefangen und nach Worms gebracht

Ludwig   Herzog im Amelungenland

Met   bierähnlicher, gegorener Honigwein

Mime   Schmied, bei dem Wieland in die Lehre geht, auch
Lehrmeister Siegfrieds

Mimung   berühmtes Schwert, geschmiedet von Wieland für
seinen Sohn Witege, später im Besitz Dietrichs von Bern

Nagelring   Schwert, geschmiedet von Alberich, der es dem

Riesen Grim für Dietrich von Bern raubt; später erhält es
Heime

Nibelung Sohn des Königs der Nibelungen, Bruder von
Schilbung

Nibelungen ›Nebelland‹ im Norden, aus dem der sagenhafte
Hort stammt. Der Name wird später auf die Burgunden
übertragen

Näntwin König in Etzels Diensten

Naudung Herzog im Dienste Etzels

Nidung König, an dessen Hof Wieland der Schmied wirkt

Nornen göttliche Frauen, die das Schicksal bestimmen

Oda 1. Frau Hildebrants, Mutter von Hadubrant; 2. Frau
Biterolfs, Mutter von Dietleib

Odilia Frau Sifkas

Odin Hauptgott der Germanen, dt. *Wodan*

Ortlieb Sohn Kriemhilds mit Etzel

Ortwin Sohn Etzels mit Helche

Ortwin von Metz Neffe Hagens, am Hofe der Burgunden

Otwin Sohn König Nidungs

Pilgrim Bischof von Passau, Bruder Utes, Onkel Kriemhilds
und ihrer Brüder

Raben sagenhafter Ort, historisch Ravenna; dort trug sich die
Rabenschlacht der Sage zu

Regin 1. Schmied, bei dem nach altnordischer Überlieferung
Siegfried aufwächst, Bruder Fafnirs; 2. Bote König Nidungs

Reginbald 1. Herzog von Venedig, Vater Hildebrants;
2. Sohn König Ermrichs

Reinald Gefolgsmann Dietrichs von Bern und Ermrichs

Rimstein Herzog auf Burg Gerimsheim

Rispe Pferd Heimes

Rüdeger von Bechlaren Markgraf Etzels an der Donau, im
heutigen Pöchlarn

Rumold Küchenmeister am Hofe der Burgunden

Rumung Herzog der Walachen, in Etzels Diensten

Runga Bannerträger Witeges

Samson Sohn König Ermrichs

Saumtiere Pferde zum Tragen von Lasten

Schilbung Bruder Nibelungs im Nibelungenland

Schlagfider Bruder Wielands

Schwämmel Spielmann Etzels, einer seiner beiden Werber um Kriemhild

Schwertleite festliche, mit einem Eid verbundene Verleihung des Schwertes; junge Recken wurden mit dieser Zeremonie für wehrhaft und mündig erklärt

Siegfried 1. König von Xanten am Rhein und Herr der Nibelungen, anord. *Sigurd*, von Odin abstammend; 2. Sohn von Gunter und Brünhild in Worms

Sieglind Mutter Siegfrieds, Königin in Xanten

Siegmund König in Xanten am Rhein, Vater Siegfrieds

Sifka Ratgeber König Ermrichs; mhd. *Sibich*

Sigelint eine der beiden Meerfrauen an der Donau, die Hagen weissagen

Sigi Urgroßvater Siegfrieds, soll ein Sohn Odins sein

Sigstadt Neffe Dietrichs von Bern

Sigstaf Räuber, gegen den Witege kämpft

Sindold Mundschenk am Hofe der Burgunden

Sintram ranghöchster Zwerg nach König Laurin, von Dietrich als Vogt eingesetzt

Skemming Pferd Wielands, später seines Sohnes Witege; Bruder Rispes

Sleipnir achtbeiniges Pferd Odins

Studas Familie Heimes

Studfuß Räuber, gegen den Witege kämpft

Tarnkappe mantelähnlicher Umhang mit Kapuze, macht den Träger unsichtbar und verleiht ihm Zwölfmännerkraft

Thing gesetzgebende Versammlung freier Männer

Ulfhard Bannerträger Rüdegers von Bechlaren

Ute verwitwete Königin der Burgunden, Mutter von Kriemhild, Gunter, Gernot und Giselher sowie von Hagen

Volker von Alzey Recke und Spielmann am Hofe der Burgunden

Völsung anord. Name für Siegfrieds Großvater

Völsungen Königsgeschlecht, von Völsung und Odin abstammend

Waberlohe Flammenwall zum Schutz, so z. B. für Brünhild

Wade Riese, Vater von Wieland dem Schmied

Walhall Odins Halle, in die gefallene Kämpfer aufgenommen werden

Walküren mythische Jungfrauen, die nach Odins oder eigenem Willen Tote vom Schlachtfeld für Walhall auswählen

Walter von Spanien Jugendgefährte Hagens aus seiner Zeit am Hofe Etzels

Walter von Wasgenstein Neffe König Ermrichs, in dessen Dienst

Wärbel Spielmann Etzels, wirbt für ihn mit Schwämmel um Kriemhild

Waske Schwert Irings

Wieland berühmtester Schmied am Hofe Nidungs, tötet Nidungs Söhne und entkommt mit einem Flughemd aus Federn

Wild-Ewer Recke Dietrichs von Bern

Witege Sohn Wielands, Gefährte Dietrichs von Bern, später Heerführer in Ermrichs Dienst

Wolfhart Neffe Hildebrants, in Dietrich von Berns Gefolge

Wolfwin von Amelungen Verwandter Dietrichs von Bern, in dessen Gefolge

Literaturhinweise

Ausgabe

Edda. Die Lieder des Codex regius nebst verwandten Denkmälern. Hrsg. von Gustav Neckel. Bd. 1: Text. 4. umgearb. Aufl. von Hans Kuhn. Heidelberg 1962. – Bd. 2: Kurzes Wörterbuch. Von Hans Kuhn. 5., verb. Aufl. Ebd. 1983.

Vǫlsunga saga ok Ragnars saga loðbrókar. Udgivet for Samfund til udgivelse af gammel nordisk litteratur ved Magnus Olsen. 1. hæfte. København 1906.

Saga Didriks konungs af Bern. Udgivet af C. R. Unger. Christiania 1853.

Deutsches Heldenbuch. Tl. 1. Hrsg. von Oskar Jänicke. Biterolf und Dietleib, Laurin und Waberlin. Berlin 1866. – Tl. 2. Hrsg. von Ernst Martin. Alpharts Tod, Dietrichs Flucht und Rabenschlacht. Ebd. 1866. – Tl. 5. Hrsg. von Julius Zupitza. Dietrichs Abenteuer. Berlin 1870.

Das Nibelungenlied. Zweisprachig. Hrsg. und übertr. von Helmut de Boor. Leipzig 1959.

Das Nibelungenlied. Mittelhochdeutscher Text und Übertragung. Hrsg., übers. und mit einem Anh. von Helmut Brackert. 2 Tle. Frankfurt a. M. 1995.

Baetke, Walter: Wörterbuch zur altnordischen Prosaliteratur. 5. Aufl. Berlin 1993.

Matthias Lexer: Mittelhochdeutsches Taschenwörterbuch. 38. Aufl. Stuttgart 1992.

Übersetzungen

Die Edda. Götterdichtung. Spruchweisheit und Heldengesänge der Germanen. Übertr. von Felix Genzmer. Eingel. von Kurt Schier. München 1992.

Nordische Nibelungen. Die Sagas von den Völsungen, von Ragnar Lodbrog und Hrolf Kraki. Übertr. von Paul Hermann. München 1993.

Die Geschichte Thidreks von Bern. Übertr. von Fine Erichsen. Jena 1924. (Thule. 22.)

Das Nibelungenlied. Übers. von Felix Genzmer. Anm. und Nachw. von Bernhard Sowinski. Stuttgart 1992. (Reclams Universal-Bibliothek. 642.)

Forschungsliteratur

Zur germanisch-deutschen Heldensage. Hrsg. von Karl Hauck. Darmstadt 1961. (Wege der Forschung. 14.)

Europäische Heldendichtung. Hrsg. von Klaus von See. Darmstadt 1978. (Wege der Forschung. 500.)

Heldensage und Heldendichtung im Germanischen. Hrsg. von Heinrich Beck. Berlin / New York 1988.

Brackert, Helmut: Nibelungenlied und Nationalgedanke. Zur Geschichte einer deutschen Ideologie. In: Mediaevalia litteraria. Festschrift für Helmut de Boor. Hrsg. von Ursula Hennig und Herbert Kolb. München 1971.

Curschmann, Michael: »Nibelungenlied« und »Klage«. In: Die deutsche Literatur des Mittelalters. Verfasserlexikon. 2. Aufl. Bd. 6. Berlin / New York 1987. Sp. 926–969.

Düwel, Klaus: Hildebrandslied. In: Die deutsche Literatur des Mittelalters. Verfasserlexikon. 2. Aufl. Bd. 3. Berlin / New York 1981. Sp. 1240–56.

Ehrismann, Otfrid: Nibelungenlied. Epoche – Werk – Wirkung. München 1987.

Gschwantler, Otto: Zeugnisse der Dietrichsage in der Historiografie von 1100 bis gegen 1350. In: Heldensage und Heldendichtung im Germanischen. Hrsg. von Heinrich Beck. Berlin / New York. 1988. S. 35–80.

Heinzle, Joachim: Das Nibelungenlied. München/Zürich 1987.

Höfler, Otto: Theoderich der Große und sein Bild in der Sage. In: O. H.: Kleine Schriften. Hrsg. von Helmut Birkhan. Hamburg 1992. S. 393–416.

Kaiser, Gerd: Deutsche Heldenepik. In: Neues Handbuch der Literaturwissenschaft. Bd. 7: Europäisches Hochmittelalter. Hrsg. von Henning Krauss. Wiesbaden 1981. S. 181–205.

Kuhn, Hugo: »Dietrichs Flucht« und »Rabenschlacht«. In: Die deutsche Literatur des Mittelalters. Verfasserlexikon. 2. Aufl. Bd. 2. Berlin / New York 1980. Sp. 116–127.

Marold, Edith: Wandel und Konstanz in der Darstellung der Figur des Dietrich von Bern. In: Heldensage und Heldendichtung im Germanischen. Hrsg. von Heinrich Beck. Berlin / New York 1988. S. 149–182.

Rosenfeld, Hellmut: Dietrichdichtung. In: Reallexikon der Germanischen Altertumskunde. 2. Aufl. Bd. 5. Berlin / New York 1984. S. 430–442.

Schröder, Franz Rolf: Mythos und Heldensage. In: Zur germanisch-deutschen Heldensage. Hrsg. von Karl Hauck. Darmstadt 1961. (Wege der Forschung. 14.) S. 285–315.

Schulze, Ursula: Nibelungenlied. In: Deutsche Dichter. Hrsg. von Gunter E. Grimm und Frank Rainer Max. Bd. 1. Stuttgart 1989 [u. ö.]. (Reclams Universal-Bibliothek. 8611.) S. 142–163.

See, Klaus von: Was ist Heldendichtung? In: Europäische Heldendichtung. Hrsg. von Klaus von See. Darmstadt 1978. (Wege der Forschung. 500.) S. 1–38.

Vries, Jan de: Heldenlied und Heldensage. München 1961.

Vries, Jan de: Theoderich der Große. In: J. de V.: Kleine Schriften. Hrsg. von Klaas Heeroma und Andries Kylstra. Berlin 1965. S. 77–88.

Wisniewski, Roswitha: Mittelalterliche Dietrichdichtung. Stuttgart 1986.

Nachwort

Helden haben sich gegen Feinde unnachgiebig bis zum Verlust ihres Lebens durchzusetzen und sterben oft jung und unverschuldet wie Siegfried. Beispielhaft ist die Weigerung der Burgunden am Hof Etzels, Kriemhild den Mörder Siegfrieds auszuliefern; sie sterben lieber für Hagen und ihre Ehre. Aber Dietrich von Bern und Wieland der Schmied widersprechen in vielem diesem Heldenbild. Nach der *Thidrekssaga* stellt Dietrich von Bern sich nicht der Übermacht Ermanerichs entgegen, um »in Ehren unterzugehen«, sondern flieht aus seinem Reich an Attilas Hof und bereitet die Rückeroberung vor; Heldentum ist hier nicht an schicksalhaften Untergang gebunden. Helden können auch weise und tolerant sein wie Dietrich und Hildebrant.

Im *Nibelungenlied*, der heute wohl bekanntesten deutschen Heldensage, spielt Dietrich von Bern als auf Versöhnung wirkender König eine entscheidende Rolle. Und die *Thidrekssaga*, zugleich umfassendste Dietrich-Biografie, enthält eine Überlieferung der Nibelungensage und eine Erzählung der Wielandsage. So stehen die drei wichtigen Sagen in engem Zusammenhang.

Im Unterschied zu Märchen und Göttermythen wachsen Heldensagen aus historischen Ereignissen und Gestalten und beziehen sich vorwiegend auf die Zeit der Völkerwanderung, die mit dem Angriff der Hunnen auf das Ostgotenreich im Jahr 370 und seiner Zerstörung begann (bereits der Freitod seines Königs Ermanerich führte zur Sagenbildung) und mit der Errichtung des Langobardenreiches 568 in Italien endete.

Im Jahre 436 vernichtete der römische Feldherr Aetius mit hunnischen Hilfstruppen einen großen Teil des Volkes der Burgunden samt dem Königshaus. Dieser Volksstamm hatte sich damals am Rhein in der Gegend um Worms angesiedelt. Überliefert sind die Königsnamen Gundahari, Gundomar und Gislahari. Im folgenden Jahrhundert herrschte in Worms (daran erinnerte eine Tafel am Dom) kurze Zeit die Westgotin Brunichild, Gemahlin des Frankenkönigs Sigibert I., der 575 auch infolge von Brunichildis Machtkämpfen ermordet wurde.

Wahrscheinlich verschmolzen mehrere historische Personen zum Siegfried der Sage. Auch ein vertriebener Merowingersproß könnte am Burgundenhof zu viel Macht erlangt haben. Vielleicht reichen einzelne Liedkerne bis zu Arminius, der nach der siegreichen Schlacht im Teutoburger Wald von Verwandten ermordet wurde.

Attila herrschte zwar zu der Zeit, als das Burgundenreich zerstört wurde, war jedoch an der Schlacht selbst nicht beteiligt. Der Hunnenherrscher starb im Jahre 453 in der Hochzeitsnacht mit der germanischen Nebenfrau Ildico. Daraus wurde Blutrache der Ostgotin für den Tod ihrer Verwandten gefolgert; ein Motiv früher Sagenbildung um Atli (Etzel). Die Kämpfe zwischen Völkern verdichten sich in der Sage zu Gefechten zwischen Helden; der Untergang eines Königshauses vollzieht sich im Saal des Hunnenherrschers.

Für den Dietrich von Bern der Sage läßt sich das historische Vorbild genauer in Theoderich dem Großen bestimmen. Geboren wurde er erst Monate nach Attilas Tod und ca. 18 Jahre nach der Vernichtung der Burgunden. In der Sage werden sie zu Zeitgenossen. Als Achtjähriger kam Theoderich für zehn Jahre als Geisel an den Kaiserhof von Byzanz, erhielt dort umfassende Bildung und wurde nach dem Tod seines Vaters König der Ostgoten. Germanische Söldner hatten Odoaker zum Heerkönig ausgerufen, und er hatte den letzten weströmischen Kaiser Romulus gestürzt. Der oströmische Kaiser Zeno sandte Theoderich mit einem großen Heer gegen Odoaker nach Italien, den er nach einigen siegreichen Schlachten in Ravenna belagerte; da er ihn nicht endgültig besiegen konnte, traf er mit ihm ein Übereinkommen und tötete ihn schließlich eigenhändig mit einem Hieb von der Schulter bis zur Hüfte. Daraufhin begründete Theoderich im Jahr 493 das Ostgotenreich in Italien; er wirkte für das Bündnis der germanischen Stämme, betrieb die Synthese römischer und germanischer Kultur und bemühte sich um religiösen Ausgleich. Aber in der Sage wurde aus der erfolgreichen Königsherrschaft ein dreißigjähriges Exil am Hofe Etzels; entstanden wahrscheinlich aus dem Erzählkern von der Geiselgefangenschaft in Byzanz.

In jener Zeit wanderten die Völker, vernichteten andere oder wurden vernichtet, verschmolzen mit ansässigen oder fremden – das erstreckte sich über weite Teile des heutigen Europa. Nicht nur historische Personen wie Theoderich der Große sind, nach heutigem Sprachgebrauch, ›übernational‹, auch die Sagen über sie und ihre Zeit haben in diesem Sinne ›europäischen‹ Charakter; neben den im deutschen Raum aufgezeichneten Sagen stehen meist frühere altnordische Texte.

Älteste Lieder oder Prosastücke über den Untergang der Burgunden dürften bei diesem Volk selbst und bei den Franken ins 5. und 6. Jahrhundert zurückreichen. Die Entstehungsgeschichte des mittelhochdeutschen *Nibelungenliedes* war Gegenstand umfassender germanistischer Forschung. Karl Lachmann konstruierte zwanzig Lieder als Ursprung der Sage; Andreas Heusler meinte, das Epos sei durch »Aufschwellung« eines Liedes entstanden. Zu den wichtigsten Überlieferungen gehören in der altnordischen *Edda* erhaltene, um 1270 aufgezeichnete Heldenlieder (Haupthandschrift ist der Codex regius, jetzt in Reykjavik, Island), von denen einzelne wie das *Alte Atlilied* und das *Alte Sigurdlied* aus dem 9. Jahrhundert stammen dürften. Nach Vorlage dieser Lieder entstand Mitte des 13. Jahrhunderts die *Völsungensaga*, ein Prosatext, in den auch Lieder eingingen, die heute verloren sind. Und nach Berichten von Männern aus Bremen, Münster und Soest wurde wahrscheinlich um 1250 in Bergen in Norwegen die *Thidreks-*

saga verfaßt, in der auch Sagen über den Burgundenunter-
gang enthalten sind.

Vom mittelhochdeutschen *Nibelungenlied* existieren 11
mehr oder weniger vollständige Handschriften und
23 Fragmente. Die Handschrift B wird heute meist als älteste Abschrift eines unbekannten »Originalliedes« angesehen
und liegt auch den Ausgaben von Helmut de Boor und Helmut Brackert zugrunde. Die Handschrift C (Felix Genzmer
hat sie übersetzt) gilt als eine Bearbeitung unter christlichem
Einfluß; sie entlastet Kriemhild und weist Hagen als
Hauptübeltäter aus. Die meisten Handschriften enthalten
als Anhang die *Klage*, eine später hinzugefügte Fortset-
zung, klerikal belehrend und das Lied kommentierend. Als
Entstehungsraum des *Nibelungenliedes* ergibt sich aus der
Wertung bestimmter Personen im Text wie des Bischofs Pilgrim als Onkel Kriemhilds und ihrer Königsbrüder sowie
Rüdegers von Bechlaren (heute Pöchlarn an der Donau)
und aus der geographischen Kenntnis das Donaugebiet
zwischen Passau und Wien. Geschrieben wurde diese Heldensage um 1200.

Die Grenzen zwischen Mythen und Sagen sind fließend.
Wenn Brünhild mit ihren Riesenkräften durch keinen
»menschlichen« Recken, sondern nur durch Siegfried mit
Zauber bezwingbar ist, unterstreicht das ihre Walküren-
natur, die ins Mythische, d. h. hier die Welt höherer Wesen,
hineinragt. Siegfried ist später gebannt von Kriemhilds höfischer Weiblichkeit. Für die über alle Maßen Schöne (»daz
in allen Landen niht schœneres mohte sin«)[1] harrt der Held
ein Jahr am Burgundenhof aus, ohne die Angebetete zu sehen, besiegt Sachsen und Dänen und verhilft seinem König
Gunter zur schier unbezwingbaren Brünhild. Bereits durch
seine Herkunft ist Siegfried eine mythische Gestalt, was viel
weniger auf die drei burgundischen Könige zutrifft. Inso-
fern können Sagen mehr oder weniger Mythisches enthal-

---

1 *Das Nibelungenlied*, Ausg. de Boor, Str. 2.

ten, es ist für sie jedoch keine Bedingung. Heldensagen können aus Preisliedern auf Siege oder Heerführer entstehen, es dabei belassen oder später Mythen aufnehmen. Aber Sagen können auch aus Kulten und Ritualen erwachsen. Der vielfältigen Sagenbildung sollte jedenfalls kein theoretisches Schema aufgepreßt werden.

Meist stammen die Sagenkerne aus vorchristlicher bzw. einer Zeit, in der sich das Christentum noch nicht durchgesetzt hatte; Mythisches wurde später oft durch christliche Schreiber oder Chronisten zurückgedrängt, nur bruchstückhaft oder gar nicht mehr aufgenommen. Das zeigt sich, verglichen mit altnordischer Überlieferung, auch im mittelhochdeutschen *Nibelungenlied*.

Die folgenreiche Rezeption des Nibelungenliedes stellt auch dessen Neuerzählung vor besondere Schwierigkeiten. Keine deutsche Dichtung des Mittelalters wurde wohl so intensiv auf die eigene Geschichte bezogen und aufgenommen. Goethe ließ Myllers Nibelungen-Ausgabe 25 Jahre unaufgeschnitten liegen, öffnete sie erst 1808 auf Drängen eines literarischen Kreises. Napoleonische Besetzung und Befreiungskriege führten damals in Deutschland zur Beschäftigung mit mittelalterlicher Tradition. Im Jahre 1806 wird aus Berlin von überfüllten öffentlichen Lesungen der Nibelungendichtung durch Friedrich Heinrich von der Hagen berichtet. Die Beschäftigung mit deutscher Vergangenheit, durch die Romantiker befördert, wurde zu einem geistigen Impuls der Befreiungskriege. Im Kampf um deutsche Einigung diente das Heldenepos der Nibelungen als ein Kern nationaler Identifikation; seitdem allerdings wurde es mehr und mehr für nationalistische Bestrebungen mißbraucht. Einzelne Motive wie die Gefolgschaftstreue und Gestalten wie Hagen wurden aus dem Stoffzusammenhang gerissen und isoliert, fanden Eingang in die Sprache der Politik und des Alltags. Erinnert sei an den programmatischen Ausspruch Fürst von Bülows 1909 im Reichstag, in dem er den Österreichern »Nibelungentreue« zusicherte; davon sprach auch Kaiser Wilhelm II. zu Kriegsbeginn 1914. Strategische Operationen im I. Weltkrieg hießen Siegfriedlinie, Hagenangriff, Alberichbewegung, Brünhildstellung. Und Paul von Hindenburg, Chef der obersten Heeresleitung und späterer Reichspräsident, schrieb: »Wie Siegfried unter dem hinterlistigen Speerwurf des grimmen Hagen, so stürzte unsere Front; vergebens hatte sie versucht, aus dem versiegenden Quell der heimatlichen Kraft neues Leben zu trinken.«[2] Die bekannte Dolchstoßlegende vom Ende des Ersten Weltkrieges hat hier ihre Wurzel. Und der Nationalsozialismus suggerierte, er verwirkliche jenes in den Sagen beschriebene mythisch-heldische Leben. In einer Rede im Sportpalast verglich Hermann Göring den Kampf der deutschen Truppen im Kessel von Stalingrad mit den im Saal eingeschlossenen Nibelungen am Hofe Etzels.[3]

Die politische Verwertung der Siegfriedsage oder des Nibelungenstoffes blieb nicht ohne ästhetische Konsequenzen. In diesem Zusammenhang stehen wohl die Worte Gerd Kaisers, daß »die geistigen Traditionen, in deren Rahmen das Nibelungenlied den Deutschen wichtig wurde, heute eher Peinlichkeiten auslösen [...]. Es ist, als sei nach dem Exorzismus der nationalistischen Ideologien in Deutschland um das Nibelungenlied ein Vakuum entstanden, das nach Auffüllung trachtet, eine Leerstelle, die nach sinnhafter Antwort über die gegenwärtige Stellung dieses Werkes in der deutschen Bildungs- und Nationalgeschichte verlangt.«[4]

In der vorliegenden Neuerzählung wird ein Beitrag zur Standortbestimmung versucht. Für kritische Neubewertung nötige Rückkehr zu den Quellen verlangt auch Betrachtung der Umstände, unter denen die Texte entstanden.

2 Zit. nach: Heinzle, *Das Nibelungenlied*, S. 36.
3 Abgedr. in: *Völkischer Beobachter*, 3. Februar 1943.
4 Kaiser, »Deutsche Heldenepik«, S. 185.

Jener Rezeption, die schicksalhaften Untergang und To-
dessyndrom betont, lag die um 1200 entstandene mittel-
hochdeutsche Fassung des *Nibelungenliedes* zugrunde. Der
Untergang der burgundischen Könige mit den tragischen
Verstrickungen eines Rüdiger von Bechlaren, das Massen-
sterben an Etzels Hof, kann mit der Krisensituation
Deutschlands in jener Zeit in Zusammenhang gesehen
werden.

Der frühe Tod Kaiser Heinrichs VI. 1197 in Italien führte
zu einer der schwersten politischen Erschütterungen des
deutschen Reiches im Mittelalter. Ausdruck dessen ist die
Wahl bzw. Krönung zweier rivalisierender deutscher Könige im Jahre 1198, sowohl des Staufers Philipp von Schwaben, Heinrichs Bruder, als auch des ihm feindlichen Welfen
Otto IV. Französischer Einfluß wirkte auf staufischer, engli-
scher auf welfischer Seite. Galt den meisten Zeitgenossen
das Reich noch unter Kaiser Barbarossa (1152–90) als stark
und geschlossen, geriet es nun in Fehden und Unsicherheit.
Berichtet wird von düsterer Stimmung, von Angst. Manchen soll ein Gespenst auf schwarzem Pferd erschienen sein,
das auf Befragen geantwortet habe, es sei der alte König von
Bern und verkünde dem Reich Unheil und Elend. In der
Kölner Chronik wird das aus dem Jahre 1197 von der Mo-
sel berichtet.[5] Den christlichem Heilsdenken Verpflichteten
erschien das als Einwirken satanischer Kräfte. Der Dichter
dürfte um 1200 zeitgenössische Weltuntergangsstimmun-
gen, Endzeitangst im Werk aufgenommen haben. So heißt
es, der Teufel habe Kriemhild geraten, mit ihrem Bruder
Gunter zu brechen (»Ich wæne der übel valant Kriemhilde
daz geriet, daz si sich mit friuntschefte von Gunthere
schiet«)[6]. Nicht Kriemhild spinnt die Rachefäden, sondern
der Teufel gibt es ihr ein. Später, nach der Ankunft der Burgunden an Etzels Hof, als Warnung bezeichnenderweise

---

5 Vgl. Ehrismann, *Nibelungenlied*, S. 18; Höfler, »Theoderich der Große und
  sein Bild in der Sage«, S. 403.
6 *Das Nibelungenlied*, Ausg. de Boor, Str. 1394.

Dietrichs von Bern an Gunter und Hagen, wird Kriemhild
selbst Teufelin (»valandinne«[7]) genannt. Das *Nibelungen-*
lied kann somit als Warnung an die Zeitgenossen aufgefaßt
werden, als beklemmendes Bild einer Gesellschaft, die sich
von innen her zerstört.

In die scheinbar heile höfische Welt der Burgunden bricht
Siegfried ein, will durch Zweikampf König Gunter Reich
und Macht abgewinnen. Erwähnt werden Siegfrieds Unverwundbarkeit, seine Tarnkappe, das Wunderschwert Balmung und der unerschöpfliche Hort; diese Attribute my-
thisch-archaischer Vorzeit »stören« ein Worms, wo alles anscheinend auf geordnete Weise geschieht. Auch nur erinnert
wird, daß Siegfried und Brünhild sich aus früher Zeit kennen. Allerdings scheint diese mythische Vorzeit in der
Handlung der mittelhochdeutschen Fassung durch und sie
gibt Anlaß zu ganz anders motivierten Sinnkonstruktionen.
Als Brünhild Siegfried das erste Mal neben Kriemhild sitzen sieht, vermag die walkürenhafte Kämpferin, die einen
Felsblock weiter wirft als der stärkste Recke, ihr Weinen
nicht zu unterdrücken; wohl auch aus Schmerz als betro-
gene Braut. Denn nach früherer altnordischer Überlieferung
hatte Siegfried die von einer Waberlohe eingeschlossene
Brünhild befreit und ihr Liebe und Treue geschworen. Und
sie hatte bei den Göttern beeidet, nur jenen zum Manne zu
nehmen, der den Flammenwall zu überspringen vermag.
Auch der Held schwört wiederholt, nur sie zur Frau zu
wählen. Sie trennten sich mit Heiratsversprechen. Wie muß
sie später Siegfrieds Verbindung mit Gudrun (Kriemhild)
verletzt haben, wie seine Nötigung, den schwachen Gunter
zu ehelichen. Und als nach ihrem Zerwürfnis mit Kriemhild
ihre Vergangenheit mit Siegfried an die Öffentlichkeit
kommt, auch daß er an Gunters Stelle mit ihr Hochzeitsnacht hielt, ist das Geheimste preisgegeben, ihre Königsehre
befleckt und sie so geschmäht, daß die Verletzung nur durch

7 Ebd., Str. 1748.

den Tod des Treubrüchigen zu sühnen ist. Aber noch größeren Schmerz erleidet sie an Siegfrieds Grab. So bleibt ihr in dieser Version nur, ihm zu folgen.

Im *Nibelungenlied* bestimmt nun Kriemhilds Rache für den Mord an Siegfried das folgende Geschehen. Auch weil sie Mittel sieht, sich an Hagen zu rächen, nimmt sie Etzels Werbung an. Was dem Dichter für dieses Konzept an Überlieferung im Wege war, veränderte oder ließ er weg. Brünhild wird im zweiten Teil noch einmal, jedoch ohne notwendigen Zusammenhang, genannt.[8] Kriemhilds und Siegfrieds Sohn Gunter, der ein »Abbild« oder eine »Wiedergeburt« ihres unverzichtbaren Geliebten hätte sein können und den sie seit ihrer Abreise mit Siegfried aus Xanten anscheinend nie mehr sieht, wird überhaupt nicht mehr erwähnt. So ist es auch gutes Recht des Dichters, über dreißig Jahre nach Siegfrieds Ermordung Kriemhild täglich noch weinen und klagen zu lassen.

In den mittelhochdeutschen Fassungen veranlaßt Kriemhild, die Brüder einzuladen, um sich so an Hagen und vielleicht auch an Gunter zu rächen. Aber nach der erwähnten altnordischen Überlieferung der *Edda* lädt Atli (Etzel) die Brüder aus Goldgier ein, er will von ihnen den Hort erpressen. Gudrun (im *Nibelungenlied* Kriemhild) warnt ihre Brüder, freut sich deshalb bei deren Ankunft in der Etzelburg über ihre starke Rüstung. Zu den im mittelhochdeutschen Text bewahrten Splittern früherer Fassungen gehören die »vielen neuen Schilde« und »weißen Halsberge« der Burgunden.[9] Da Gunter in dieser altnordischen Fassung den Hort nicht preisgibt, läßt Atli angreifen. Högni (Hagen) wird umgebracht, Gunter in die Schlangengrube geworfen. Aus Rache für den Tod ihrer Brüder läßt Gudrun Atli im Saalbrand umkommen, danach sucht sie selber den Tod.

8 Ebd., Str. 1484.
9 Ebd., Str. 1717.

Christlicher Auffassung widersprach diese Sippenrache. Bei weiterer dichterischer Ausgestaltung trat an ihre Stelle Rache für den Gattenmord. Und die baierische Überlieferung idealisierte den machtbesessenen Atli zu einem passiven gutherzigen Etzel. Aus dem Machtkampf um die mythische Kraft des Hortes wurde Rache am Mörder Siegfrieds.

Auch von göttlicher Herkunft Siegfrieds wird im *Nibelungenlied* nichts mehr erzählt. Als bedeutendster König des Völsungengeschlechts stammt er nach altnordischen Texten von Odin/Wodan ab, dieser ist nach der Völsungensaga sein Urgroßvater. Mehrfach griff der Gott in Siegfrieds Leben ein, bewahrte ihn durch klugen Rat beim Drachenkampf vor dem Tode. Dietrich von Bern hat ebenfalls göttliche Vorfahren. Als mächtigster König des Geschlechtes der Amaler stammt er von Gaut ab, was nur ein anderer Name für Odin ist. Aus dem mythischen Grund der Nibelungensage wurde wohl deren intensive Rezeption gespeist und ihr durch Richard Wagners Opern zu größter Popularität verholfen.

Dietrich von Bern steht über den in Kämpfe am Etzelhof verstrickten Helden des *Nibelungenliedes*, warnt rechtzeitig, bemüht sich dann um Versöhnung und Ausgleich. Sowohl gegenüber den Burgunden als auch Etzel loyal, will er sich aus den Kämpfen im Saal heraushalten, seine Gefolgschaft wird jedoch durch seinen Hitzkopf Wolfhart und die mangelnde Zurückhaltung Hildebrants hineingezogen, und bis auf seinen Waffenmeister verliert der Berner alle Mannen. Als er schließlich Gunter und Hagen überwältigt hat, rächt er sich nicht für den Tod seiner Gefährten, sondern bietet ihnen freies Geleit in ihre Heimat. Kaum ein zweiter Held erreicht diese menschliche Größe. Hebbel läßt am Schluß seiner Nibelungen-Trilogie den gescheiterten Etzel seine Herrschaft an Dietrich übertragen.

Theoderich der Große, der wohl größte germanische

Herrscher der Völkerwanderungszeit, wurde in der Dichtung mythisiert. Weder fällt Dietrich wie Gernot und Rüdeger auf der Walstatt noch wird er feige erschlagen wie Siegfried, sondern er wird überzeitlich entrückt, lebt weiter als berittener Anführer des Wilden Heeres, als Mahner vor Gefahr und Beschützer der Bedrängten. Berichte, wonach er als Strafe für Verfehlungen (Tod des Papstes Johannes) an seinem Lebensende von einem schwarzen Pferd in die Hölle entführt worden sein soll, sind wohl christlichen Eiferern geschuldet.

Wie damals üblich, dürften noch zu Theoderichs Lebzeiten erste Lieder entstanden sein. Aber in späterer Sagenbildung wurde aus dem erfolgreichen Herrscher der Gütige und Dulder im Exil. Bemerkenswert ist der schwedische Runenstein von Rök aus dem 9. Jahrhundert mit einem Text auf Theoderich als Reiter. Karl der Große sah in Theoderich sein Vorbild und ließ dessen Reiterstandbild von Ravenna nach Aachen holen. Historische Berichte und Sage liegen hier dicht beieinander.

Die Beliebtheit und Volkstümlichkeit dieses Herrschers förderte eine reiche Dietrich-Dichtung. An die historische Gestalt schließen sich vor allem die mittelhochdeutschen Epen *Rabenschlacht* (entstanden um 1270) und *Dietrichs Flucht* (entstanden um 1280) an. Sie beziehen sich auf Dietrichs Kampf mit Ermanerich (Ermrich), die Vertreibung aus seinem Reiche und dessen Rückeroberung; historisch liegt dem Theoderichs Kampf mit Odoaker zugrunde (aus dem historischen Verona wurde in der Sage Bern, aus dem historischen Ravenna, wo noch heute sein Grabmal steht, Raben und die Rabenschlacht). Märchenhafte Dietrich-Dichtung und Epen wie *Biterolf* und *Dietleib*, *Ortnit* und *Alpharts Tod* folgten.

In der *Thidrekssaga* ist Dietrichs Leben von Anfang bis zum Ende zusammenhängend überliefert. Nicht nur deshalb wurde sie der vorliegenden Nachgestaltung zugrunde gelegt, sondern auch, weil dort manche Konflikte und Figuren weniger in gut und böse polarisiert sind. Widga/Witege und Heime sind keine bloßen Verräter, sie geraten zwischen die Fronten und erscheinen dadurch vielschichtiger; eine im Vergleich zum strengeren und ernsteren deutschen Heldenbild offenere skandinavische Sicht. Von märchenhafter Dietrichdichtung wurde im vorliegenden Text das *Eckenlied* und der *Laurin* (Ende des 13. Jahrhunderts) eingefügt. Einbezogen wurde außerdem das *Hildebrantslied* (um 810). In diesem einzigen erhaltenen althochdeutschen Heldenlied treffen zur Zeit der Rabenschlacht Hildebrant und Hadubrant aufeinander. Während Hildebrant seinen Sohn erkennt, mißtraut Hadubrant dem »alten Hun«, glaubt sich getäuscht. Da ruft Hildebrant den »irmingot«, den »walant got« an und klagt über das »wêwurt«, das Unheilgeschick. Der im Lied fehlende Schluß ist in Strophe 4 von Hildebrants Sterbelied der *Edda* erkennbar; Hildebrant wurde im Kampf gezwungen, seinen Sohn zu töten. Historisch korrekt ist hier Dietrichs Gegner noch Odoaker.

Berichtet wird um 500 von einer Rugierkönigin Giso, die zwei Schmiede einsperren und für sich Schmuck fertigen ließ. Als ihr kleiner Sohn in die Werkstatt kam, drohten sie ihn zu töten, falls sie nicht freikämen. Die Königin beugte sich und ließ die Schmiede laufen. Durch Verknüpfung mit antiken Erzählungen wie vom Schmied Dädalus, der mit selbstgefertigten Flügeln aus König Minos Gefangenschaft entflog, entstand daraus die Wielandsage.

In der ältesten erhaltenen Überlieferung steht das *Wielandlied* am Anfang der Heldensagen der *Edda*. Danach rächt der gefangene und gelähmte Schmied sich an seinem goldgierigen König, indem er dessen beide Söhne tötet, die Tochter schwängert und mit dem von ihm gefertigten Federgewand für immer entkommt. Aber nach der jüngeren Prosafassung der *Thidrekssaga* kehrt Wieland nach dem Tod des Königs zu dessen Sohn, der Königstochter und dem gemeinsamen Sohn Witege zurück. Es kommt zu Aussöhnung, Hochzeit, längerem Aufenthalt am Königshof und späterer Heimkehr mit Frau und Sohn.

Die Übertragbarkeit eines Textes vergangener historischer Epochen (wie der höfisch-feudalen) in die Sprache der spätbürgerlichen Zeit wird von Helmut Brackert grundsätzlich angezweifelt.[10] Eine literarische Neuerzählung muß gewisse Defizite hinnehmen und sollte historische Treue anstreben.

Auch die im Vergleich zur Dietrichdichtung weniger verzweigte Überlieferung des *Nibelungenliedes* enthält Textvarianten; selbst einzelne Handschriften wie B sind scheinbar durch Unstimmigkeiten und Widersprüche gekennzeichnet. Der Dichter respektierte das Erzählte, wollte bestimmte Fakten wahren, durchdrang das Material nicht vollständig, sondern sammelte und bereitete auf.[11] Nicht nur das Archaische der Sage, auch das Verschachteln mehrerer Überlieferungsschichten führt zu diesem ›Ungefügen‹ im Text.

Eine glättende Bearbeitung würde das und damit den Kern des Mythischen auflösen. Mythen – ernst genommen (freie Gestaltung oder Satire scheiden hier aus) – erfordern eine ihnen adäquate Erzählhaltung und Sprache. Sprunghafte, scheinbar rational nicht motivierte Handlungen müssen für sich selbst stehen. So täuscht Siegfried seine ehemalige Geliebte Brünhild und zwingt ihr den ungewollten und schwachen Gunter auf; Hagen köpft Etzels Sohn Ortlieb und verbaut so jegliche Versöhnung mit dem Hunnenherrscher. Logische oder gar psychologische Erklärungen verbieten sich, zwängen den Texten einen noch problematischeren Sinn auf.

Der Neuerzählung der Burgundensage liegt das *Nibelungenlied* als deren reichste und poetischste Ausgestaltung

10 Vgl. *Das Nibelungenlied*, Ausg. Brackert, Tl. 1, S. 268.
11 Vgl. Curschmann, »›Nibelundenlied‹ und ›Klage‹«, Sp. 946 f.

zugrunde; früher Überliefertes wurde einbezogen. Übernommen wurde der im *Nibelungenlied* gegebene Erzähler, der auch widersprüchliches, sich ausschließendes Geschehen berichten kann. Etzel wirbt um Kriemhild also auch des Hortes wegen. Etzel fördert Kriemhilds rachesüchtige Einladung ihrer Brüder an seinen Hof, weil er auf diese Weise den Hort zu gewinnen hofft. In dieser Verknüpfung beider Interessen steht neben dem bekannten Schluß, wonach Kriemhild Gunter töten ließ, Hagen enthauptet und selbst durch Hildebrant fällt, die erwähnte altnordische Version. Auch dieser Erzähler verzichtet absichtlich auf Wertungen. Hagens Tötung Siegfrieds wird weder mißbilligt noch als nötige Tat für den Bestand des Burgundenreiches gerechtfertigt.

Im Unterschied zur Dietrichsage (wo zudem ein zusammenhängender Prosatext vorliegt) enthält die Nibelungensage einen tieferen mythischen Grund. Das Mehrdeutige des Mythischen wie auch der überlieferten Texte wird bei vorliegender Nachgestaltung zu erhalten versucht. Sprachlich wird manches Alte bewahrt in einzelnen Worten, formelartigen Wendungen oder auch im für die damalige Erzählung typischen bedeutsamen Wechsel der Anredeformen von »du« zu »Ihr«. Angestrebt wurde eine Synthese zwischen Archaischem und Modernem. Statt »minne« (gegenwärtig nur noch scherzhaft gebraucht) wurde beispielsweise »Liebe« gesetzt, der »Recke« ist noch heute gebräuchlich; da im Text eine vormittelalterliche Zeit angenommen wird, fehlt dagegen der Begriff des Ritters. So mag manches der Nachgestaltung nicht nur archaisierend, sondern auch spröde erscheinen – es wurde bewahrt, damit der Ton der alten *mæren* nicht verstummt.

Reiner Tetzner

Märchen und Legenden

IN RECLAMS UNIVERSAL-BIBLIOTHEK

Hans Christian Andersen, *Des Kaisers neue Kleider.* 72 S. 7 Ill. UB 691 – *Märchen.* 452 S. 28 Ill. UB 690

Ludwig Bechstein, *Deutsches Märchenbuch.* Ca. 620 S. UB 9483

Clemens Brentano, *Gockel und Hinkel.* 112 S. UB 450

Adelbert von Chamisso, *Peter Schlemihls wundersame Geschichte.* 85 S. UB 93 – dazu *Erläuterungen und Dokumente.* 112 S. UB 8158

Carlo Collodi, *Pinocchios Abenteuer.* 211 S. 40 Ill. UB 8336 (auch geb.)

Friedrich de la Motte-Fouqué, *Undine.* 96 S. UB 491

Geschichten aus Tausendundeiner Nacht. 852 S. (geb.)

Jakob und Wilhelm Grimm, *Ausgewählte Kinder- und Hausmärchen.* 240 S. 14 Ill. UB 3179 – *Kinder- und Hausmärchen. Bd. 1: Märchen.* 420 S. UB 3191 – *Bd. 2: Märchen und Kinderlegenden.* 528 S. UB 3192 – *Bd. 3: Kommentar.* 624 S. UB 3193 (auch als Kassette)

Wilhelm Hauff, *Die Geschichte vom kleinen Muck. Der Zwerg Nase.* 78 S. UB 7702 – *Das kalte Herz und andere Märchen.* 79 S. UB 6706 – *Sämtliche Märchen.* 464 S. UB 301

E. T. A. Hoffmann, *Der goldne Topf.* 142 S. UB 101 – dazu *Erläuterungen und Dokumente.* 160 S. UB 8157 – *Klein Zaches genannt Zinnober.* 150 S. UB 306 – dazu *Erläuterungen und Dokumente.* 170 S. UB 8172 – *Nußknacker und Mausekönig.* 72 S. UB 1400

Jacobus de Voragine, *Legenda aurea*. (Zweispr.) 280 S. UB 8464

Gottfried Keller, *Sieben Legenden*. 117 S. UB 6186 – *Spiegel, das Kätzchen*. 63 S. UB 7709

Kinder-Märchen. Von C. W. Contessa, F. de la Motte-Fouqué, E. T. A. Hoffmann. 351 S. UB 8377

Selma Lagerlöf, *Abenteuer des kleinen Nils Holgersson mit den Wildgänsen*. Auswahl. 83 S. UB 7669 – *Nils Holgerssons wunderbare Reise durch Schweden*. 504 S. UB 3983

Eduard Mörike, *Das Stuttgarter Hutzelmännlein*. 111 S. UB 4755

Charles Perrault, *Sämtliche Märchen*. 141 S. 10 Ill. UB 8355

Reclams Märchenbuch. 442 S. (geb.)

Russische Volksmärchen. 152 S. 9 Abb. UB 8514

Theodor Storm, *Auf dem Staatshof / Bulemanns Haus*. 80 S. UB 6146 – *Die Regentrude und andere Märchen*. 79 S. UB 7668

Ludwig Tieck, *Der blonde Eckbert. Der Runenberg. Die Elfen*. 80 S. UB 7732

Leo Tolstoi, *Volkserzählungen*. 232 S. UB 2556

Richard von Volkmann-Leander, *Träumereien an französischen Kaminen*. 120 S. UB 6091

Oscar Wilde, *Der glückliche Prinz und andere Märchen*. 71 S. UB 6865

Zauberei im Herbste. Deutsche Kunstmärchen. 678 S. UB 8440 (auch geb.)

Philipp Reclam jun. Stuttgart